本书系吉林省社会科学基金项目"国际中文教育与中国文化传播融合机制及对策研究"（2022B164）研究成果。

国际中文教育与中国文化传播融合研究

Research on the Integration of
International Chinese Education and
Chinese Cultural Communication

王玉英　邸焕双　著

中国社会科学出版社

图书在版编目（CIP）数据

国际中文教育与中国文化传播融合研究/王玉英等著.—北京：中国社会科学出版社，2022.8
ISBN 978-7-5227-0676-4

Ⅰ.①国… Ⅱ.①王… Ⅲ.①汉语—对外汉语教学—研究 ②中华文化—文化传播—研究 Ⅳ.①H195.3②G125

中国版本图书馆 CIP 数据核字（2022）第 144550 号

出 版 人	赵剑英
责任编辑	王　衡
责任校对	吴玉芹
责任印制	王　超

出　　版	中国社会科学出版社
社　　址	北京鼓楼西大街甲 158 号
邮　　编	100720
网　　址	http://www.csspw.cn
发 行 部	010-84083685
门 市 部	010-84029450
经　　销	新华书店及其他书店
印　　刷	北京明恒达印务有限公司
装　　订	廊坊市广阳区广增装订厂
版　　次	2022 年 8 月第 1 版
印　　次	2022 年 8 月第 1 次印刷
开　　本	710×1000　1/16
印　　张	21
插　　页	2
字　　数	282 千字
定　　价	109.00 元

凡购买中国社会科学出版社图书，如有质量问题请与本社营销中心联系调换
电话：010-84083683
版权所有　侵权必究

目　录

绪　论 ………………………………………………………… 1
　第一节　国际中文教育与中国文化传播融合的时代要求……… 1
　第二节　国际中文教育和中国文化传播融合的理论基础……… 4
　第三节　国际中文教育和中国文化传播融合的研究流变……… 18
　第四节　本书的研究内容、研究思路和研究方法……………… 24

第一章　汉字文化圈的语言文化教学 ………………………… 30
　第一节　《发展汉语·中级综合》汉日同形词的分布及对比分析…… 32
　第二节　汉日同形词的偏误分析………………………………… 51
　第三节　汉日同形词教学对策与建议…………………………… 68
　第四节　本章小结………………………………………………… 74

第二章　非汉字文化圈的语言文化教学 ……………………… 76
　第一节　问题的提出……………………………………………… 77
　第二节　"字本位"教学法概述………………………………… 80
　第三节　非汉字文化圈留学生的汉字教学考察与分析………… 87
　第四节　非汉字文化圈留学生的"字本位"汉字教学策略…… 110
　第五节　本章小结………………………………………………… 117

· 1 ·

第三章　教材中的中国文化形象 …… 121

- 第一节　问题的提出 …… 122
- 第二节　汉语教材中文化形象的引入与意义分析 …… 125
- 第三节　对外汉语教材中文化形象的呈现与分析 …… 132
- 第四节　《发展汉语·综合》教材中文化形象的建构 …… 145
- 第五节　国际中文教育视域下文化形象的建构与引导策略 …… 169
- 第六节　本章小结 …… 181

第四章　教材中的中国女性形象 …… 185

- 第一节　分析对外汉语教材中中国女性形象的必要性 …… 186
- 第二节　《发展汉语》系列教材中女性形象的呈现 …… 192
- 第三节　《发展汉语》系列教材中女性形象的建构 …… 209
- 第四节　《发展汉语》系列教材中女性形象建构的不足及成因 …… 230
- 第五节　完善对外汉语教材中中国女性形象的策略与建议 …… 237
- 第六节　本章小结 …… 248

第五章　国际中文教育中的现代教育技术应用 …… 251

- 第一节　问题的提出 …… 252
- 第二节　相关概念与理论基础 …… 255
- 第三节　cMOOC 模式下的对外汉语教学运行及其有效性标准 …… 269
- 第四节　cMOOC 模式下的对外汉语教学有效性调查 …… 281
- 第五节　cMOOC 模式下的对外汉语教学有效性的影响因素及对策 …… 303
- 第六节　本章小结 …… 316

参考文献 …… 319

后　　记 …… 331

绪　　论

随着汉语逐渐步入世界语言的舞台中央，对外汉语教学已经转型为国际中文教育，其重要标志是2020年国家汉办总部更名为"教育部中外语言交流合作中心"。该中心承担国际中文教育总体战略和系列国家标准的制定与实施，国际中文教育资源体系的建设与管理，国际中文教育项目的运行，相关国际交流合作的开展等工作。这是国际中文教育事业一个新时代的开启，汉语作为第二语言教学正在面临新的挑战与转型。

第一节　国际中文教育与中国文化传播融合的时代要求

近年来，汉语学习者从来华留学生到海外汉语学习者，再到国际全域，范围不断扩大，人数不断增加，教育体系不断完备，这些都深刻反映了世界对汉语的需求，"深刻反映了国际中文教育范畴的扩大和理念的升华，是国际中文教育服务需求、融入世界、创新发展的历史印迹"[①]。

国际中文教育的七十多年发展经历了"来华留学生教育""对外汉

---

① 陆俭明：《话说汉语走向世界》，商务印书馆2019年版，第197页。

语教学""汉语国际教育""国际中文教育"的名称演变过程,这是国际中文教育顺应时代变化规律,在自身建设方面与时俱进、"变中求进"的具体体现。"国际中文教育"是一个包容性很强的概念,其内涵没有清晰的界定和描述,"可用来指称国际中文教育事业,也可以指称学科",涉及全球范围的各类汉语教学,既可包括国内来华面向留学生的"对外汉语教学",又可包括国外面向当地居民的汉语教学及面向华侨华人的华文教育,既涉及学历教育,又涉及非学历教育。[1] 国际中文教育的"对外汉语教学"—"汉语国际教育"—"国际中文教育"名称的变化,体现了"谁教"(教学主体)"在哪教"(教学环境)"教什么"(教学内容)"谁学"(教学对象)"如何学"(教学方式)"五位一体"的教学模式。从教学主体上看,形成了中国教师在国内、中国教师赴海外、中国教师+华侨华人+外国教师的构成模式;教学环境经历了国内、国内+国外、元宇宙的位移与扩大;学习人群(教学对象)由成年人向多元化、低龄化转化;"如何教"经历了传统教学法、现代化教学手段应用、信息化与智能化应用,尤其是受新冠肺炎疫情影响的线上等多种教学模式,沉浸式、体验式教学模式成为常态。上述所提到的"五位一体"中,除了"教什么"(教学内容)这一教学模式比较稳定外,其他四种教学模式与社会时代变化息息相关,无论是教学主体、教学环境、教学方式还是教学对象都与过去有所不同,都是比较活跃的因素。而"教什么"即教学内容,"初级阶段以结构为主,中级阶段要加强功能并巩固、扩展结构,高级阶段文化教学、特别是目的语国家国情和文化背景知识的分量应当加大"[2]的教学理念一直没有改变,结构、功能、文化的结合始终贯穿于语言教学的整个过程,语言教学与文化传播的融合正是这一教学

---

[1] 光明网:《何为"国际中文教育"》,https://m.gmw.cn/baijia/2021-03/15/34688036.html,2021年3月15日。
[2] 刘珣:《对外汉语教育学引论》,北京语言大学出版社2000年版,第308页。

理念的具体实践，语言教学不是为了争夺话语权，而是试图通过搭建"语言桥"来实现不同文化的互鉴、共享。

我们身处的信息时代，在技术革命推动社会变革的过程中，因"信息化的普及应用，包括数字化、网络化、智能化和平台化"①，人们的思维方式由经验时代的因果逻辑变为大数据时代的相关逻辑。互联网技术融合了传播媒介，将示现的媒介系统、再现的媒介系统与机器媒介系统进行了整合，推进了后印刷时代形象承载信息向形象媒介的转变，手机、电脑呈现的不再是单调的文字，而是图文并茂的交互式多媒体。信息越来越趋于公开、免费和共享。受新型冠状肺炎疫情的影响，全球范围内的在线教育、云端交际成为一种常态。"随着网络视频技术的发展，又有了一股免费教育的趋势，它将知识与信息的免费分享与透明化推向另一个高潮"②，与知识相关的信息获得途径更加便捷化。互联网技术缩小了世界的时空范围，"地球村"的概念早已被世界不同地域的人们所接受。信息时代的快速发展和变化，在为国际中文教育的发展提供机会的同时，也提出了更大的挑战，将语言教学与文化传播有机融合成为提升国际中文教育质量、实现文明共享的必要选择。

语言是文化的载体，是文化得以保存与传承、传播的重要媒介与手段，而文化作为人类活动中人化自然的重要的精神文明与物质文明的成果，当然包括语言，语言是文化的一部分。作为人类文明进程中的一个基因链，语言与文化各自具有单链基因与闭环基因，同时二者之间又存在着连接基因、模板基因和互补基因。因此，语言与文化一方面能忠实地复制自己，以保持自身的基本特征，具有稳定性与遗传的特性；另一方面二者还具有能够适应外界条件进行自我改变与他者认同的变异性，

---

① 张新红、邱泽奇：《读懂未来》，上海远东出版社2016年版，第106页。
② 徐昊、马斌：《时代的变换：互联网构建新世界》，机械工业出版社2015年版，第100页。

二者的融合其实是自身原始特征的在线与再现。作为人类最重要的交际工具，语言所具有的极强的"共享性"使其所承载的文化传播功能引起了世界各国的高度重视，"既要考虑怎么让自己国家的通用语或官方语言走出世界，又要考虑怎么在自己国内逐渐拓宽和增加其他国家语言的外语教学"①。国际中文教育不仅要适应信息时代的思维方式，也应顺应信息时代的"共享性"，将国际中文教育放在文明共享、文化互鉴的大视野中，在坚持语言交际能力、综合运用能力的培养目标的同时，要进一步强化文化教学的语言服务功能，把文化知识转化为交际能力②，充分利用信息化手段实现国际中文教育和中国文化传播的融合，润物细无声地让中国优秀文化伴随着汉语的传播走向世界，在我们自己讲好中国故事的同时也让外国人讲好中国故事，这是提高汉语教学效果、更好地传播中国优秀文化的有效路径，也是国际中文教育的发展性、世界性与融合性的具体体现。

第二节 国际中文教育和中国文化传播融合的理论基础

　　国际中文教育与中国文化传播的融合，实际上是语言结构意义与功能意义的双重显现，是现代语言学理论的言语行为理论、会话含义理论的具体运用，是国际中文教学界同人通过汉语作为第二语言教学对结构主义语言学、功能主义语言学再发展的一种实践与理论创新，是对大数据时代语言学、语言教学发展趋势的适应与探索。二者的融合是在后现代社会语言的模糊性、不确定性、多重性中对汉语言本身和其背后的文化意义的思考，是在功能主义语言观与结构主义语言观的间断与比例的

---

① 陆俭明：《话说汉语走向世界》，商务印书馆2019年版，第195页。
② 刘珣：《对外汉语教育学引论》，北京语言大学出版社2000年版，第307页。

失衡中对平衡与和谐的探索，具有坚实的语言学基础与传播学理据。

一　国际中文教育和中国文化传播融合的语言学基础

　　语言是一种符号系统。任何一个符号都具有能指与所指（即形式与意义）两方面的内容，语言的符号性体现在能指与所指的任意性、社会约定性和强制性等方面。研究表明，语言的声音与意义的结合并非绝对的任意，应当与最初创造者所处的环境与认知相关，如汉语里的一些表达，追根溯源可以找到文化内涵的影子。如"yú"这个声音（形式）和从各种各样的"鱼"所概括出来的意义（一种生活在水中的脊椎动物，有鳞和鳍，用鳃呼吸，大部分可供食用等）结合在一起，就成为汉语中"鱼 yú"这个符号，用来代表现实中的"鱼"这一事物。我们从甲骨文字鱼字形中可以看出，对于"鱼 yú"这个符号的任意性具有一定的文化理据。"yú"的音响形式在某种意义上也具有一定的文化渊源。语言中的音、义关系完全是"约定俗成"的，由社会习惯所定，表明这种任意性与该语言使用社团的风俗、习惯与思维方式的高度契合，具有了民族性与文化性，而强制性具有了较强的传承性与传播性。

　　所谓系统的构成有两点，即系统的构成成分与系统成员之间的关系。在系统中构成成分的价值是由关系决定的。"关系决定价值"，离开了关系则没有价值。语言系统由语音、词汇、语法等成员构成，按照索绪尔的结构主义理论，语言系统成员之间具有一定的结构性。语言系统是分层次的结构，由语素、词、句子等层次构成，因而形成了语言大系统下的语音、词汇、语法、语义等分支系统。以语义系统为核心，各分支系统既各自独立，又相互依赖，紧密联系。语言系统及其分支系统，甚至每个符号内部，都是依照一定结构规则的组合关系和聚合关系来运行的。汉语结构中的语音、词汇与语法里充盈了中国文化的痕迹，构成了一个关系系统。关于汉语，"王力先生曾说汉语是一种'人治'

的语言,西方语言是一种'法治'的语言;黎锦熙先生曾说汉语'偏重心,略于形';郭绍虞先生曾说汉语的语法要和修辞结合,张世禄先生也曾经说汉语句子的成立要素不是结构形式,而是语气;张志公先生说汉语在世界语言中具有较大的特殊性"[①]。从这些前辈的意见可以看出汉语的人文性。"没有汉语汉字,中国文化的沉淀和发展是不可想象的,中国文化相当一部分是靠汉语汉字的世代传承来完成的。"[②] 汉语的语音、汉语的语义、汉语的语法、汉语的语用等构成了汉语言的系统,通过隐性的中国文化力量形成了汉语言的独特结构与功能意义的循环场域。

　　国际中文教育实质是在语言结构的学习过程中获得功能意义,通过汉语字面意义的学习获得语言背后的文化含义,进而实现语言意义的增殖,而这个增殖的过程就是语言文化意义的解读、领悟与获得的过程。在这个循环场域中,由于汉语言自身口语表达与汉字表达的文化品质,自身形成了内循环的场域,而语言运用过程中受制于中国文化的深厚影响,语用场域的外部循环也具有一定的独立性,语言结构循环与功能循环又构成了较为宽泛场域的大循环;但是无论内部循环、外部循环还是内外联通的大循环,中国人的思维方式、汉语汉字的文化功能始终都是最基本、最重要的动力。"语言的体系性决定了它对文化发展的内在建构形式的权威性,汉语与中国文化之间存在着形式格局的一致性。"[③]文化作为隐性元素是汉语言系统重要的成员,汉语言学习的过程就是中国文化的习得过程。"汉语汉字是中国文化的重要事象,是中国文化的有机组成部分,它记录了中国文化,是中国文化的代码,是中国文化传播的媒介。"[④] 如果说语言是一个符号系统,那么,学会一种语言意味

[①] 转引自申小龙《汉语与中国文化》,复旦大学出版社2008年版,第2页。
[②] 张岱年、方克立:《中国文化概论》,北京师范大学出版社2004年版,第117页。
[③] 申小龙:《汉语与中国文化》,复旦大学出版社2008年版,第6页。
[④] 张岱年、方克立:《中国文化概论》,北京师范大学出版社2004年版,第118页。

着学会建立一种符号系统。国际中文教育实质是帮助汉语作为第二语言学习者建立一种汉语的符号系统,我们教汉语的目标就是建立一种系统,而不是简单地教几句话,而这个系统本身就是汉语汉字加中国文化的系统,系统中的每个成员都具有汉语言符号构形与其所承载的中国文化信息的双重身份。因此,"语言文字是人类文化的重要特征。语言文字既是人类文化的载体,同时又是人类文化的重要组成部分"[①]。语言系统中的文化因素,表明语言教学与文化教学融为一体是语言教学的有机组成部分。汉语汉字对中国文化传承、发展与传播发挥了重要作用,因此,国际中文教育过程就是中国文化的传播过程。

　　语言是人类的思维工具,思维离不开语言,思维过程必须通过语言来实现,思维的结果则必须通过语言来固定、完善并保存、传播。人类的思维方式和思维规律必然在语言中反映出来,语言的结构特点也在一定程度上影响到语言使用者的思维方式和习惯。语言是一个民族看到世界的一种方式,"思维的概念与语言的词或词组相对应;思维的判断与语言句子相对应;思维的推理与语言复句或句群相对应"[②]。从思维和语言之间密切的内在联系的角度看,汉语的表达、汉字的书写不仅具有明显的中国人的思维方式,而且也包含着中华民族独特的思维方式。汉民族的思维方式是在中国文化"人化"与"化人"历史发展中形成的,具有中国文化特色。著名哲学家张立文在其著作《传统学引论》中提出,"中国古代传统思维体现在八卦思维、混沌思维和太极思维"[③],"八卦思维是介于理智的抽象思维与情感的形象思维之间的一种特异形态;混沌思维是一种模糊思维或无序思维,混沌思维是具有东方特点的思维,它既有自觉的回应,也有无意识的联想;太极思维运用符号进行

---

① 张岱年、方克立:《中国文化概论》,北京师范大学出版社2004年版,第107页。
② 郭锦桴:《汉语与中国传统文化》,商务印书馆2010年版,第66页。
③ 郭锦桴:《汉语与中国传统文化》,商务印书馆2010年版,第67页。

抽象思维，并为宇宙本体和万物的形成设计了一个框架或模型。中国人的这些传统思维具有比附性、直觉性、整体性特征"[1]。这些传统思维方式在语音、词汇与语法结构中都有明显的体现。声调是汉语语言最大的特点，即便我们对照五度标记法来解释与认识语音，但实际上在具体使用中很难界定五度的具体位置，它仍然是一个大致的范围、一个语音的区域。可见，声调、语流音变的同化、异化、弱化、脱落、增音等，语调、句调、重音等语音特点也都浸透着中国人的传统思维方式，尤其是语气词的灵活运用，更是体现了中国人的混沌思维方式，体现了直觉性与整体性的思维特征。

　　关于汉语与中国传统思维，郭锦桴在《汉语与中国文化》一书进行了较为深入的分析。他认为，汉语的意合结构与整体性思维相关，汉语的意合结构虽然有具体性和模糊性，但不影响它表达抽象思维的功能。相反，它在表述复杂事物关系方面，具有更高的概括能力和抽象能力，整体思维和辩证思维常常影响结合在一起，影响汉语句子结构的调节；汉语的语序与有序性思维相连，"汉语语序的形成，一方面是由于汉语缺乏形态手段，而另一方面则是与中华民族的有序思维定式有密切关系。这种思维与语言的关系是内在的，然而却又是很深刻的"[2]；汉语的表象性是比附思维所致，比附思维是从已知的事物比附其他事物，它实际上也是一种具体、经验性的思维方式。受此影响，汉语复合词的构成，凭借联想机制，在反映客观对象时，有的采用概括式，而有的则采用表征式，具有鲜明的中国传统思维特征；汉语的抽象性与混沌和逻辑思维密不可分。汉语表达的丰富性和结构方式的多样性与不同时代哲学界对中国传统思维方式的哲学思考有关，"随着社会的进步，人们的思维能力的进一步严密，汉语的抽象论述也越来越周密、相近，句子成

---

[1] 郭锦桴：《汉语与中国传统文化》，商务印书馆2010年版，第69页。
[2] 郭锦桴：《汉语与中国传统文化》，商务印书馆2010年版，第77页。

分较完整"①，汉语表述的抽象化受到了古代哲人混沌思维的影响。

汉语谐音的趋吉表达，在语用上具有某种心里暗示与慰藉功能，进而保持平和的良好心态，是中国人乐观、豁达向上的思维方式在语言表达中的体现。汉语结构最大的特点是重意合而不重形式，不是用严格的形态变化来体现语法关系和语义信息，而是除了遵照一定的结构规则外，只要在上下文中语义搭配合乎事理，就可以合在一起组成句子、语段。汉语的意合与中国人的传统的整体性思维有密切关系。这种意合体现出的"词语形式和功能都具有弹性"②，一方面受到中国人的八卦思维、混沌思维和太极思维方式而致，另一方面又因这种独特的思维方式使汉语的结构意义与功能意义具有更大的不确定性与灵活性。词语形式的灵活性，不断地与语境相适应、作用，不断地产生词语的语境意义，扩大了语用意义的灵活性与不确定性；又因文化内涵的扩容，词语不断地生成新的意义，不断地生成词语的文化意义。"中国人的思维善于融汇语句内部各要素的语义关系。抓住'意义支点'，同时，又善于把语句内部的语义和语句外部的'外部意义成分'联系起来，内外结合，形成一体化的整体，从整体上理解语句。"③汉语言结构中内部与外部意义关系的"意合"，体现了中国人的整体思维。因此，汉语学习者必须了解中华民族独特的思维方式。在国际中文教育中，在进行汉语汉字本体知识教学的同时，非常有必要让汉语学习者了解汉语汉字里所包含的中国人的思维方式；还应通过各种有效的途径介绍汉民族思维方式的特点，逐步让学生养成用汉语进行思维的习惯与能力，尽可能地为他们提供汉语表达的语言环境，在课堂教学中教师的语言应最大限度地使用汉语，尽量避免使用学生的母语，要求学习者用汉语来理解和表达，尽

---

① 郭锦桴：《汉语与中国传统文化》，商务印书馆2010年版，第85页。
② 申小龙：《汉语与中国文化》，复旦大学出版社2008年版，第152页。
③ 郭锦桴：《汉语与中国传统文化》，商务印书馆2010年版，第72页。

可能不借助于母语或媒介语。

　　语言是人类最重要的交际工具。语言能力是20世纪60年代乔姆斯基提出的概念,"指人们所具有的语言知识,是一种内化了的包括语音、词汇、语法等的语言规则体系"①。交际能力是20世纪60年代社会语言学家海姆斯提出的概念,"具体是指运用语言（或非语言手段）进行社会交往的能力,包括传递信息、交流思想和表达感情。既用口头形式,也用书面形式;既指说、写的表达能力,也指听、读的理解能力"②。很显然,对语言能力、交际能力概念的界定受到了索绪尔结构主义语言学理论的影响。随着功能主义语言学的出现,美国语言学家卡纳尔等于1983年提出交际能力既包括语言能力,也包括语言运用的能力,将交际能力概括为语法能力、社会语言能力、话语能力、策略能力四个方面。语言交际能力可以理解为根据语境,能够得体地、恰当地选择语言符号进行交际,达到交际目标,实现交际意图的能力。语言交际能力要掌握两个规则:语言规则与语言运用规则,做到结构、功能与文化的结合。对第二语言学习者而言,则要实现知识、技能、能力与文化的结合。汉语汉字知识中涵盖着丰富的中华文化内涵,在国际中文教育中,汉语汉字知识有显性知识与隐性知识两条线索,汉语汉字知识本身的结构意义与文化功能意义需要讲授,同时它所涉及社会、文化、心理等多方面的因素和知识,也需要讲授。由此可见,语言交际能力的培养是多层次、复杂的语言知识、技能体系与语言能力和文化适应能力的综合系统。因此,培养汉语作为第二语言学习者的语言交际能力,需要教授中国文化背景下的人与人的交往规则、语用原则与文化知识,更重要的要掌握交际文化内涵。一个对目的语国家没有文化情节、不了解目的语文化的第二语言学习者不可能学好目的语,也不会具有较强的语言交

---

① 刘珣:《对外汉语教育学引论》,北京语言大学出版社2000年版,第77页。
② 刘珣:《对外汉语教育学引论》,北京语言大学出版社2000年版,第77—78页。

际能力。

语言作为交际工具的前提是要被广大人民群众所掌握接受，因此就要约定能指和所指的关系，以及约定用什么样的能指代表所指，也就是约定了语言价值。因此，语言可理解为一个民族所约定的价值系统，是一个民族的一个习惯系统。教会外国人学汉语，实际上就是教会了一种语言的习惯系统，让学习者了解中华民族的价值体系。有些时候讲汉语，解释不出来"为什么"，这很正常，因为这就是一种习惯，是一个原始的命题，是经验的事实，是我们立论的出发点。而我们要解释的并不是任意性，而是去解释"约定的道理"。汉语学习者要具有较强的语言交际能力，既要掌握、学习汉语汉字的任意性，更要学习与灵活掌握汉语汉字的约定性、文化意义。

汉语中的语音变化、词、词组、句子和篇章的灵活组合与聚合等，都与"中国人善于概括、综合和逻辑推理的传统思维方式有关"[①]。追根溯源，语言中的一些特殊性往往与中国传统哲学思想"天人合一"的主客体统一观相一致，中国人强调人与自然相处的法则，"顺其自然"，按照客观规律办事，强调人与自然客体的和谐、融合。如，"拿人家手软，吃人家嘴短"这句俗语说的是中国人际交往中的"人情观"，中国社会的许多关系是靠隐性的"人情"来调节与处理的。汉语学习中的待人接物等礼尚往来的内容里镶嵌着较为深刻的"人情观"，一些俗语、俚语、歇后语、成语的字面意义与含义都得到了充分体现。汉语句子的中心成分主—谓—宾的表达，体现了中国人际交往的朴素观，注重朴实，是中国人很实在的一面。汉语里的委婉表达，体现了中国人的"面子观"。汉字的书写方式体现了较强的中国文化品格与精神，体现了中国人自我认知、认识他者、他者认同以及认识世界的方式。学会一种语言就等于学会了一种社会方式与生存方式，等于学会了

---

① 刘珣：《对外汉语教育学引论》，北京语言大学出版社2000年版，第133页。

这种语言背后所承载的文化意义。因此，外国人学会汉语也就学会了中国人的行为方式、汉文化圈的生活方式、用汉语看待世界的方法。中国人的交际原则与理念没有固定的、明显的规则表述，其交际策略既有人类共性的一般交际原则，也有符合中国人文化特质的交际原则，具有较强的中华民族性，这与根植于中国人骨子里的文化观念、价值取向密切相关，如果不了解中国文化，根本学不会汉语，更谈不上运用汉语的语言交际能力。因此，语言交际能力的培养目标使国际中文教育和中国文化传播融合成为一种必然。

二　国际中文教育和中国文化传播融合的传播学基础

"汉语教学是要担负起文化教育任务的"[①]，只有处理好语言教学的"有形文化"与"无形文化"的关系，才能实现语言教学与文化传播的有效融合。因此，国际中文教育和中国文化传播的融合应将汉语课堂教学、课后活动看作一个传播的过程与体系。作为国际中文教育和中国文化传播融合的方向标，教育部2021年出台的《国际中文教育中文水平等级标准》提出"'等级质量''创新集成'的新理念"[②]。新理念第一层明确提出教学与测试的中心任务是培养学习者的言语交际能力，强调"言语交际能力"是首要的，是整个教学过程的"纲"；第二层"话题任务内容"，将"中国文化"有序、灵活地分布在"话题"和"任务"里，将"中国文化"的话题任务与言语交际能力进行了融合。这种融合是否可行，传播学的基本理论为我们提供了答案。

语言是一种人类世代相传、生生不息的精神产物，语言之所以能够被传承，是因为语言是社会成员集体创造的成果。作为人类最重要的交

---

① 陆俭明：《试论中华文化的传播》，《学术交流》2019年第4期。
② 教育部中外语言交流合作中心编：《国际中文教育中文水平等级标准》第一分册，北京语言大学出版社2021年版，第4—5页。

际工具，语言产生于交际的需要，本身就包含着文化、传播的意味。交际是人与人之间的沟通，是人类的社会行为，是社会存在的方式。"交际"过程就是"传播"的过程，"传播"的英语对译词 communication 起源于拉丁语的 communis，15 世纪后，其含义逐渐包括通信、会话、交流、传播。美国学者贝雷尔森提出，"所谓传播，即通过大众和人际传播的主要媒介……所进行的符号传送"[1]。传播是信息的交流，在信息传播过程中，传播者不是简单地输出信息，还含有复杂的双向交流。广义的传播是系统（自身及相互之间）传收信息的行为，狭义的传播是人（自身及相互之间）传收信息的行为（即人类传播）。由对外汉语、国际中文教育发展而来的国际中文教育始终秉承语言教学为主，文化教学为语言教学服务的原则，既是一种教学活动，也是一个传播过程。传播的结构是构成传播整体的各个要素及其相互关系，在传播过程中有三个重要环节：传者、受者、信息（内容）。国际中文教育与传播具有极强的相似性，其课堂教学的主体要素——教师、学生、教材——对应传播过程中的三个重要环节，并构成各要素之间的相互关系。同时，国际中文教育的教学模式与传播模式也具有同向性。

模式是"一种再现现实的具有理论性的简化形式，是一种简洁地表现'理论'的手段或方法"[2]。传播模式在理论上抽象地把握了传播的基本结构与过程，描述其中的要素、环节以及相关变量的关系。我们选取经典的传播模式进行观察，会发现传播学的模式建构经历了"单向直线性"到"双向循环"的过程。拉斯韦尔 1948 年提出 5W 模式：谁（Who）→说什么（Says What）→通过什么渠道（In Which Channel）→对谁（To Whom）→取得了什么效果（With What Effects），这是典型的线性思维模式。布雷克多 1958 年提出 7W 模式，在 5W 模式的基础上添加

---

[1] 转引自张国良《传播学原理》，复旦大学出版社 2009 年版，第 6 页。
[2] 张国良：《传播学原理》，复旦大学出版社 2009 年版，第 38 页。

了情境和动机，将在什么情况下、为了什么目的、取得什么效果等因素考虑进来。数学家、信息论创始人申农与韦弗于1950年提出申农—韦弗线性模式，又称为信息论模式，申农受在美国贝尔电话试验所工作的启发，提出了信息传播过程中的"噪声"因素，认为"内部噪声"与"外部噪声"等干扰因素都将会影响传播的内容与效果。20世纪50年代出现了控制论模式，将"单向直线性"变为"双向循环"，引入了"反馈机制"。1954年奥斯古德—施拉姆模式又引申出了"传播单位"的概念，即"任何传播单位的参加者，无论个人或团体都可以看作是'传播单位'，都兼有两重身份——'传者'和'受者'"[①]。该模式中媒介的范围扩大了，既可以是大众媒介，也可以是亲身媒介。1967年美国传播学者弗兰克·丹斯提出了螺旋形模式，阐释了传播过程是一个循环往复、螺旋上升、不断发展的过程，在这个循环过程中，不存在机械的起点和终点，整个传播过程是一个动态发展与变化的过程。上述传播模式解决了传播要素（内部结构）问题，而传播的条件（外部环境）则体现在社会系统模式中，典型的模式为1959年赖利和赖利夫妇提出的社会系统模式，他们把影响信息的传播者、信息接收者的外部环境分成了基本群体（家庭、邻里、亲密伙伴）、次属群体（工作单位、学校、社团等）、隶属群体（国家、民族乃至世界），以传者与受者两端的主体为中心，探讨了他们受到的外部环境的影响，外部环境成为结构意义解读的重要内容。1963年德国学者马莱茨克提出了大众传播场模式，综合了之前的内部结构与外部环境的传播模式，将二者进行了融合，在具体的传播要素中均植入了外部环境，比如传者实行有效传播涉及了传播者与接收者的自我形象、个性结构、工作环境、社会环境、媒介内容的压力等制约，传播内容的选择同时还受到了媒介的压力，整个传播是一个主体人、媒介、社会环境互动的产物。马莱茨克将

---

① 转引自张国良《传播学原理》，复旦大学出版社2009年版，第44页。

传播过程看作一个场域的内部循环与外部循环的结果,把传播看作一个变量众多的社会互动过程,其社会复杂性在于互动过程受到有形与无形变量、显性因素与诸如社会心理与社会文化的隐性因素的影响与制约。

国际中文教育始于20世纪50年代的东欧交换生中国语文专修班,主要经历了以下两个时期。

第一个时期为线性阶段。20世纪50年代至60年代初是"以传授语言知识为主的教学法阶段",对对外汉语教学的认知明显受到了索绪尔的"结构性"理论的影响,重点关注语言知识本身。教学目标局限于汉语言知识的学习与掌握,侧重汉语词汇、语法的"结构"性教学,以培养学生的书面语、写作与翻译能力为主。教学方法采用"语法翻译法"和"演绎法",教学模式更多采用为"传授式",而"活动式"与"发展式"较少。教学模式单一,没有很好地调动起汉语学习者的积极性、主动性与创造性,这与传播学最初的线性传播模式相似。20世纪60年代初至70年代是体现实践性原则的教学法阶段,语言学基础仍然是结构主义语言学。"这一阶段教学内容侧重语言的听说训练,课堂教学方法采用了归纳法与'相对直接法',注重精讲多练,强调对外汉语教学的实践性。"[①] 教学方法虽引入了"直接法",但也是相对的,语言教学依然徘徊于母语与目的语之间。20世纪70年代初至80年代是深化实践性的教学阶段。这一阶段受到听说法影响,采用句型操练学生的听说技能,强调学生对语言材料的机械性操练,强调口语的第一性,注重学生口头语言表达能力的培养。

第二个时期为多向循环时期。从20世纪80年代至今,对外汉语教学经历了结构主义语言学向功能主义语言学的转变,受到了功能主义语言学、人本主义心理学以及发现式教育学模式、文化学的影响,教学内容方面已经开始注意到了由语言知识向语言交际能力的转变。具体表

---

① 赵金铭:《对外汉语教学概论》,商务印书馆2004年版,第112—115页。

现：一是结构与功能的结合。受英语交际法的影响，对外汉语教学引入并尝试将功能—意念大纲引入教学方法，采用课堂教学过程的交际化原则，将功能、情景、句型、结构相结合进行汉语教学。二是结构、功能与文化的结合。随着对功能主义语言学以及语用学的深入研究，特别是最新的语用学相关理论引入对外汉语教学，学界更加厘清了语言的结构性、功能性与文化的关系，提出了结构、功能与文化相结合的教学原则，明确了结构、功能与文化相结合的内在逻辑关系。"'结构'是指语言的结构，包括语法结构和语义结构，'功能'指用语言做事，即语言在一定的情景中所能完成的交际任务，'文化'是指语言教学范围里的文化，主要是在跨文化交际中由于文化差异而影响到交际的语言文化因素以及目的语国家的基本国情和文化背景知识。"① 结构是基础，功能是目的，文化教学为语言教学服务。这一时期，国际中文教育在教学过程中，厘清了语言要素教学、语用能力培养、文化素养等内部结构与外部环境结构的链接与互动关系，课程设计、教学内容、教学原则、教材编写等诸多方面形成了知识、技能、能力与文化的动态体系建构，把语言教学及其文化符号的传播进行了有机的融合。同时，教学主体的开放性与多元性，教学模式的线上、线下的混合式，真实环境、虚拟环境、媒介环境的相互交融性，以及教学效果有效性等诸多观点与信息时代流行的传播模式有较大的趋同性，人们不约而同地在传播模式、教学模式上对国际中文教育展开深入思考、研究与实践。

语言作为交际、传播的工具具有较强的引导功能，语言教学内容的设计、文化因素的导入、虚拟环境的切入等诸多因素都会影响国际中文教育所承载的传播功能。加拿大学者马歇尔·麦克卢汉认为，"每一种媒介发出的讯息都代表着或是规模，或是速度，或是类型的变化，所有这些无不介入人类的生活。每一种新媒介一旦出现，无论它传递的内容

---

① 刘珣：《对外汉语教育学引论》，北京语言大学出版社2000年版，第307页。

如何，这种媒介的形式本身就会给人类社会带来某种信息"①。国际中文教育的语言教学内容本身即为一种媒介，教学内容的设置关乎传播功能的发挥。20世纪90年代国家汉办颁布了《高等学校外国留学生汉语言专业教学大纲》《高等学校外国留学生汉语言专业教学大纲（长期进修）》《高等学校外国留学生汉语言专业教学大纲（短期强化）》等语言学习标准，发挥了语言的媒介讯息功能。进入21世纪，"美国推出《21世纪外语学习标准》，欧盟推出《欧洲语言共同体参考框架》，标志着语言文化传播标准竞争时代的到来"。为了实现对外汉语教学向国际中文教育的全面转型，我国先后出台了《国际汉语教师标准》《国际汉语能力标准》《国际汉语教学通用课程大纲》等一系列国际中文教育的标准，实现了从国家标准到国际标准的转型。针对世界各国的需求，在对汉语汉字与中华文化特点认识的基础上，2021年教育部中外语言合作中心颁布了《国际中文教育中文水平等级标准》音节汉字分册、词汇分册、语法分册，形成了新时代国际中文教育的新范式，实现了国际中文教育汉语水平等级标准的全球化，"中文正在成为国际性语言"②。

互联网时代，我们使用的电脑、手机、平板电脑等媒介工具，突破了传统媒介概念，具有极强的包容性，承载方式包括文字、图片、声音和影像，以一种"现场十足的""虚拟的""可编辑"的方式进行信息的传播，进入了形象媒介时代。特别是以微信、微博为主的网络传播应用技术，融合了传统媒体传播和人际传播的特征，实现了N对N的传播模式，形成了一种散布型网状传播结构与无边界的媒介传播形态，呈现出去中心化、无边界的媒介形态，加深了信息传播的深度，信息传播

---

① 转引自张国良《传播学原理》，复旦大学出版社2009年版，第89—90页。
② 教育部中外语言交流合作中心编：《国际中文教育中文水平等级标准》第一分册，北京语言大学出版社2021年版，第133页。

度数增大了，形成多度传播。这也是国际中文教育所面临的环境与时代背景，这种现实性与虚拟性的交织影响着语言教学整个过程，现代教育技术、信息技术与传播技术悄然进入到语言教学中。汉语汉字本身的结构意义、功能意义的多重性以及其内部与外部各自形成的意义增殖的循环场域培养了汉语的多重生成性。信息化程度越高越是需要借助文化语境才能厘清语言符号之间的关系和语用意义，特别是智能手机中微信等语义表达的碎片化、简短化更需要立足语言符号本身的文化意义，借助一定的社会背景，补出虚拟环境的隐含意义。汉语网络教学内容、网络技术的应用、MOOC 教学、翻转课堂等都需要借助现代传播理念、方法与途径来实现。语言的智能教学、虚拟现实技术、大数据、区块链、机器学习、图像识别、人工智能等技术在汉语教学中的应用，也需要从语言文化角度来进行设计与安排。当"世界各国能阅读所传播语言的书刊报纸，能上所传播语言的网站浏览的人越来越多"[①] 时，汉语国际传播便真正实现了其所承载的传播功能。

第三节　国际中文教育和中国文化传播　　　融合的研究流变

在世界多极化、经济全球化、社会信息化、文化多样化持续深入发展的当下，语言教育在促进人文交流和深化国际理解方面的基础性、独特性作用愈发凸显。国际中文教育，必然要承担起"中华文化国际传播"的责任。[②] 语言教学与文化教学关系的厘清经历了重视语言结构轻

---

①　陆俭明：《话说汉语走向世界》，商务印书馆 2019 年版，第 202 页。
②　陆俭明：《汉语国际教育与中华文化国际传播》，《同济大学学报》（社会科学版）2015 年第 2 期。

视文化、"文化"替代"语言"、文化教学应有"度"①、文化教学要为语言教学服务②、语言与文化有机融合③的曲折探索过程。

1980—1995年，是对外汉语文化教学探讨最热烈的时期，探讨了以下问题。一是文化教学定位问题。坚持对外汉语教学的核心任务是语言教学，不能以"文化"替代"语言"。④ 1994年召开的"对外汉语定性、定位与定量座谈会"明确了语言教学本身不能脱离文化因素的教学。文化应区分为知识文化和交际文化，汉语教学所伴随的文化教学既要有一定的知识文化，更需侧重于交际文化。⑤ 二是文化教学与语言教学如何结合的问题。文化分为语构、语义和语用文化⑥，第二语言教学必须考虑同步进行第二文化导入，并体现阶段性、适度性、规范性和科学性原则⑦；优先考虑自然环境、物质生活条件、社会经济制度、精神文化生活、风俗习惯和社会心态，以及认知方式等文化因素⑧；教材要考虑如何将语言项目通过具有文化内容的情景表现出来⑨。

1995—2005年，学界开始探讨语言教学与文化教学如何结合的问题。一是文化教学定位定量问题。文化学是对外汉语文化教学的理论基石，结构—功能—文化相结合的教学原则⑩确立了文化教学为语言

---

① 林国立：《构建对外汉语教学的文化因素体系——研制文化大纲之我见》，《语言教学与研究》1997年第1期。
② 刘珣：《对外汉语教育学引论》，北京语言大学出版社2000年版，第139页。
③ 刘利、赵金铭、李宇明等：《汉语国际教育知识体系的特色与构建——"汉语国际教育知识体系的特色与构建研讨会"观点汇辑》，《世界汉语教学》2019年第2期。
④ 李晓琪：《对外汉语文化教学研究》，商务印书馆2006年版，综述第1—3页。
⑤ 陆俭明：《汉语国际教育与中华文化国际传播》，《同济大学学报》（社会科学版）2015年第2期。
⑥ 陈光磊：《语言教学中的文化导入》，《语言教学与研究》1992年第3期。
⑦ 赵贤州：《对外汉语文化课刍议——关于教学导向与教学原则》，《汉语学习》1994年第1期。
⑧ 胡明扬：《对外汉语教学中的文化因素》，《语言教学与研究》1993年第4期。
⑨ 鲁健骥：《对外汉语教学基础阶段处理文化因素的原则和做法》，《语言教学与研究》1990年第1期。
⑩ 刘珣：《对外汉语教育学引论》，北京语言大学出版社2000年版，第139页。

教学服务的定位，文化教学应该有"度"，开始从新世纪的高度审视对外汉语教学，正视其与汉学的关系。① 二是跨文化交际研究。培养学生的跨文化交际能力是第二语言教学的主要目标，在文化教学中，既要注意民族的共性，又要注意地域的特征。② 以交际文化为主，知识文化为辅③，强调跨文化交际意识与交际能力的培养，语境对跨文化交际能力培养的重要价值及文化大纲的制定。④ 三是语言教学与文化教学相结合研究。提出以语言和语言教学为本位的"文化教学"的构想⑤，文化阐释要考虑量和度，以及"领进去""走出来""步步高"的多元化的语言教学法，深入探讨了"多维面的语言文化学习模式"等文化教学问题。该时期树立了文化教学理念，超越概念的纠缠，探索了语言与文化的结合方式，为文化大纲的出台奠定了基础，开始注重文化教学的师生的双向互动。⑥

2006—2020年，学界开始探讨语言教学与文化教学的深度融合问题。2005年首届世界汉语大会标志着汉语正在加快走向世界，"一带一路"沿线国家开启汉语教学的专业化、职业化教育，69个国家和地区将汉语教学纳入国民教育体系。国际中文教育面临着教学环境的改变，面临着教材、教法与教学内容的重组与融合，学科的重新定位、语言教学与文化传播的融合问题刻不容缓。第一，文化教学研究大总结。2006年商务印书馆出版了由赵金铭主编的22册对外汉语教学丛书，是对对外汉语教学发展几十年的回首、检视、瞻念，其中，李晓琪的《对外汉语文化教学研究》全面总结分析了对外汉语文化教学的研究成果、

---

① 李晓琪：《对外汉语文化教学研究》，商务印书馆2006年版，综述第6页。
② 毕继万：《跨文化交际研究与第二语言教学》，《语言教学与研究》1998年第1期。
③ 周小兵：《对外汉语教学中的跨文化交际》，《中山大学学报》（社会科学版）1996年第6期。
④ 李晓琪：《对外汉语文化教学研究》，商务印书馆2006年版，综述第9页。
⑤ 陈光磊：《关于对外汉语课中的文化教学问题》，《语言文字应用》1997年第1期。
⑥ 李晓琪：《对外汉语文化教学研究》，商务印书馆2006年版，综述第10—11页。

趋势与动态，是一部不可多得的对外汉语文化教学的珍贵资料。第二，国际中文教育的新探索。"大华语"概念的提出，标志着汉语教学涵盖了对外汉语教学、国际中文教育和华文教学。① 对外汉语教学的过程是文化传输的过程，是让外国人讲好中国故事的过程。因此，汉语教学必须以语言教学为核心，语言技能、语言知识、情感态度、学习策略和文化意识是综合语言能力的具体呈现。必须加强汉语书面语教学，其他方面的教学都应服务于语言教学，以便让外国汉语学习者切实掌握好汉语。② 跳出传统的课程体系，建立"一带一路"沿线国家所需要的针对性强的汉语课程，特别是职业汉语课程的建设是当务之急。③ 汉语国际传播与国家文化软实力建设、教师、教材、教学法、国别文化与跨文化交际等领域都需要扎实的学术研究成果形成支撑④，对外汉语教材编写的插图、字号、色彩与容量问题，结构、功能、文化因素在新时代教材中的定位与体现等问题不容忽视。⑤ 第三，汉语国际传播研究。近年来吴应辉团队针对汉语国际传播展开系列研究，成果丰硕，代表了当代汉语国际传播的研究水平。吴应辉团队以国家社科基金重大招标项目"汉语国际传播动态数据库建设及发展监测研究"为中心，在汉语全球传播的视野下开创性地研究了汉语国际传播的规律与时代价值，提出应将推动语言文化国际合作交流纳入国家外交工作，推动签署语言文化国际交流协定，以促进汉语和中华文化国际传播、提升中国软实

---

① 陆俭明：《树立并确认"大华语"概念》，《世界华文教学》2019年第1期。
② 陆俭明：《从事汉语教学的教师需要学一点语言学理论》，《国际汉语教育》（中英文版）2020年第2期。
③ 李晓琪：《新时代汉语国际教育学科建设与发展的新机遇》，《国际汉语教学研究》2019年第4期。
④ 吴应辉：《汉语国际传播事业新常态特征及发展思考》，《语言文字应用》2015年第4期。
⑤ 李晓琪：《汉语国际推广事业中的教材建设》，《世界汉语教学》2007年第3期。

力的策略与建议。① 其中,汉语国际传播本土化进程加快,汉语国际传播注重同先进教育技术结合、同文化产品结合,孔子学院进入调整转型阶段,汉语国际传播研究日渐形成独立的研究领域等前沿的学术研究成果为我国国际中文教育与中国文化传播的融合提供了坚实的理论与实践基础。② 第四,国际中文教育与文化传播关系研究。国际中文教育是在中华国际传播政策的大趋势之下衍生出来的一种新的教育机制,而中华国际传播同样也需要依托于国际中文教育,国际中文教育不仅仅肩负着教育的职能,同样还肩负着中华文化的传播职能,是我国提高文化软实力和综合国际影响力的关键。③ 国际中文教育把汉语看作文化,是一种价值观的体现④,国际中文教育专业由"语言"转向"文化"具有内在的必然性。⑤ 但目前存在着一些问题,如留学生对中国文化缺乏全面深入的知识,传播内容流于表面,文化教学限于一些浅层次的文化技艺活动,忽略了体现中华民族人生观、价值观、哲学思想乃至思维方式的一些"软"文化内容。⑥ 因此,应将国际中文教育看作一种文化传播行为,传播内容应体现代表性、现代性、普遍性、启迪性,同时具备现代的意义和价值,倡导人类共同享有的精神特性。跨文化传播策略应置身于民族之林传播本民族文化,正视他者带来的冲击、影响和濡养。⑦ 孔

---

① 吴应辉、何洪霞:《东南亚各国政策对汉语传播影响的历时国别比较研究》,《语言文字应用》2016 年第 4 期。

② 吴应辉:《汉语国际传播事业新常态特征及发展思考》,《语言文字应用》2015 年第 4 期。

③ 吴应辉、梁宇:《交叉学科视域下国际中文教育学科理论体系与知识体系构建》,《教育研究》2020 年第 12 期。

④ 张建民:《文化在汉语国际教育专业课程设计中的作用》,《云南师范大学学报》(对外汉语教学与研究版)2015 年第 6 期。

⑤ 陈春莉:《汉语国际教育专业由"语言"到"文化"的转向》,《陕西教育》(高教版)2020 年第 3 期。

⑥ 陆俭明、马真:《汉语教师应有的素质与基本功》,外语教学与研究出版社 2016 年版,第 30—38 页。

⑦ 何磊:《汉语国际教育专业教学中的跨文化传播策略》,《海外英语》(上)2018 年第 11 期。

子学院应把文化纳入课程体系①，将传播优秀中国传统文化与宣传现代中国的文明进步和理想追求结合起来。② 第五，国际中文教育与文化的融合研究。在中国文化"走出去"的大背景下，国际中文教育的文化传播面临着再一次转型③，文化大纲的研制、文化教学体系的构建、中国文化与世界各国文化交流互动态势的重构已是当务之急。④ 国际中文教育要体现出蕴含在语言中的中华民族的哲学理念，这是我们中华文化的"脊髓"⑤，通过汉语言和文化的研究和教授，传递中华优秀文化信息。要增加汉语的科技、思想、文化含量，提升汉语的国际声誉，发挥汉语在国际语言生活中的作用。⑥ 国际中文教育必然要承担起"中华文化国际传播"的责任，硬文化要传播，更主要的是要传播软文化，使国际中文教育能沿着国际中文教育学科本身的航道更好地前进，以确保汉语稳步而健康地在全球范围内传播开去，真正为构建人类命运共同体做出我们的贡献。⑦

2019年是国际中文教育大变革之年，学界大家以高度的责任感、使命感深入探讨了国际中文教育学科的发展定位、趋势以及战略，指点迷津，为新的转型期的国际中文教育指明方向，明确建设思路，汉语教学已经走上了为人类命运共同体服务的健康轨道。2020年国家汉办总部更名为"教育部中外语言交流合作中心"，标志着国际中文教育事业

---

① 金学丽：《汉语国际教育视野下中华文化传播的思考——以沈阳师范大学孔子学院为例》，《沈阳师范大学学报》（社会科学版）2017年第6期。
② 陈明：《以汉语国际教育推进文化传播》，《海外华文教育动态》2016年第12期。
③ 陆俭明：《话说汉语走向世界》，商务印书馆2019年版，第20—21页。
④ 刘利、赵金铭、李宇明等：《汉语国际教育知识体系的特色与构建——"汉语国际教育知识体系的特色与构建研讨会"观点汇辑》，《世界汉语教学》2019年第2期。
⑤ 陈绂：《浅谈如何在汉语国际教育中体现中华文化的特色》，《世界汉语教学》2019年第2期。
⑥ 李宇明：《计算机正改变着我们的语言生活》，《韩山师范学院学报》2020年第1期。
⑦ 陆俭明：《需要在汉语国际教育的学科性质和一些基本理念上取得一致认识》，《世界汉语教学》2019年第2期。

一个新时代的开启。

第四节　本书的研究内容、研究思路和研究方法

一　研究内容

本书以"学科交叉"方式构筑国际中文教育与中国文化传播融合机制，以"融合"为视点对国际中文教育进行阶段分类，逐级、逐层探讨融合的适切性、有效性与增殖性、可接受性，深度解析国际中文教育媒介的文化传播力及形塑"中国价值"的方式。本书将国际中文教育与中国文化传播的融合放在国际中文教育的过程中考察，运用语言学、教育学、心理学、文化学、传播学、信息学、跨文化交际理论、跨文化传播学等相关理论，从汉字教学所承载的文化基因、对外汉语教材形塑的文化形象、现代教学方法和手段的应用等多层面立体展开，通过对国际中文教育信息的抓取、分析，提取国际中文教育和中国文化传播融合的需求信息，在深入研究二者融合的可行性、必要性的基础上，从理论与实践层面探索二者融合的内在逻辑与机理，以确保文化传播的可持续性、生态性，并有针对性地提出系列化策略与建议。具体研究主要从以下几个方面展开。

一是对融合的内容——汉字教学所承载的文化基因展开研究。通过对汉字文化圈与非汉字文化圈的汉语汉字文化教学实践的现状分析，发现存在的问题，探究问题的成因。第一，探讨同属于汉字文化圈的日本留学生在学习汉日同形词中对词语本身及文化内涵的接受。以对外汉语教材《发展汉语·中级综合》中的汉日同形词作为研究对象，选取HSK动态作文语料库中日本学生的偏误语料进行分析总结，找寻教材中汉日同形词呈现的特点，有针对性地提出教学策略与教学模式，旨在使母语为日语的汉语学习者发挥该语言的特质，正确理解与运用汉日同

形词，提高汉语教学效率与学习效率，为提高日本汉语学习者的汉语交际能力提供一定的参考与借鉴。第二，非汉字文化圈的汉语汉字文化教学，运用"字本位"理论，从"字"本身的结构和特点出发，以汉字的整体性、系统性、规律性为核心，以汉语和汉字的关系、汉字本身表意的结构性特征、汉字所承载的文化内涵为视点展开研究，旨在为提高对外汉字教学效率提供建议和参考。

二是对融合的媒介——对外汉语教材形塑的文化形象展开研究。主要以目前使用较多的《发展汉语》系列教材为中心，探讨国际中文教育与中华文化融合的途径与策略。核心内容是探讨对外汉语语言教材中的中国文化形象与中国女性形象建构问题。前者研究以具有中国国家形象传播影响力的国内主流教材之一——《发展汉语》系列教材为研究对象，通过对五所院校中使用《发展汉语》系列教材的留学生和教师的调查与访谈，对将语言教材编写与中国文化形象建构相结合以创新对外汉语文化教学的方式方法展开深入研究，旨在为对外汉语国际传播中讲好中国故事、提升中国文化形象提供参考与借鉴；后者则是通过分析教材中关于中国女性的文本内容，从家庭、社会、国家视角出发去分析教材构建的中国女性形象，指出教材中建构的女性形象存在不适当的负面形象、角色命名缺少、外在形象缺陷等不足，进一步分析导致这些不足的原因，旨在为完善对外汉语教材中的女性形象提出针对性的策略和建议，为传播"真善美、德才兼备、与时俱进"的中国女性形象创造可能条件。

三是对融合的手段——现代教学方法的应用展开研究。主要研究如何利用现代教育技术与互联网平台提高对外汉语课后语言实践教学的有效性，核心内容是探讨 cMOOC 模式对语言教学与文化传播的独特性。在全面阐释 cMOOC 模式、关联主义、教学有效性等相关理论基础上，结合 cMOOC 教学案例，探讨 cMOOC 模式下的对外汉语教学的流程及特点，并提出 cMOOC 模式下的对外汉语教学有效性的标准，旨在为 cMOOC 模式下的对外汉语教学的推广与实施提供可操作性的建议，实现了对外汉语教学与网络化、信息化的有机结合，为提高国际中文教育质量与效率、实现汉语课堂教学与课后语言实践教学有效结合提供了参考与借鉴。

二 研究思路

国际中文教育与中国文化传播的融合是汉语教学和中国文化传播的高层次的深度结合，是以语言教学带动文化传播，以文化传播促进语言教学，是新型的语言教学道路。二者融合的核心是语言教学支撑，是文化传播渗透语言教学的相关环节，语言教学成为文化传播的常规手段，以实现中国文化传播的可持续发展。根据对国际中文教育与中国文化传播融合的内涵和外延的理解，本书将"融合"的切入点确定为，在国际中文教育过程中植入传播学相关理念与前沿理论，透过教学过程中润物细无声的高效文化传播，在潜移默化中实现结构、功能与文化的结合。至此，语言教学与文化传播不再相互独立进行，不再是单方的带动和促进关系，而是二者在总体设计、教材编写、教学过程、教学评估等各个层面相互交融，彼此不可分割。

一是通过对汉字教学所承载的文化基因的研究，探讨汉字文化圈与非汉字文化圈汉语学习主体对汉语汉字知识的认知与接受状况。通过 HSK 动态作文语料库筛选与偏误分析发现，同为汉字文化圈的日本留学生学习汉日同形词并非一件简单与容易的事情。汉日同形词的偏误类型集中体现在语义偏误、搭配偏误、词性偏误、字形偏误，母语的负迁移、汉语知识泛化、文化的差异性是导致偏误的重要原因。通过问卷调查可以看出，对于很多非汉字圈的留学生而言，中国环境和文化对留学生有较大的吸引力，这种吸引力成为留学生对汉语学习的驱动力；但是，汉语学习效率低和识字难度大等因素，使得留学生的汉语学习兴趣受挫，从而导致其汉语水平得不到提高。基于此，探究针对不同的教学对象探讨语言教学的国别性策略，借助科技手段辅助教学，实现教学教材的国别化，采用翻转课堂模式，有针对性地强化学生对汉语词汇的认知。

二是通过对对外汉语教材形塑的文化形象的研究，探讨如何处理好语言教学与文化传播的关系，实现有机融合。基于"媒介即信息"的理念，着重探讨教材内容设置的文化传播意义与价值。通过对《发展汉语》系列教材中相关的文化话题、话语态度与辅助资源的详细呈现，整合文化话题，从中国人、家庭、社会和对外交往四个角度建构教材专属的中国文化形象，并相应地探讨中国文化形象在汉语教材中的呈现与建构特点，找寻汉语教材在编写方面的不足，为汉语课堂教学下文化形象的传播提供文本分析基础和教学依据。根据《发展汉语》系列教材中呈现的中国女性形象的年龄、职业、角色、话题等的统计和分析，从家庭、社会、国家等角度，将教材中的女性划分为不同身份，并具体分析教材中建构了哪些中国女性形象，进而分析教材中女性形象的呈现特点和塑造的不足，并分析其不足的原因，从而有针对性地为完善良好的中国女性形象提出建议。

三是通过对现代教学方法和手段的应用研究，思考国际中文教育与中国文化传播融合的手段。本书基于信息化、网络化的时代背景及技术条件，在优化国际中文教育过程、提高课堂教学的有效性中思考文化的传播问题。通过对留学生的调查问卷、教师的访谈和 cMOOC 教学实践的分析，厘清了包括教师、学习者、学习环境、教学模式等影响教学有效性的诸多因素，并有针对性地提出了相关对策，为 cMOOC 模式下的国际中文教育的推广与实施提供了可操作性的建议，实现了国际中文教育与网络化、信息化的有机结合；为提高国际中文教育质量与效率，实现汉语课堂教学与课后语言实践教学有效结合提供了参考与借鉴。

三 研究方法

（一）文献研究法

根据研究目的或内容，通过阅读、梳理已有文献，了解目前本研究发展现状或问题，让研究者对本研究有一个基本的认识。查阅了传播学的相关原理和国际中文教育的最新文献，阅读了国际中文教育的教师素质、教学内容、教学模式、习得研究、教学手段、教材编写、文化素养等方面的大量文献。同时，重点搜集、整理和分析了"汉日同形词""字本位"理论的相关研究成果，总结汉字教学的主要观点和研究热点，分析研究不足，提出本书的研究工作；搜集与女性形象、国家形象、对外汉语教材相关的专著、期刊论文、硕博论文等资料，从多角度来对教材中的中国女性形象进行研究分析；全面地收集了关联主义及cMOOC模式的有关资料，结合cMOOC模式的具体教学案例，对国际中文教育在cMOOC模式下运行的有效性提出了本书的研究观点。

（二）实地调查法

根据课题研究需要，项目组精心选择了适合开展国际中文教育研究的部分高校，这些高校具有一定的代表性，能够为数据提取与观察的顺利开展提供支持。这些高校的留学生汉语教学反映了不同层面的"汉语教学"与"文化传播"的实践特点。

项目组成员深入高校留学生教学课堂展开实地调查，在具体的调查中观察和了解课堂教学中语言教学与文化传播融合的特征、规律与存在问题。通过对相关学校的非汉字文化圈的留学生的问卷调查，了解当前汉字教与学的难点，学生学习的困难；通过对教师的访谈，了解教师在教授课程的时候所面临的问题及目前的教学现状；通过问卷调查，对五所高校使用《发展汉语》系列教材的留学生发放问卷，调查留学生对教材中相关中国文化内容的认知与理解情况，观察留学生教材学习前后文化形象接受的完整性与均衡性，分析得出教材自身建构的文化形象与留学生自己建构的文化形象的认知差异，从而为文化形象的培植与传播提供最新研究数据，使得结论及其建议更为可靠有效；通过多次到运用 cMOOC 模式进行教学的院校观看教学互动记录，了解 cMOOC 模式的教学现状，搜集大量的课堂学习资料，分析 cMOOC 模式下国际中文教育的实施情况，了解 cMOOC 模式存在的问题，为研究 cMOOC 模式下对国际中文教育的有效性提供真实资料。

（三）个案访谈法

这种方法能够快速了解信息，是快速建立联系、获得大量信息资料的主要途径。在课题研究前期，依据访谈提纲，从不同角度了解访谈对象对于国际中文教育与中华文化传播的认识，进而形成对二者融合的认识。通过对教师、留学生的访谈，可以直接了解留学生学习过程中教材对其产生的影响，以及教师在授课过程中遇到的一些问题，或者关于教师个人的一些文化教学方式方法，以期能够得到更有价值的一手资料。

（四）文本分析与数据统计法

这种方法基于对教材的文本分析，通过对研究对象的规模、速度、范围、程度等数量关系的分析研究，认识和揭示事物间的相互关系、变化规律和发展趋势，借以达到对事物的正确解释和预测。本书以《发展汉语》系列教材的文本为分析对象，从文本的表层深入文本的深层，梳理及归纳出教材中所涉及的中国文化元素与女性形象，根据数据统计结果，从文化话题、话语态度、辅助资源、中国女性形象基本信息、女性话题、话语分析等方面对数据进行分析，得出具有一定可信度的研究结论。

第一章　汉字文化圈的语言文化教学

本章以同属于汉字文化圈的日本留学生对汉日同形词的接受为研究案例，通过对 HSK 动态作文语料库筛选与偏误分析，探讨日本留学生对词语本身及文化内涵的接受状况，并有针对性地提出教学策略，为汉字文化圈的汉语学习者提高汉字知识的接受程度和交际能力，以及对汉字教学所承载的文化基因的深入理解提供一定的参考与借鉴。

汉语和日语同属于汉字文化圈，经过漫长的历史演进相互借鉴补充，在词汇方面形成了大量的汉日同形词。这对母语为日语的汉语学习者来说是一把双刃剑，一方面，因汉语和日语之间的相似性为汉语学习者带来便利，大大提高汉语的学习效率；另一方面，又因二者之间的差异性也为学习者带来阻碍。汉日同形词一直是日本人汉语学习的难点，同时也是汉语教学者的教学重点。由于汉日同形词的数量较多，对其是否真正理解与掌握关乎学习者汉语综合运用能力的养成，再加上对外汉语教材、教法缺乏国别的针对性，且学界目前对汉日同形词的研究大多偏离教学脚本，极大影响了汉日同形词教学的有效性。

近年来，就如何提高日本人汉语教学效率与有效性等问题，引起了学界的高度关注。日语中夹杂着大量汉字，"在 3805 个常用词中，日语和汉语同形的竟达 1013 个"[1]，这对母语是日语的汉语学习者是一个非

---

[1] 胡裕树、何伟渔:《教日本人学汉语》,《语言教学与研究》1984 年第 3 期。

常有利的因素，但由于受历史变化等因素的影响，这些相近的汉字与词汇同样存在着差异，这也是日本学生在学习汉语时容易出现偏误之处，成为困扰他们汉语综合运用能力提高的顽疾。原本汉日同形词的存在会使日本学生在学习汉语时产生的亲切感，却因其意义与用法的变化反而造成了汉日同形词偏误的滋生与泛化，最终导致与汉语的"疏离感"。似是而非的"日本式"的用法使得汉日同形词的语义、语用偏离了汉语，甚至有时会南辕北辙。因此，课堂教学中如何呈现汉日同形词本义，还原两国同形词的变化轨迹，使母语为日语的汉语学习者真正理解与掌握汉日同形词，真正发挥中日两国文化的历史渊源对学习汉语的优势，显得尤为重要。教材与教法问题仍然是解决该问题的瓶颈，教材中的汉日同形词分布规律及教学策略是解决该问题最根本的出发点与关键。而目前教材编写缺乏国别针对性、课堂汉字与词汇教学模式的无国别性、信息技术与多媒体辅助教学手段国别教学缺失性等一系列问题影响了汉语教学水平与质量，制约了"构建全球最多样化的国际语言教育网络"的进程。

对日本人汉语词汇教学问题研究，往往是被看作汉语学习的有利因素而被忽略，重视度远远不够，尤其是对汉语教材中的中日同形词关注不够。在具体的教学研究中发现，恰恰是因为这些汉日同形词的存在，成为日本汉语学习者准确学习与掌握汉语的障碍，影响了他们汉语的语言交际能力与综合运用能力的培养与提高。因此，本章以目前各高校普遍使用的对外汉语教材《发展汉语·中级综合》作为研究对象，选取HSK动态作文语料库中日本学生的偏误语料进行分析总结，找寻教材中汉日同形词呈现的特点，有针对性地提出教学策略与教学模式，旨在使日语为母语的汉语学习者发挥该语言点的特质，正确理解与运用汉日同形词，提高汉语教学效率与学习效率，也为进行汉语教学国别研究提供一定的借鉴与参考。

本章将《发展汉语·中级综合》生词表内的所有词语通过词典的查阅与筛选，确定出 549 个汉日同形词。在全面分析汉日同形词的分布规律与特点基础上，通过 HSK 动态作文语料库进行偏误统计，对产生偏误的 233 个汉日同形词的语义、搭配、词性、字形等偏误进行了较为深入与细致的分析。针对目前课堂教学、教材无国别化、无针对性的对外汉语教学现状，本书提出，借助科技辅助教学手段实现教学教材的国别化，采用翻转课堂模式、有的放矢强化学生对汉语词汇的认知、运用多种教学手段等进行汉日同形词教学，可以使日本汉语学习者逐渐摆脱对母语的依赖与母语"负迁移"的影响，提高汉日同形词教学的有效性。同时汉日同形词与"翻转课堂"教学模式的结合，也在一定程度上解决了教材、教法缺乏国别性的问题。

第一节 《发展汉语·中级综合》汉日同形词的分布及对比分析

通过统计《发展汉语·中级综合》中生词表内的所有汉日同形词，并分析其在教材中的分布规律，可以从宏观上对教材进行掌握。汉日同形词在汉语和日语中存在很多相同之处，但依旧存在差异，通过对比分析可以揭示这两种语言的相同点和不同点，从而预测教学难点在教学中应该采取的措施，所以本章阐述的汉日同形词的分布和对比分析，为教学研究提供了理论依据。

一 关于《发展汉语·中级综合》汉日同形词的分类

根据汉日同形词的分类研究成果，本书将《发展汉语·中级综合》中的汉日同形词，从语义的角度分为汉日同形同义词、汉日同形类义词、汉日同形异义词三类。

（一）汉日同形同义词

本书将汉语和日语中，字形上相同或存在一定差异，语义上相同的词称为汉日同形同义词。例如：英语、学校等。

以"哲学"一词为例，"哲学"本身源自日本，属于一般词汇，在目前中国书籍刊物中被广泛使用。字形上汉日两语相同，且表达意思一致，皆为"关于世界观的学说，是自然知识和社会知识的概括和总结"①。

（汉）我们总认为哲学十分深奥。
（日）哲学とは何か（哲学指什么）？

（二）汉日同形类义词

本书将汉语和日语字形上相同或存在一定差异，语义相近的汉日同形词称为汉日同形类义词。例如：形式、文章、结果等。

以"学生"一词为例，字形上汉日相同，语义上汉日存在差异，在汉语中"学生"指的是在学校读书的人，根据上学的年级不同，又可以将学生分为初中、中学、大学等；但是在日语中，"学生"一词特指大学生，而用来表示其他等级的学生，则用"生徒"。

（汉）在校学生皆享有国家补助政策。
（日）今は学生ですね（现在是大学生啦）！
小学校の生徒（小学生）。
学校の生徒（初中生）。

---

① 中国社会科学院语言研究所词典编辑室编：《现代汉语词典》（第七版），商务印书馆2016年版，第1659页。

（三）汉日同形异义词

本书将汉语和日语字形上相同或存在一定差异，语义上存在差异的汉日同形词称为汉日同形异义词。例如：爱人、姿势等。

以"手纸"一词为例，字形上存在繁简差异，语义上存在偏差。在汉语中，"手纸"一般指解手时使用的纸；但是在日语中，"手纸"却是写信用纸的意思。

（汉）这个牌子的手纸非常柔软。

（日）さよならと書いた手紙（写着告别话语的信纸）。

二 《发展汉语·中级综合》汉日同形词的数量分布

《发展汉语》系列教材是普通高等教育"十一五"国家级规划教材，主要供来华学习汉语的长期进修生使用，目前很多高校都使用了该教材，应用比较广泛。本书选取该系列教材中的《发展汉语·中级综合》为对象进行研究，将教材中每课开篇中"词语学习"既生词表部分的词语进行统计，发现共有1408个词语，其中双音节词汇有1085个，占总词汇的77%，所占比例较大，所以本书选取教材中生词表内的1085个双音节词汇进行研究，通过使用线上App沪江小D词典、日汉同形异义语词典、中日大辞典、新明解、现代汉语词典（第七版）对这些词汇进行筛选，统计出共有汉日同形词549个，占总双音节词汇量的51%，由此可见汉日同形词的重要性。

《发展汉语·中级综合》分为上下两册，依照上文的分类方式，即汉日同形同义、汉日同形类义、汉日同形异义这三种类型，并将这三种类型进行统计形成本书语料库，并从数量的角度将汉日同形词的分布按照上下两册进行统计，如图1.1所示。

由图1.1可见，汉日同形同义词上册有219个，下册有250个；汉

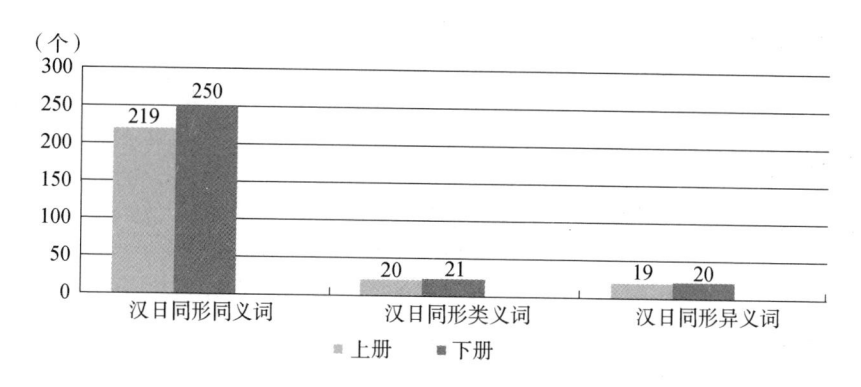

图 1.1 《发展汉语·中级综合》(上下册) 汉日同形词数量分布对比

日同形类义词上册有 20 个，下册有 21 个；汉日同形异义词上册有 19 个，下册有 20 个。研究表明汉日同形同义词在教材中数量最大，汉日同形类义词次之，汉日同形异义词最少。同时可以看出，词汇数量随着教材难度的增加而增加，下册的所需学习的词汇数量大于上册，表明学生对汉日同形词的学习难度呈现递增的态势。将汉日同形词的数量分布按照教材整体进行分布统计可以得出数据，见表 1.1。

表 1.1　《发展汉语·中级综合》汉日同形词分类数量统计

汉日同形词类型	数量(个)	比例(%)
同形同义词	469	85
同形类义词	41	8
同形异义词	39	7

由表 1.1 可见，在 549 个汉日同形词中，汉日同形同义词占 85%，汉日同形类义词占 8%，汉日同形异义词占 7%，汉日同形同义词的数量最多，同形类义词次之，同形异义词最少。

综上，通过对教材上下册中汉日同形词的分布的观察、统计与分析，可以清晰地看到教材中汉日同形词数量的变化是随着所需学习词汇数量的改变呈现递增的态势；与此同时，汉日同形同义词、汉日同形类义词、汉日同形异义词这三类词汇数量的多少一直保持递减的规律,这样的分布统计有助于对教材中汉日同形词进行整体把握,为下文的研究提供数据支持。

三 《发展汉语·中级综合》汉日同形词的对比分析

对比分析假说作为第二语言习得的主要理论与假设被广泛应用于第二语言教学。"教师如果把目的语和学生的母语进行比较,找出他们之间的差异,就会清楚地了解什么是学生学习中的难点,并为教授这些难点做好充分的准备。"① 而汉日同形词的教学过程充分体现了对比分析理论的"正迁移"与"负迁移"相互影响与动态转化过程。本书采用了对比分析假说的描写、选择、对比、预测研究方法,针对日本汉语学习者的汉日同形词偏误,提出教学策略。

(一) 汉日同形同义词对比分析

由上文可知,汉日同形同义词指的是字形相同或相近,语义相同的汉日同形词,根据这样的特性,本章将从字形的角度将其进一步划分。因为中日两国的历史条件不同,所以在汉字使用过程中存在种种变革,无论是中国还是日本都进行了文字改革。"日语中的简化汉字有些与中文中的简化汉字相同,此外,日文中还有许多简化字与中文中的简化字不同。这些简化字可以归纳为两点,一是中国为简化的简化字,二是与中国简化方式不同的简化字。"② 依据这样的演变方式,对本书语料库中469个汉日同形同义词进行对比分析,将其细分为全借型汉日同形同义词、繁简对应型汉日同形同义词、其他类型汉日同形同义词三类,并通过对比分析深入探索其中存在的差异得出数据,见表1.2。

---

① 刘珣:《对外汉语教育学引论》,北京语言大学出版社2000年版,第186—187页。
② 何培忠、冯建新:《中日同形词浅说》,商务印书馆1986年版,第5—43页。

表1.2　《发展汉语·中级综合》汉日同形同义词分类

汉日同形同义词	数量(个)	比例(%)
全借型	209	45
繁简对应型	231	49
其他类型	29	6

由表1.2可以看出在469个汉日同形同义词中，全借型汉日同形同义词有209个，占汉日同形同义词总比例45%；繁简对应型汉日同形同义词有231个，占汉日同形同义词总比例49%；其他类型汉日同形同义词有29个，占汉日同形同义词总比例6%。其中其他类型包括含有日本自创汉字的汉日同形词、汉字假名组合的汉日同形词。

1. 全借型汉日同形同义词

本书通过语料库的统计分析，将词义相同、书写形式也相同的汉日同形同义词称为全借型汉日同形同义词。这类词有，神秘/神秘、理想/理想、自然/自然、著名/著名、手腕/手腕、未来/未来、思考/思考等。举例分析如下。

首先，以"四季"一词为例，在汉语和日语中字形、语义相同，且二者同为名词形式。语义上汉语指"农历四个季月的总称，分别是春三月，夏六月，秋九月，冬十二月"[1]，日语指"四つの季節、四时，陰暦で、三月、六月、九月、一二月"[2]。对比分析如下。

（汉）四季的变迁。

（日）四季を通じて（一年四季）。

---

[1] 中国社会科学院语言研究所词典编辑室编：《现代汉语词典》（第七版），商务印书馆2016年版，第1240页。

[2] ［日］金田一京助、［日］山田忠雄、［日］柴田武等编著：《新明解日汉词典》，外语教学与研究出版社2012年版。

由此可见,"四季"一词,无论是在字形、语义、词性上汉日皆相同,在使用方式上也一样,所以学生在运用此词汇进行造句的过程中,可以直接进行使用,减少了词汇学习的压力。

其次,以"自立"一词为例,日语同样写作"自立",汉语为动词形式,日语为名词、动词形式。语义上汉语指"不依赖别人,靠自己的劳动而生活"[1],日语指"他への従属から離れて独り立ちすること(可以离开他人独立生活)"[2]。对比分析如下。

(汉)很多大学生经济不能自立。

(日)彼は自立して働いている(他在独立工作)。

各市民の自立が求められている(要求每个市民自立)。

由此可见,"自立"一词,因为存在词性上的差异,即使是全借型的汉日同形同义词,在使用过程中依旧存在一些不同。但是二者在使用上差别较小,并不是学习词汇的主要阻碍。

最后,"困惑"一词,日语同样写作"困惑",汉语为形容词、动词形式,日语为名词、动词形式。语义上汉语指"感到疑难,不知道该怎么办;使困惑"[3]。日语指"どうしてよいか分からないこと(不知道如何)"[4]。对比分析如下。

(汉)困惑不解。

(日)困惑しきっている(极其为难)。

---

[1] 中国社会科学院语言研究所词典编辑室编:《现代汉语词典》(第七版),商务印书馆2016年版,第1738页。

[2] [日]金田一京助、[日]山田忠雄、[日]柴田武等编著:《新明解日汉词典》,外语教学与研究出版社2012年版。

[3] 中国社会科学院语言研究所词典编辑室编:《现代汉语词典》(第七版),商务印书馆2016年版,第765页。

[4] [日]金田一京助、[日]山田忠雄、[日]柴田武等编著:《新明解日汉词典》,外语教学与研究出版社2012年版。

由对比分析可见，"困惑"一词，虽然属于全借型汉日同形同义词，但是在词性上存在一定的差异，这给母语为日语的汉语学习者造成了一定困扰，但是母语"正迁移"的影响还是占据主要部分的。

综上，在全借型汉日同形同义词中，虽然存在因词性的不同而导致汉日同形词在使用过程中出现差异的现象，但是整体上还是受母语的"正迁移"影响较大。对于类似"四季"这样无论是在词性、字形，还是语义上汉日都相同的汉日同形词，由于母语与目的语中结构相同之处会产生正迁移，所以这类词汇极大地方便了母语为日语的学生对汉语词汇的学习，对于汉语学习会产生积极的、促进作用。

2. 繁简对应型汉日同形同义词

本书通过语料库的统计分析，将语义相同、字形上存在繁简差异的汉日同形同义词称为繁简对应型汉日同形同义词。这类词有，失败/失敗、皮鞋/革靴、仪式/儀式、确认/確認、业务/業務、规矩/規矩、仓库/倉庫、发展/発展等。

首先，以"妇人"一词为例，日语写作"婦人"，二者同为名词形式。语义上汉语"古时指士的配偶，现指已婚妇女、女人"①，日语指"成人した女性、既婚の女、妻；旧時、婦人の自称（成人已婚女性、旧时也作自称）"②。对比分析如下。

（汉）妇人之仁。
（日）婦人の権利を守る（守护女性权利）。

由此可见，"妇人"一词，汉日在字形上存在繁简的差异。由于

---

① 中国社会科学院语言研究所词典编辑室编：《现代汉语词典》（第七版），商务印书馆2016年版，第408页。
② ［日］金田一京助、［日］山田忠雄、［日］柴田武等编著：《新明解日汉词典》，外语教学与研究出版社2012年版。

"妇人"一词,仅一个"妇"字存在繁简差异,所以它在汉日两语约字形上属于单个繁简差异,即词语中约两千汉字,在日语汉字中仅一个字写作繁体形式。虽然只是一个字的差异,但是母语为日语的汉语学习者依旧会受到母语"负迁移"的影响,在书写上出现偏误的现象。

其次,以"种类"一词为例,日语写作"種類",二者同为名词形式。语义上汉语指"依据事物本身的性质、特点划分的门类"[①],日语指"ある基準でみて性質、形態などが共通するものを分類し、それぞれのまとまりとしたもの(能够根据一定的性质状态进行划分,具有共性的物品)"[②]。对比分析如下。

(汉)请按照相同种类进行划分。
(日)種類が違う(种类不同)。

由此可见,"种类"一词与上文中"妇人"一词,同样是在汉日的字形上存在繁简差异,但是相比较上文中"妇人"一词,"种类"一词在汉日两语的字形上属于全部繁简差异,即词语中的两个汉字,在日语汉字中全部写作繁体形式。这样类型的汉日同形词,同样容易受母语"负迁移"的影响,出现书写形式上的偏误。

综上,繁简对应型汉日同形词可分为单个繁简对应和全部繁简对应两种类型。虽然此类汉日同形同义词在造句上用法相同,但是因为书写形式上的差异,同样给母语为日语的汉语学习者在学习此类汉日同形词时带来一定的阻碍。

3. 其他类型汉日同形同义词

本书通过语料库的统计分析,除全借型、繁简对应型汉日同形同义

---

① 中国社会科学院语言研究所词典编辑室编:《现代汉语词典》(第七版),商务印书馆2016年版,第1700页。
② [日]金田一京助、[日]山田忠雄、[日]柴田武等编著:《新明解日汉词典》,外语教学与研究出版社2012年版。

词外，还发现了其他类型的汉日同形同义词，其中包括含有日本汉字的汉日同形同义词、假名汉字相间的汉日同形同义词，本书将其归纳为其他类型的汉日同形同义词。这类词有，周边/周辺、压力/圧力、包围/包囲、收入/収入、血压/血圧、比喻/比喩、渴望/渇望、包围/包囲、支付/支払う、摄影/撮影、强壮/強壮、身份/身分、包装/包装、化妆/化粧、炮弹/砲弾、对立/対立、不满/不満、收集/収集、人群/人群れ、气氛/気分、假装/仮装、步行/歩行、清新/清新、家具/家具、沿海/沿海、具体/具体、冷静/冷静、画家/画家、外界/外界。

首先，以"支付/支払う""人群/人群れ"二词为例，语义相同，字形上呈现汉字加假名的形式，这样类型的汉日同形同义词在本书中，将其归纳为其他类型汉日同形同义词中的含假名的汉日同形同义词。

其次，"周边/周辺""压力/圧力""包围/包囲""收入/収入"等类型的汉日同形同义词属于含有日本汉字的汉日同形词。从字形上看，无明显差别，但在笔画等细微方面存在差异，形成了所谓的日本汉字，因其特殊的书写特质，增加了日本学生学习的难度。

综上所述，通过对汉日同形同义词的对比分析，可以把汉日同形同义词分为全借型汉日同形同义词、繁简对应型汉日同形同义词、其他类型汉日同形同义词三类。虽然三者皆属于汉日同形同义词，但是在分析过程中可知，在字形上存在很大的差别，这些差别正是学生在学习过程中需要注意的方向。

(二) 汉日同形类义词对比分析

何培忠、冯建新在汉日词义的演变研究中，认为汉日同形词无论是由中国传入日本还是由日本传入中国，都存在一部分汉日同形词因一些使用上的习惯以及历史变迁原因发生改变，不再沿袭词语在本国中的含义，或是存在相应的改变。本书通过语料库的分析，发现在汉日同形类义词中，可以通过词义这一角度进行进一步的划分，"词义中能够独立运用的最小单位是义项"①，而"义项，是词的理性意义的分项说明"②，就是表示相应的语义单位；所以本书的义项来源选取汉日同形词在字典中的语义注解，即理据义。从义项的角度出发，可将汉日同形类义词分为汉语义项大于日语的汉日同形类义词、日语义项大于汉语的汉日同形类义词。分类统计见表 1.3。

表 1.3 《发展汉语·中级综合》汉日同形类义词分类

汉日同形类义词	数量（个）	比例（%）
汉语义项大于日语	17	41
日语义项大于汉语	24	59

由表 1.3 可见，汉语义项大于日语的汉日同形类义词有 17 个，占总比例 41%；日语义项大于汉语的汉日同形类义词有 24 个，占总比例 59%。

1. 汉语义项大于日语的汉日同形类义词

本书通过字典对语料库中的汉日同形类义词进行统计分析，得出汉语义项大于日语的汉日同形类义词有，志愿/志願、语气/語気、面子/面子、古典/古典、迷宫/迷宮、文章/文章、实验/実験、实践/実践、缩写/縮写、确实/確実、梦想/夢想、组织/組織、尊重/尊重、团圆/団円、回报/回報、人情/人情、可笑/可笑しい。

首先，以"语气"一词为例，日语写作"語気"。汉语指"说话的口气；表示陈述、疑问、祈使、感叹等"③，共两个义项；日语指"話

---

① 邵敬敏：《现代汉语通论》（第二版），上海教育出版社 2007 年版，第 145 页。
② 黄伯荣、廖序东：《现代汉语》（增订四版），高等教育出版社 2007 年版，第 234 页。
③ 中国社会科学院语言研究所词典编辑室编：《现代汉语词典》（第七版），商务印书馆 2016 年版，第 1601 页。

すことばの調子（说话的语气）"①，共一个义项。对比分析如下。

（汉）你听他的语气，肯定是不满意了。

陈述语气，祈使语气，虚拟语气。

（日）語気が鋭い（语气尖锐）。

由此可见，"语气"一词从义项上看，汉语比日语多一个疑问、感叹用法的义项，所以在词语的使用上就存在一定的差异。汉日两语在"语气"一词中都有表示说话口气的意义，这一点受母语"正迁移"影响，对学生的学习起到积极的推动作用；而日语缺少的一部分义项则会使母语为日语的学生，在进行学习时产生一定的阻碍，但针对"语气"一词而言，只有在表达语法形式的时候才会进行使用，并不经常出现，所以学生在学习过程中受到的影响比较小。

其次，以"人情"一词为例，日语也写作"人情"。汉语指"人的感情；情面；恩惠；礼节应酬等习俗；礼物"②，共五个义项。日语指"人間の自然な心の動き；他人への思いやり（人类的心理活动；对他人的关怀）"③，共两个义项。对比分析如下。

（汉）做个人情。

风土人情。

送人情。

（日）人情の厚い人（有人情味的人）。

由此可见，在"人情"一词里，日语和汉语都表达了"人的情感"

---

① [日]金田一京助、[日]山田忠雄、[日]柴田武等编著：《新明解日汉词典》，外语教学与研究出版社2012年版。

② 中国社会科学院语言研究所词典编辑室编：《现代汉语词典》（第七版），商务印书馆2016年版，第1098页。

③ [日]金田一京助、[日]山田忠雄、[日]柴田武等编著：《新明解日汉词典》，外语教学与研究出版社2012年版。

这样的语义，但是汉语比日语要多出两个表达习俗和礼物的语义，这样就会导致母语为日语的学生在进行句子理解上出现偏误的现象，容易受母语"负迁移"的影响。"人情"一词在汉语中使用较为广泛，所以像这一类的汉日同形词，将会成为学生学习的难点之一。

综上可知，在汉语义项大于日语的汉日同形类义词中，因为存在义项上的差别，所以在对汉日同形词进行使用时，会存在一定的差异现象；但是针对词汇在汉语中的适用范围以及使用频率来看，适用范围较广以及使用频率较广的汉日同形词更容易出现偏误的现象，是学生学习的难点。

2. 日语义项大于汉语的汉日同形类义词

本书通过字典对语料库中的汉日同形类义词进行统计分析，得出日语义项大于汉语的汉日同形类义词有，条件/条件、设施/施設、始终/始終、毕竟/畢竟、外商/外商、助手/助手、场所/場所、诗歌/詩歌、吸引/吸引、形式/形式、亲近/親近、出发/発出、着火/着火、犹豫/猶予、攻击/攻擊、体操/体操、日夜/日夜、本地/本地、复制/複製、喇叭/喇叭、调节/調節、职务/職務、一旦/一旦、万万/万万。举例分析如下。

首先，以"吸引"一词为例，汉日字形相同。语义上汉语指"把别的物体、力量或别人的注意力引到自己这方面来"[①]，日语指"吸い込むこと；客などを引き寄せること（吸东西吸引顾客等）"[②]，在义项上日语义项大于汉语义项。对比分析如下。

（汉）中华文化深深地吸引着我，我爱中国。

（日）吸引器（抽风机）。

外資を吸引する（吸引外资）。

---

① 中国社会科学院语言研究所词典编辑室编：《现代汉语词典》（第七版），商务印书馆2016年版，第1398页。

② ［日］金田一京助、［日］山田忠雄、［日］柴田武等编著：《新明解日汉词典》，外语教学与研究出版社2012年版。

由此可见，汉语和日语在"吸引"一词中都有将物体引向自己一方的含义，但是日语比汉语多了一个"吸东西"的义项，所以在使用"吸引"一词进行造句时，母语为日语的汉语学习者容易受母语"负迁移"的影响，将"吸东西"这一含义运用到汉语中来，形成偏误现象。

其次，以"亲近"一词为例，日语写作"親近"。语义上汉语指"（双方）亲密关系密切；（一方对另一方）亲密地接近"①，共两个义项；日语指"したしみ近づくこと；貴人の側近く仕える臣下；身寄りの者（亲密的接近；在贵人身边服侍的臣下；亲属）"②，共三个义项。对比分析如下。

（汉）他热情诚恳，大家都愿意亲近他。
（日）首相の親近（首相的亲信）。

由此可见，"亲近"在汉语和日语中都表达对人关系很亲密的含义，但是日语相比较于汉语多了'臣下'和'亲属'的意思。这一点同"吸引"一词一样，容易受母语"负迁移"影响，产生偏误的现象；与此不同，"亲近"一词在字形上存在繁简差异，所以字形和语义都是学习难点所在。

综上可见，汉日同形类义词可以进一步划分为汉语义项大于日语、日语义项大于汉语两类。因为汉语和日语中存在差异，所以母语为日语的汉语学习者会受自身母语"负迁移"的影响，在学习汉日同形类义词的过程中，出现偏误的现象。通过对这些汉日同形类义词进行对比分析，深层次地了解到这类词汇的难点所在，为后续的研究打下基础。

---

① 中国社会科学院语言研究所词典编辑室编：《现代汉语词典》（第七版），商务印书馆2016年版，第1057页。
② ［日］金田一京助、［日］山田忠雄、［日］柴田武等编著：《新明解日汉词典》，外语教学与研究出版社2012年版。

(三) 汉日同形异义词对比分析

何宝年在对比中日同形词的异同时提出，"词性的不同往往反映了词义与用法的差异"①。而汉语中的词性往往因为难以准确界定，使母语为汉语的学习者在学习汉日同形词时出现偏误。那么对于在词义上本就存在差异的汉日同形异义词，从词性的角度进行深层次的对比分析，有助于对词语本身的掌握。本书对语料库中的39个汉日同形异义词从词性的角度进行进一步划分，得出词性相同和词性不同两种类型，归纳见表1.4。

表1.4　《发展汉语·中级综合》汉日同形异义词分类

汉日同形异义词	数量(个)	比例(%)
词性相同	10	26
词性不同	29	74

由表1.4可见，在39个汉日同形异义词中，词性相同的汉日同形异义词有10个，占比例26%；词性不同的汉日同形异义词有29个，占比例74%，词性不同的汉日同形异义词占据主要部分。

1. 词性相同的汉日同形异义词

由上文可知，根据何宝年在汉日同形词从词性对比时的分析，结合本书汉日同形词语料库，本书将汉语和日语中词性相同的汉日同形异义词称为词性相同汉日同形异义词，并根据字典统计出在教材生词表内的39个汉日同形异义词中，共有10个词性相同的汉日同形异义词，它们分别是同为名词形式，同为动词、名词形式，同为副词形式三类。这10个词性相同的汉日同形异义词分别是：情绪/情绪、老婆/老婆、老

---

① 何宝年：《中日同形词研究》，东南大学出版社2012年版，第2页。

公/老公、姿势/姿勢、人物/人物、律师/律師、素质/素質、翻译/翻訳、白白/白白、兄弟/兄弟。举例分析如下。

首先,以"情绪"一词为例,日语写作"情緒",二者同为名词。汉语指"一时的情感;意欲;不快感"①,日语指"一時的に起こる感情の動き;そのような感情の動きを誘う雰囲気(情绪;引人动情的气氛,情调)"②。对比分析如下。

(汉)她总是和我闹情绪。
情绪高涨。
(日)情緒豊かな作品(充满情调的作品)。

由此可见,"情绪"一词,因为在汉语和日语中同为名词,所以使用方式相同,根据所要表达的语义,可以作名词+动词/形容词、动词+名词使用。在字形上存在繁简差异,但是更为主要的影响因素体现在语义上,汉语中"意欲""不快感"两种语义是日语中不存在的,日语中"情调"的语义是汉语中不存在的,这是"情绪"一词在汉语和日语中的异义之处。所以在这一点上母语为日语的学生将会受母语"负迁移"的影响,对"情绪"一词的判断产生局限性,理所当然地认为是情调的意思,从而忽略其在中文中的语义。

其次,以"翻译"一词为例,日语写作"翻訳",二者同时含有名词、动词两种词性。根据《日汉同形异义语词典》所示,汉语指"笔译;破译",日语指"ある言語で表現された文章の内容を他の言語で表現し直すこと(笔译)"③。对比分析如下。

---

① 王永全:《日汉同形异义语词典》,商务印书馆2009年版,第159页。
② 王永全:《日汉同形异义语词典》,商务印书馆2009年版,第1160页。
③ 王永全:《日汉同形异义语词典》,商务印书馆2009年版,第305页。

（汉）翻译密码。

（日）英語を日本語に翻訳する（把英语翻译成日语）。

由此可见，在汉语和日语中，"翻译"一词可作动词、名词使用，所以在使用方法上相同；但是在字形和语义上存在差异，字形上是繁简差别，语义上汉语中的"破译"解释是日语中没有的，这一点是学习时应该注意的地方。

最后，以"白白"一词为例，在汉语和日语中书写形式相同，且同为副词形式。汉语指"浪费"的意思，日语指"夜が明けていく様子；白く見える様子；本心でないことが見えすいている様子（天色渐明；发白；露骨的）"①。对比分析如下。

（汉）不要白白浪费这次机会。

（日）夜が白白と明けてきた（天色逐渐变亮）。

　　　花が夜目にも白白と見える（就是夜里花朵也泛着白光）。

　　　彼は白白とうそをつている（他分明是在说谎）。

由此可见，"白白"一词在汉语和日语中因同为副词，所以用法上相同；但是在语义方面存在差异，二者完全不同，汉语仅表示"浪费"的意思，日语却有"变亮""分明""发白"三种语义，所以母语为日语的汉语学习者在学习这一汉日同形词时，极容易出现因母语"负迁移"产生偏误的现象，所以应着重注意。

2. 词性不同的汉日同形异义词

上文分析了词性相同的汉日同形异义词，根据本书语料库和何宝年在汉日同形词从词性对比时的分析，总结出从词性的角度，还可以将词

---

① 王永全：《日汉同形异义语词典》，商务印书馆2009年版，第167页。

性不同的汉日同形异义词归为一类，称为词性不同的汉日同形异义词，经统计在本书语料库中的所有汉日同形异义词，有29个词性不同的汉日同形异义词，它们分别是，格外/格外、出头/出頭、上市/上市、保险/保険、批评/批評、进行/進行、人家/人家、合作/合作、外来/外来、合同/合同、无论/無論、说法/説法、呼吸/呼吸、大方/大方、发达/発達、本身/本身、浓厚/濃厚、专门/専門、结实/結実、勉强/勉強、顺手/順手、观念/観念、公式/公式、差别/差別、野生/野生、健全/健全、地道/地道、大方/大方、低落/低落。其中以互为动词、名词差异，互为形容词、名词差异的所占比例最大，互为动词、名词差异的有11个，互为形容词、名词差异的有13个。所以本书以这两类词性差异为例进行对比分析，举例分析如下。

首先，以"出头"一词为例，日语写作"出頭"。词性方面汉语是动词，日语是名词。语义上汉语指"从困苦的环境中解脱出来；带头；出面；（~儿）用在整数之后表示有零数"，日语指"役所などへ呼び出されて行くこと（应传唤前往）"①。对比分析如下。

（汉）枪打出头鸟。
　　　是他出头解决的问题。
　　　也是快七十出头儿的人了。
（日）本人の出頭を命じる（传唤本人前来）。

由此可见，"出头"一词虽然属于汉日同形词，但是无论是在字形、词性，还是语义上都存在差异，极易受母语"负迁移"的影响出现偏误现象，所以这类汉日同形词是我们在教学过程中应该着重注意的地方。

---

① 王永全：《日汉同形异义语词典》，商务印书馆2009年版，第153页。

其次，以"结实"一词为例，日语写作"結実"。词性上汉语是形容词，日语是名词。语义上汉语指"牢固、健壮"，日语指"（植物が）実を結ぶこと；立派な結果が現れること（结果；取得出色成果）"[①]。对比分析如下。

（汉）这盒子很结实。

看你长得可真结实。

（日）彼の努力が結実した（他的努力结下硕果）。

結実期（结果期）。

由此可见，"结实"一词因为在汉语和日语中词性上存在差异，所以在使用过程中会存在不同，汉语是形容词词性，可以作谓语、定语、补语使用，而日语则不能如此使用；在语义上，汉语和日语也不相同，日语指"结果实""有成果"的含义，和汉语中的"牢固"完全不同，这一点使得母语为日语的学生在学习过程中会产生一定的障碍；同样字形上的差异也是学习道路上的阻碍。

综上所述，本章研究是对《发展汉语·中级综合》中的所有生词表内的汉日同形词进行分析，以汉日同形词的三种分类，汉日同形同义词、汉日同形类义词、汉日同形异义词为基础，在此之上进一步进行划分，分为全借型汉日同形同义词、繁简对应型汉日同形同义词、其他类型汉日同形同义词，汉语义项大于日语的汉日同形类义词、日语义项大于汉语的汉日同形类义词，词性相同的汉日同形异义词、词性不同的汉日同形异义词。并通过汉日对比分析，归纳出这些汉日同形词的异同，找出其难点所在，为后文的研究做铺垫。

[①] 王永全：《日汉同形异义语词典》，商务印书馆2009年版，第91页。

第二节 汉日同形词的偏误分析

"偏误是指由于目的语掌握不好而产生的一种规律性发的错误"[1]，为了提高教学质量与教学有效性，偏误分析至关重要。"偏误分析，是对学生学习第二语言过程中所犯的偏误进行分析，从而发现第二语言学习者产生偏误的规律，包括偏误的类型，偏误产生的原因，某种偏误产生的阶段性。"[2] 通过偏误分析可以探索学习者在学习过程中遇到的障碍，使教师了解学习者对目的语的掌握程度。由于汉语与日语特殊的历史渊源，母语为日语的汉语学习者在汉日同形词方面的偏误，偏离了汉语的轨道，如不及时、有效纠正，势必会影响对他们汉语综合运用能力的培养。

本章对《发展汉语·中级综合》生词表中所有生词进行筛选，确立出 549 个汉日同形词。对 HSK 动态作文语料库中这 549 个汉日同形词的偏误进行统计，建立了偏误语料库，并对其展开深入分析。在偏误的类型、偏误原因的探寻中，析出母语为日语的汉语学习者汉日同形词认知规律与习得规律，在确定教学重点与难点基础上，提出相应教学策略与建议。

一 汉日同形词偏误语料的搜集与分类

（一）汉日同形词偏误语料的搜集

经 HSK 动态作文语料库统计，在 549 个汉日同形词中，有 509 个汉日同形词被学生使用，其中 233 个汉日同形词出现了偏误现象，包括 198 个汉日同形同义词、15 个汉日同形类义词、20 个汉日同形异义词。

---

[1] 刘珣：《对外汉语教育学引论》，北京语言大学出版社 2000 年版，第 191 页。
[2] 陈昌来：《对外汉语教学概论》，复旦大学出版社 2013 年版，第 241 页。

其中有40个汉日同形词没有出现，这部分词占比例较小且多为汉日同形同义词，不影响对教材中汉日同形词偏误的整体分析，所以选择忽略不计。偏误语料统计部分，共统计出573条偏误语料，其中498条是汉日同形同义词的偏误语料，占总偏误语料的87%；28条是汉日同形类义词的偏误语料，占总偏误语料的5%；47条是汉日同形异义词的偏误语料，占总偏误语料的8%。

（二）汉日同形词偏误的分类

偏误分析在搜集语料、鉴别偏误后，对偏误分类是关键。对偏误的分类，可以根据语料与研究的特点从不同角度进行分类。传统的分类方法可以从语音、词汇、语法等角度进行分类。偏误还可以从"表层分类、表层策略分类、前系统偏误、系统偏误、后系统偏误"[1]进行分类。对于词汇的偏误分类研究，国内学者王顺洪专门研究了汉日同形词的偏误分类，提出汉日同形词偏误类型主要体现在词性、语义、汉语和日语内涵适用范围等方面。本书在王洪顺研究的基础上，根据本课题研究特点，总结出四种偏误类型，分别是语义偏误、搭配偏误、词性偏误、字形偏误。

HSK动态作文语料库对于出现偏误的词汇做了相应的偏误标记，包括错词偏误标记，将词的构成成分写错顺序；词层面错误，该用甲词而用乙词。生造词偏误标记，指学生自己创造的词，汉语中并不存在。词语搭配偏误标记，包括词性、音节方面的搭配偏误；缺词、多词偏误。所以本书根据HSK动态作文语料库对偏误词汇的标记，通过对偏误语料的分析，在四种偏误类型的基础上做进一步的偏误类型划分。

1. 语义偏误

语义问题出现的偏误，是所有偏误类型中最常见的一种。王建勤从

---

[1] 王建勤：《第二语言习得研究》，商务印书馆2009年版，第40—41页。

语义方面对词语的偏误做了阐述，他认为"目的语的词与母语的词之间在意义上互有交叉"①。也就是说，目的语词汇含有的语义，在母语中可能存在一个或者几个词可以与之相对应；反过来母语中某一词语的语义，在目的语中可能也存在一个或几个词相对应的情况，所以很容易因为语义交叉导致词语使用错误。根据本书研究需要，结合王建勤的观点，将因语义混淆，用错词语导致句意不通顺的偏误现象称为语义偏误。根据 HSK 语料库的偏误标记对统计的偏误语料进行分析，发现在语义偏误的基础上，又可以根据偏误出现的原因分为近义词混用偏误、错词偏误、生造词偏误、表意重复偏误几种偏误类型。

因受到汉语中近义词的干扰，误用了在语义上十分相近的词汇，造成整个语句语义的不通顺，这样的偏误本书认为是近义词混用偏误；在使用的词语后继续添加与该词语意思相同或相近的词或字，导致语义重复，这样的偏误本书认为是表意重复偏误；依据词义进行新造词，所造词语在汉语中并不存在的偏误，本书认为是生造词偏误；在应该使用甲词时误用作乙词，导致句子出现歧义的偏误，本书认为是错词偏误。之后对于偏误语料的研究，将以这些偏误分类为标准进行分析。

2. 搭配偏误

外国留学生学习汉语时出现词语搭配不当的问题，受到了许多学者的关注和重视。外国留学生汉语的"搭配不当"问题原因无规律可循②，尤其是词语搭配偏误，影响外国留学汉语学习效率与语言交际能力的培养。现代汉语语法将语法搭配不当分为"主语和谓语搭配不当，动语和宾语搭配不当，定语状语、补语与中心语搭配不当"③。句子整

---

① 王建勤：《第二语言习得研究》，商务印书馆 2009 年版，第 65—66 页。
② 周小兵、朱其智、邓小宁等：《外国人学汉语语法偏误研究》，北京语言大学出版社 2007 年版，第 226 页。
③ 黄伯荣、廖序东：《现代汉语》（增订四版），高等教育出版社 2007 年版，第 109—111 页。

体表述上搭配不得当,既"两种语言中对应词的搭配关系不同"① 就是把母语中词与词之间的搭配关系,直接挪用到目的语的词汇上。

根据本书的研究需要,结合前人对"搭配不当"问题的阐述,将因词语用法不当,导致语句成分搭配错误的现象称为搭配偏误。通过对偏误语料的分析,在搭配偏误的基础上,并以 HSK 语料库中对词语错误的标记为主要参考,将统计出来的偏误分为语法搭配偏误、表达搭配偏误。其中,语法搭配偏误以动宾搭配不当居多,学生在使用动词进行造句时,不能和宾语做到正确搭配,出现句意错误。表达搭配偏误则是因为词语使用错误,改变了前后语句的含义,使句子的前后语义不搭。

3. 词性偏误

"词性是一个十分复杂的问题,即使词性相同,词义也未必一致,但词性的不同往往反映了词义与用法的差异,而汉语中词性往往因为难以界定而被忽视,从而导致母语为日语的汉语学习者在运用时误用较多。"② 所以本书把词性上出现误用的现象称为词性偏误。通过对统计出的偏误语料进行分析,发现副词、形容词、动词等词类上出现了词性偏误现象。所以本书将本应使用副词词性,却用作其他词性的偏误称为副词偏误;将应使用形容词词性,却用作其他词性的偏误称为形容词偏误;将本应使用动词词性,却用作其他词性形式的偏误称为动词偏误,其他以此类推。

4. 字形偏误

日语中的大部分常用汉字与汉字的简化字相同,这对母语为日语的汉语学习者非常有利,但是一部分汉字因为字形简化等原因导致双方字形存在差异,这些存在差异的地方不仅是学生学习的难点,也是容易出现偏误的地方。所以本书将在使用词汇时,字形上出现错误的现象称为

---

① 王建勤:《第二语言习得研究》,商务印书馆 2009 年版,第 467 页。
② 何宝年:《中日同形词研究》,东南大学出版社 2012 年版,第 2 页。

字形偏误。通过对偏误语料的分析，发现在字形偏误中还可以分为错序偏误、错字偏误、繁简偏误三类。错序偏误是指将词语的先后顺序颠倒出现错词的现象；错字偏误是指在书写词语时出现错别字，可以指错写为日语汉字，也可以指错写为汉语中其他相近汉字；繁简偏误指的是将汉语中的简体词语错写成繁体形式。

本书都将在上述偏误分类框架中进行，只针对统计出的所有偏误语料进行偏误分析，对未出现在语料中的偏误不做考虑。

二 汉日同形同义词偏误分析

将498条汉日同形同义词的偏误语料，按照上文总结的偏误类型进行统计，得出数据，见表1.5。

表1.5　　　　　　　汉日同形同义词的偏误语料分类

偏误类型	数量(个)	比例(%)
语义偏误	310	61
搭配偏误	39	8
词性偏误	17	4
字形偏误	132	27

由表1.5可见，在汉日同形同义词的偏误语料中，语义偏误语料有310条，占总比例的61%；搭配偏误语料有39条，占总比例的8%；词性偏误语料有17条，占总比例的4%；字形偏误语料有132条，占总比例的27%。

（一）语义偏误分析

将统计出的310条语义偏误语料，按照上文的分类进行进一步研究，得出汉日同形同义词的语义偏误还可以分为生造词偏误、表意重复偏误、近义词混用偏误这三种类型。结合偏误语料分析如下。

1. 生造词偏误

① 吸烟又妨碍少年少女的成长。(×)
吸烟又妨碍青少年的成长。(√)
② 没有了种农物品的地方，我们是否只好等着饿死。(×)
没有了种农作物的地方，我们是否只好等着饿死。(√)

以上偏误是学生将要使用的词语依照自己的理解，进行重新组装、造词，形成了汉语中并不存在的词语。例①中将"青少年"一词误写成了"少年少女"，例②中将"农作物"一词自创为"农物品"，我们从字面上能够理解学生所要表达的含义，但是这个词语本身就是错误的，所以不能这样使用。

2. 表意重复偏误

① 所以在旧金山的酒吧里的空气很清新清。(×)
所以在旧金山的酒吧里的空气很清新。(√)
② 父母作为教师的义务才完成完了。(×)
父母作为教师的义务才完成了。(√)

汉语中"清"具有"清新"的含义，"完"同样具有"完成"的含义，如果单独进行使用，在一定的语境下是成立的，但是不能在词语后面添加一个具有相似含义的词或字，这样会造成词语后缀多余，导致出现如例①、②语句不通的现象。

3. 近义词混用偏误

① 并且人和车很多，空气不清冽。(×)
并且人和车很多，空气不清新。(√)

② 另外，还有重要的事情要在寒假之间办完。（×）

另外，还有重要的事情要在寒假期间办完。（√）

以上偏误是误用了汉语中语义相近的词语，导致句子的意思不通顺。例①"清新"和"清洌"都有表示东西很清澈的含义，在汉语中是近义词的关系，但是"清新"一般用来形容空气，而"清洌"一般用来形容水，所以依照句意应该使用"空气不清新"这样的形式。例②"期间"和"之间"意思都与时间相关，但是"期间"有时间段的含义，"之间"则是在这段时间里面，所以依照句意指的是寒假这段时间，所以使用"期间"。

（二）搭配偏误分析

将统计出的39条搭配偏误语料做进一步研究，发现在搭配偏误中还可以细分为表达搭配偏误、语法搭配偏误两种类型。在语法搭配偏误中，多属于动宾搭配偏误，可见动词和宾语的搭配是母语为日语的汉语学习者的学习难点。结合偏误语料分析如下。

1. 表达搭配偏误

我是医生，以后我还想继续自己的任务。（×）

我是医生，以后我还想继续自己的事业。（√）

"继续自己的任务"在搭配上不存在问题，但是根据主语进行分析，"我是医生"，所要表达的是继续"医生"这个职业，所以在这里搭配"任务"就是错误的，应该是"继续自己的事业"。

2. 语法搭配偏误

① 每一个人都不履行自己的任务。（×）

每一个人都不履行自己的义务。（√）

② 我们应该遵守分寸。（×）
　　我们应该掌握分寸。（√）

例①中的偏误是将"履行义务"错用为"履行任务"，在汉语中动词+受动词支配的名词或者动词，构成动宾形式，且"履行义务"在汉语中是固定搭配形式，"履行"是自我遵守的一种行为，所以应该和"义务"搭配使用，"任务"多指别人分配给自己的事情，所以则应该搭配"执行"使用。例②中的偏误是误用了词语"遵守"，"遵守"一词有依照规定做、不违背的语义，所以其后面所接的词语应具有一定约束力，例如"诺言""规定""纪律"，而"分寸"一词指的是说话或做事的适当标准或限度，并不能和"遵守"进行搭配使用，所以"掌握分寸"搭配使用就更加合适。

（三）词性偏误分析

通过对汉日同形同义词的 17 条词性偏误语料进行分析，发现汉日同形同义词的词性偏误还可以分为副词偏误、形容词偏误、动词偏误这三种偏误类型。结合偏误语料分析如下。

1. 副词偏误

他自然的学会了乐感和节奏感。（×）
他自然地学会了乐感和节奏感。（√）

例句中的偏误是将本应使用副词词性的"自然"一词，误用作了形容词，所以是副词偏误。汉语和日语在词性上大致相同，包括日语中独有的形容动词词性，除去词尾变化，在形和义上相当于汉语中的形容词，所以一般很少出现词性偏误。"自然"一词，有名词、形容词、副词、连词的词性，从词性的角度看，可以接"的"和"地"进行使用；但是按照句意进行分析，并不是要形容怎样"学会"，而是在阐述一个事实，所以应该使用副词形式表示理所当然，在汉语中用"地"来体现，所以是"自然地"。

2. 形容词偏误

　　这种性质使父母和孩子之间的关系更丰富、神秘的，父母的意外的收获也很多。(×)
　　这种性质使父母和孩子之间的关系更丰富、神秘，父母的意外的收获也很多。(√)

汉语中形容词一般是"形容词+的+名词"的形式，"的"前面的词语一般用来修饰、限制、说明"的"后面的事物。从例句进行分析，虽然"神秘"是形容词，但是添加"的"的用法在本句中是多余的，它造成了句子语句不通的现象，所以称之为形容词偏误。依照语句的含义，这里的形容词并不需要"形容词+的"的形式表示限定；而且句中使用"更"进行修饰"丰富、神秘"，两个词语形成了并列形式，所以应该不加"的"进行使用。

3. 名词偏误

　　前几年，未成年的吸烟者、女性的吸烟者也越来越多了。(×)
　　前几年，未成年的吸烟者、女性吸烟者也越来越多了。(√)

这里的偏误是将名词形式错用成"名词+的"表示定语的形式。句式中的吸烟者是名词形式，而在吸烟者之前的词汇只需要表明吸烟者的范围就好，名词短语形式即可，并不需要对于后续的解释与限定，所以此处应该将"的"去掉，正确的形式是"女性吸烟者"。

（四）字形偏误分析

通过对132条汉日同形同义词字形偏误语料的分析，发现在这些偏误语料中又可以分为繁简偏误、错序偏误、错字偏误三类。结合偏误语料分析如下。

1. 繁简偏误

我本人作为社会人有培養下一代的责任。（×）
我本人作为社会人有培养下一代的责任。（√）

简体中文是现代中文的一种标准的写法，所以在书写中默认使用简体。例句中将"培养"的"养"写成繁体的"養"，就被认为是书写错误，称之为繁简偏误。"培养"一词在日语中写作"培養"，所以受母语字形的影响，容易出现繁简偏误。

2. 错序偏误

人类悠久的历史上，我们祖先一直和挨饿斗战。（×）
人类悠久的历史上，我们祖先一直和挨饿战斗。（√）

以上偏误是将"战斗"写成了"斗战"，导致词序出现颠倒，所以称之为错序偏误。"战斗"并不是汉语中字形结构复杂词，而且和日语汉字相比也只是繁简的差异，所以认真记忆词语的字形也是学习汉日同形词的关键。

3. 错字偏误

我觉得别人做什么事情的时候，应该考虛和他的关系平等不平等。（×）
我觉得别人做什么事情的时候，应该考虑和他的关系平等不平等。（√）

如偏误例句所示，"考虑"的"虑"和"谦虚"的"虚"字都是半包围结构,只是在字的底部不同:一个是"心",一个是"业"。汉语中存在大量的形近字词,它们在书写上有很多相似之处,所以极易发生记忆混乱导致错字现象。

三 汉日同形类义词偏误分析

将28条汉日同形类义词的偏误语料,按照上文总结的偏误类型进行统计,得出数据,见表1.6。

表1.6　　　　　　汉日同形类义词的偏误语料分类

偏误类型	数量(个)	比例(%)
语义偏误	18	64
搭配偏误	0	0
词性偏误	0	0
字形偏误	10	36

由表1.6可知,汉日同形类义词的语义偏误语料有18条,占总比例的64%;字形偏误语料有10条,占总比例的36%,未出现搭配偏误和词性偏误。

(一)语义偏误分析

通过对18条汉日同形类义词语义偏误语料的分析,发现在这些偏误语料中又可以分为近义词混用偏误、错词偏误两类。结合偏误语料分析如下。

1. 近义词混用偏误

这毕竟是为什么?(×)

这究竟是为什么?(√)

汉语中"毕竟"和"究竟"是近义词,"毕竟"跟语气和时间有关系,强调事情最终的结果,在用法中还有表示原因等意思,但后面不必加上疑问句式;而"究竟"多表示对某种情况的追问的语气,常用的形式是在"究竟"后面加上疑问的句式。根据偏误例句所要表达的语义进行分析,都可以表示结论,而表达的是追问的语气,所以应该使用"究竟"。

2. 错词偏误

这空气不吸烟者吸引的话,比吸烟者吸的更有害。(×)
这空气不吸烟者吸入的话,比吸烟者吸的更有害。(√)

偏误例句中将"吸入"一词误用为"吸引",在表述上直接出现了错误,所以是词层面偏误。"吸入"和"吸引"都有将物体引向自己一方的含义;但是在整体上存在很大的差别,在汉语中"吸引"多使用在非实物的表达中,在日语中"吸引"就存在"吸东西"的义项,所以受这两方面的影响,出现了"空气吸引"的错误用法。

(二) 字形偏误分析

通过对10条汉日同形类义词字形偏误语料的分析,发现在这些偏误语料中又可以分为错字偏误、错序偏误两类。结合偏误语料分析如下。

1. 错字偏误

一家团员是多么好啊!俗话说"家和万事兴"嘛!(×)
一家团圆是多么好啊!俗话说"家和万事兴"嘛!(√)

如上偏误是将"团圆"的"圆",误写成"团员"的"员",直接导致词义发生变化,出现语义错误。汉语中语音相同的汉字有很多，像偏误例句中的"圆"和"员"就是同音汉字，所以容易出错字偏误。

2. 错序偏误

东京是个很发达的首都，人口挺多，交通工具很方便，文化施设也充实得很。（×）

东京是个很发达的首都，人口挺多，交通工具很方便，文化设施也充实得很。（√）

按照偏误例句所示，是将"设施"错写成"施设"，词语的顺序发生了颠倒，所以是错序偏误。因为日语中"设施"的写法是"施設"，所以导致学生在使用时出现词语顺序颠倒的错误。

四 汉日同形异义词偏误分析

将47条汉日同形异议词的偏误语料，按照上文总结的偏误类型进行统计，得出数据，见表1.7。

表1.7　　　　　汉日同形异义词的偏误语料分类

偏误类型	数量(个)	比例(%)
语义偏误	25	53
搭配偏误	12	26
词性偏误	2	4
字形偏误	8	17

由表1.7可知，语义偏误语料有25个，占总比例的53%；搭配偏误语料有12个，占总比例的26%；词性偏误语料有2个，占总比例的4%；字形偏误语料有8个，占总比例的17%。

(一) 语义偏误分析

通过对 25 条汉日同形异义词语义偏误语料的分析,发现这些偏误语料又可以分为近义词混用偏误、错词偏误两类。结合语料分析如下。

1. 近义词混用偏误

我在情绪上同意安乐死。(×)
我在感情上同意安乐死。(√)

将"感情"误用为"情绪",二者在汉语中又是近义词,所以称为近义词混用偏误。"感情"和"情绪"都指的是人的心理状态,但是有内在和外在的区别,句中的"安乐死"是外界折射在内心的反应,所以依照语义应该选择"感情";我们并没有参与"安乐死"这一活动,所以不能用"情绪"进行造句。

2. 错词偏误

人家应该重视家庭里人之间的关系。(×)
大家应该重视家庭里人之间的关系。(√)

"大家"误用为"人家",是将甲词用作乙词的现象,所以归纳其为词层面偏误。汉语中"人家"和"大家"的语义完全不同,唯一相同的点就是都指的是人;日语中"人家"包含家庭的含义,所以根据句意"重视家庭里人之间的关系"就会误用"人家",但是汉语中并没有这样的语义,所以产生了用词层面的偏误

(二) 搭配偏误分析

通过对 12 条汉日同形异义词搭配偏误语料的分析,发现这些偏误语料都属于表达搭配偏误类型。结合语料分析如下。

① 所以天天忙着学习,心情也不太稳定。(×)

所以天天忙着学习，情绪也不太稳定。（√）
② 于是，我找到一所专门学校开始学中文。（×）
于是，我找到一所专业学校开始学中文。（√）

根据例①的句意可知"不太稳定"指的是一种状态，而"心情"可以用"好坏"来形容，所以不能说"心情不稳定"；"情绪"表达的是心理状态，所以可以说"情绪不太稳定"。例②中依据句子的含义可知，学生要表达的是"学校是专业教授语言学的学校"，所以应该选择"专业学校"这样的搭配形式；"专门"虽然也有"特地"的含义，但是仅限于某个范围，所以不能搭配"学校"使用。日语中的"专门"有特指学校的语义，容易受母语语义的影响出现用词错误，所以这也是形成表达搭配偏误的原因。

(三) 词性偏误分析

通过对 2 条汉日同形异义词词性偏误语料的分析，发现这些偏误语料又可以分为动词偏误和形容词偏误。结合语料分析如下。

1. 动词偏误

那时她在身体里放上机器才会呼吸的。（×）
那时她在身体里放上机器才会呼吸。（√）

"呼吸"一词在汉语中为动词形式，并不能加"的"用作形容词，所以这样的偏误现象归纳为动词误用现象。根据句意分析，呼吸并没有需要进行修饰的词语，所以仅使用"呼吸"一词就可以完成造句。日语中"呼吸"一词有名词的词性，有"名词＋の"的用法，这也是造成动词偏误的原因之一。

2. 形容词偏误

我的专业的知识和才能一定会为贵公司做出贡献。（×）

我的专业知识和才能一定会为贵公司做出贡献。（√）

"专业"有名词、形容词的词性，所以如果不考虑句子含义，以上偏误句式是成立的，但是形容词修饰名词加"的"和不加"的"是强调问题，加"的"强调的是被修饰的名词，不加"的"突出强调的是修饰该名词的修饰词，所以依据句意进行分析，学生想要表达的重点在专业知识，并不是强调这个知识的专业度，所以这里应该是不加"的"进行使用。

（四）字形偏误分析

通过对8条汉日同形异义词的字形偏误语料进行分析，发现虽然偏误语料的数量较少，但还是出现了错字偏误、繁简偏误这两种类型的偏误。结合语料分析如下。

1. 错字偏误

此外，吸烟者之中常常看见有不好呼息、上火等的症状。（×）
此外，吸烟者之中常常看见有不好呼吸、上火等的症状。（√）

将"呼吸"的"吸"错写成"息"是错字现象。"息"指的是气息，而句中指的是症状，并非是吸气呼气的过程，且在汉语中并没有"呼息"一词，学生根据自己的理解出现了误用现象，造成了字形上的偏误。

2. 繁简偏误

现在当了律师，生活安定，幸福，都是因为当时努力作基础。（×）

现在当了律师，生活安定，幸福，都是因为当时努力作基础。（√）

如上偏误句式是将"律师"的"师"错写作繁体"師"。日语中的"律师"是写作"律師",所以从日语的角度进行分析,母语的"负迁移"是导致出现繁简偏误的原因。

五 汉日同形词偏误原因

通过对比分析和偏误分析发现,汉日同形词产生偏误的原因是多样的,其中最普遍的是词义的影响,尤其是汉语中近义词的干扰,是母语为日语的汉语学习者最难掌握的地方;而在对比分析中得出的汉语和日语之间存在差异的部分,同样是学生容易出现偏误的地方,其中母语的"负迁移"是主要影响因素之一,这一点主要体现在汉日同形异义词和汉日同形类义词中。对于出现偏误较多的错词偏误、生造词偏误、错字偏误、繁简偏误其主要原因来自学生的学习方法与思维方式,习惯性的从母语的角度去思考问题,对汉语词汇记忆模糊,从而出现看似低级的错误,这是母语为日语的汉语学习者在学习过程中的一大障碍。

(一) 对汉语中近义词、相近字、同音字记忆模糊

根据上文详细分析得知,在语义偏误和字形偏误两大偏误类型中,汉语中近义词、相近字、同音字是造成偏误的主要原因。产生这方面的原因,主要是学生在学习过程中不能自主做到扩展学习,对于字形比较相近的词语没有做到及时辨析,遇到近义词没有当作知识积累,像偏误分析中的错字"团员"和"团圆"它们既是同音词也是相近字,如果能够细心记忆不难发现它们的区别,也就不会出现偏误现象。

(二) 缺少针对日本学生的教材和课堂

从我国对外汉语教学的模式来看,存在教材编写、课上教学无国别性的情况,所以想要进行有针对性的汉日同形词教学十分困难。汉日同形词针对的是母语为日语的学生,一些教学难点也只针对日本学生,对其他国别的学生不会受到影响,所以在充满各国国籍学生的课堂上就无

法明确进行教学,这也导致一些容易引起偏误的问题得不到解决,母语为日语的学生不能很好地掌握词语进行运用。

(三)对母语的依赖与母语"负迁移"的影响

母语的"负迁移"现象一直是偏误产生的主要原因之一,因为母语的语言思维与表达根深蒂固,导致新的语言体系很难在短时间内被学生接受,给学生带来很大的干扰。上文偏误分析中的搭配偏误多半是受学生母语"负迁移"的影响。学生对汉语词语记忆不熟练,认为汉语和日语相同之处占据大部分,忽略了对差异地方的学习,再加上有些汉日同形词在汉语和日语之间的差异并不明显,像汉日同形类义词,无法有效地引起学生关注,从而忽略学习,这些都是引起母语"负迁移"的主要因素。尤其是汉日同形异义词,虽然汉日之间存在很大的差异,但词语本身难度较大是学生的记忆难点,所以也无法很好地掌握运用。日语学生的性格特点是埋头努力、不爱开口,在自主学习的过程中更容易受母语的支配,又因为不愿与外界沟通,导致出现误用也很难被发现,所以在使用过程中会受母语"负迁移"的影响出现偏误。

第三节 汉日同形词教学对策与建议

在对外汉语教学界,日本人学习汉语的问题一直是研究热点,其中汉日同形词的教学,更是对日汉语词汇教学中的难点。本章以上文总结的汉日同形词偏误原因为依据,对汉日同形词的教学提出相应的教学对策与建议。

一 立足于教材整体结构与汉日同形词的分布设计教学环节

教师在教学过程中,根据汉日同形词的分布规律与难度变化规律进行适当的调节,在增加教学知识难度的同时,注意调动学生学习自信,以难易相结合的方式循序渐进地进行教学。汉日同形同义词在教材中占据比例较大,学生比较容易理解与掌握,要注意控制教学时间的分配与教学投入,充分调动学生的积极性与学习热情。汉日同形类义词和汉日同形异义词是教学的重点,虽然在教材中的数量不多,但会直接影响到日本汉语学习者的积极性与学习效果。这部分内容也是日本汉语学习者的难点,教师应提前预测出因母语与目的语差异性而产生的偏误,提出有针对性的教学方法与策略。同时,教师应该从教材的整体结构与汉日同形词的分布规律出发,安排教学进度;根据重难点设计教学细节,进而提高课堂教学的效率。

二 借助科技辅助教学实现教学教材国别化

"对外汉语教学研究的深入发展,国别化是一个重要的方向。"[①] 在汉日同形词的教学中,教材编写、课堂汉字与词汇教学缺乏国别性和针对性,是影响汉日同形词有效教学的原因之一。受外在环境的制约,教学很难从根本上做到教学、教材国别化。如果能够借助科技教学手段,在不更改教材的情况下,实现教学教材国别化,将会对汉日同形词的教学起到很大的促进作用,建议采用"翻转课堂"模式进行汉日同形词教学。

汉日同形词教学针对的是母语为日语的汉语学习者,但是学生国别混杂、教材大众化使汉日同形词教学没有一个相对完整的教学体系。而"翻转课堂"教学模式的特点恰好能弥补这些不足。"翻转课堂"实际上本着"以学生为中心"原则,将传统的教师在课堂上讲授知识,学生在课后内化吸收转变为学生在课前自主学习知识,在课堂上解决学习中遇到的问题,并结合主题与老师和其他同学互动的一

---

① 朱勇:《对日汉语词汇教学研究的现状与前瞻》,《语言文字应用》2007 年第 2 期。

种教学方式。① 在这样的教学模式下，师生之间能够通过互动，将汉日同形词中具有特殊难点的词面对面地强化练习，这为汉日同形词的针对性教学提供了新的平台。

"翻转课堂"教学模式以教学视频为主，视频短小精悍、教学信息清晰明确，能够使教师有针对性地建构课堂知识体系，将汉日同形词相关知识点按需教授，在一定程度上实现教材国别化。"翻转课堂"教学模式强调学生的自觉性，教师录制的教学视频，需要学生在业余时间进行自主学习，随后课上根据学习中产生的问题进行师生面对面解答，这也在一度上实现了教学国别化。当然，这需要学生有极强的自觉性。王顺洪在《日本人汉语学习研究》一书中将日本人的学习特点总结为"尊师守纪、谦逊踏实、埋头努力、不爱开口"四个特点。日本学生对自身想要学习知识的态度都很积极，在自学"视频课堂"上能够做到自觉。"翻转课堂"教学模式的面对面答疑环节，有着较强的活跃性，这恰恰能够缓解日本学生不爱开口的特点。学生带着疑问进行课上互动，大大地增加了学生和教师之间的关联，让其主动参与其中，完成知识的学习。

三 运用多种教学手段，提高教学的有效性

母语为日语的汉语学习者，对母语的依赖与母语"负迁移"的影响，是对外汉语教学中无法避免的现象，这也一直是对外汉语教育界想要攻克的难题。对汉语中近义词、相近字、同音字记忆模糊，也是母语为日语的学生在学习中难以克服的难点。对于此类现象，运用适当的教学手段，有针对问题进行教学，可以强化学生对汉语词汇的接受能力，避免母语"负迁移"的影响。

---

① 孙琳小:《翻转课堂在对外汉语文化教学中的应用》,《文学教育》(上) 2018 年第 7 期。

在教学中做到有的放矢，按照汉日同形词的类别，从偏误产生的原因进行分析，在实践中加以巩固，能够有效地提升学生对词汇使用的准确率。因此本章针对汉日同形词的三种分类，汉日同形同义词、汉日同形类义词、汉日同形异义词进行分析，并结合前文总结的偏误原因，提出相应的教学手段建议。

（一）汉日同形同义词的教学手段

根据上文的汉日同形词对比分析和汉日同形词偏误分析可知，虽然汉日同形同义词在汉语和日语中相近的地方最多，且所占比例最大，"正迁移"影响更为主要，是比较容易习得的汉日同形词，但是其偏误率依旧很高。通过 HSK 动态作文语料库的统计，在教材生词表里的汉日同形同义词中字形、语义、搭配、词性上都有偏误存在，这些是教师在教课、学生在学习时应该关注的地方。所以在"翻转课堂"教学模式下，将这些容易出现偏误的地方进行有效的讲解，会对学生的学习起到极大的促进作用。

1. 加强对"正迁移"的运用

在对比分析中可知，在汉日同形同义词中，母语为日语的汉语学习者受母语"正迁移"的影响最大，最具代表性的是"全借型"汉日同形同义词，例如"四季""自立"等，学生在使用过程中也极少出现偏误现象。所以在"翻转课堂"的教学模式下，教师在进行视频录制时可以点明此类词汇在汉语和日语中相同，并在最后布置习题时，适当加入此类词汇，加强学生的学习自信心。

2. 适当进行相关知识扩展训练

经过汉日同形同义词偏误分析可知，汉日同形同义词在搭配、语义、词性、字形上产生偏误的主要原因在于受汉语中其他相近词语的影响。所以教师可以利用"翻转课堂"教学模式的优势，在视频讲解过程中根据需要，开设知识扩展训练板块，补充与本节课教授的汉日同形同义词相关的其他汉语词汇。汉日同形同义词在汉语和日语中相似度较大，所需教授时间较短，且很难引起学生的学习兴趣，所以在这种情况下插入知识扩展训练板块，有助于提升学生的学习积极性。同时又能有效地让学生掌握这些可能会引起混淆误用现象的汉字词。例如偏误分析中的"比如""比喻""义务""任务"，通过讲解与造句练习让学生清晰认识到词语的异同，从而避免类似偏误的出现。

（二）汉日同形类义词的教学手段

经过偏误分析可知，汉日同形类义词在教材中所占比例较小，但是依旧存在语义、字形上的偏误。虽然在HSK动态作文语料库中，没有统计出关于搭配、词性上的偏误，但这并不意味着不存在此类偏误现象，只是在本书研究中不做过多考虑。汉日同形类义词因为在语义上既有相同又存在差异，使得母语是日语的汉语学习者极易受母语"负迁移"影响而产生偏误现象，所以汉日同形类义词是教学中的一大难点。

1. 直接点明异同固化记忆

由前文统计可知，教材中生词表里的汉日同形类义词数量较少，所以可以施行直接点明异同的教学方式。结合"翻转课堂"教学模式的特性，以汉语和日语词汇同时出现的形式，在视频中加以展示，并通过举例进行进一步的辨析。同时在课上面对面答疑时再次做出练习，固化学生记忆。例如在偏误分析中出现的"吸引"一词，因存在汉语没有的"吸东西"的语义，所以在搜集到的18条偏误语料中，"吸引"一词的语义偏误就占有6条，且皆因为这一个语义引起误用，如果教师能够提前在教学中加以点明，那么将会减少这一偏误现象的发生。

2. 判断对错练习强化记忆

汉日同形类义词在汉语和日语中的差异并不是十分明显，尤其是语义部分，但是这样细微的差异依旧会导致误用现象。所以充分利用"翻转课堂"教学模式的优势，在进行汉日同形类义词教学之后，有针对性地添加判断对错练习，将存在错误的句子同正确的句子放在一起，让学生进行对错判断，并说明错误原因，这样教师就能及时从学生提交的习题中判断学生的接受程度，并思考在课堂中是否需要进一步对此知识点进行强化练习。

（三）汉日同形异义词的教学手段

经过偏误分析发现，在汉日同形异义词的偏误中，存在搭配、语义、词性、字形上的偏误现象，其中语义偏误和搭配偏误出现的次数较多。根据这些偏误类型，结合"翻转课堂"教学模式可以进行以下讲解。

1. 直接作新词讲解

通过对汉日同形异义词的偏误句式进行分析，发现汉语和日语在语义上存在的差异，是导致出现搭配、词性、语义偏误的主要原因之一。因此教师在教学时，应该对其进行重点讲解。可以在视频教学中直接按照新词进行讲解，让学生形成新的知识体系，并在课上进行巩固练习，不必专门强调汉日之间的差异。这样的讲解模式可以激发学生的学习兴趣，强化学生记忆。

2. 设定情景带入教学

汉日同形异义词在一定范围里可以当作新词进行讲授，具有一定的难度且依旧会因为母语的影响产生"负迁移"。因此，教师在录制视频教学时，可以根据词语设定情景，适当地插入小短片进行辅助教学，让学生身临其境感受语言氛围，并在之后的课上答疑环节再次进行情景对话，让学生在潜移默化中形成语言习惯，记忆知识难点减少偏误的出现。

综上所述，在"翻转课堂"教学模式下，根据不同类型汉日同形词产生的偏误原因，运用不同的教学手段进行教学的教学对策与建议，能够在一定程度上解决课堂教学、教材无国别化问题，实现有针对性的汉日同形词教学。但是这也在一定程度上加重了教师的教学工作量。视频录制需要制作不同的版本内容以满足学生的需求；运用不同教学手段进行有针对性的教学，在一定程度上也提高了对教师知识储备的要求，所以也应提升教师的教学素质，加强教师教学队伍建设。

第四节　本章小结

同属于儒家文化圈的中日两国在文字、思维方式等诸多文化领域有着密不可分的关系。汉日同形词使日语为母语的汉语学习者在学习汉语时产生的亲切感往往因其意义与用法的变化反而造成了汉日同形词偏误的产生与泛化，最终导致与汉语的"疏离感"，挫伤了汉语学习者的积极性。反复性与顽固性的偏误，成为困扰他们汉语综合运用能力提高的顽疾。因此，为避免"因小失大"，充分发挥中日两国文化的历史渊源对学习汉语的优势，需要走进汉日同形词的世界，还原两国同形词的变化轨迹。在深入细致分析不同类型偏误基础上，有针对性地提出教学对策与建议，为提高汉日同形词以及词汇教学的效率、培养学生的语言交际能力提供借鉴与参考。

本章基于《发展汉语·中级综合》生词表内的所有汉日同形词为研究对象，从字形、语义、词性的角度对549个汉日同形词进行了静态对比分析；对HSK动态作文语料库日本汉语学习者的偏误进行了动态观测。在静与动的律动中，寻觅解决问题的关键，提出了汉日同形词的教学对策与建议。本章首先呈现了《发展汉语·中级综合》汉日同形词在教材中分布规律与特点。汉日同形词的数量、难度与教材等级、难度关联性大且趋向一致；汉日同形同义词还可以细分为全借型、繁简对应型等类型；汉日同形类义词的义项分布，或者汉语义项大于日语义项，或者日语义项大于汉语义项，二者并非对称；汉日同形异义词，有的词性相同，有的词性不同。研究表明，二者的不同之处是汉语学习者的难点与教学重点，应予以高度重视。

  本章析出了日本学生在学习《发展汉语·中级综合》汉日同形词的偏误规律。通过 HSK 动态作文语料库筛选与偏误分析，汉日同形词的偏误类型主要有语义偏误、搭配偏误、词性偏误、字形偏误。日本学生汉日同形词偏误产生原因主要有近义词、相近字、同音字等汉语知识的泛化，母语"负迁移"的影响，教学、教材无国别化等，其中对母语"负迁移"产生的偏误反复性与顽固性程度高于汉语知识泛化的影响。表明词汇的结构意义与功能意义相结合研究的紧迫性，尽快建构词汇教学与中华文化传播融合模式的必要性。日本留学生对汉日同形词偏误类型多、反复性、顽固性强，偏误更多地集中于语用方面等现状，昭示了语言教学更新教学观念，顺应信息化时代变革的潮流，引入传播学理念的意义与价值。即使看似应当很容易的中日两种语言里相似度极大的同形词也存在微妙的文化差异。因此，对日本汉语学习者的语言交际能力的培养更需要借助信息技术时代的新思路，借助传播学的新理论、新方法才能做到事半功倍。

第二章 非汉字文化圈的语言文化教学

汉字教学对非汉字文化圈学生的汉语学习具有重要影响，而汉字教学的滞后始终被视为制约对外汉语教学发展的"瓶颈"，"汉字难"也成为汉语学习者对学习汉语的普遍印象。究其根本是因为当前的汉字教学多以"词本位"理论为指导，缺乏中国语言背景。汉字教学囿于"词本位"，把汉字仅仅作为词汇的书写符号，使汉字固有的形、音、义三位一体的本质被异化。学生学习记忆汉字的编码与对词汇的理解搅和在一起，把对汉字的学习变得复杂化。而基于汉语汉字的独特性提出的"字本位"理论为我们对外汉语汉字教学指明了新的道路。基于此，本书运用"字本位"理论，从"字"本身的结构和特点出发，以汉字的整体性、系统性、规律性为核心，以汉语和汉字的关系、汉字本身表意的结构性特征、汉字所承载的文化内涵为视点展开研究，旨在为提高对外汉字教学效率提供建议和参考。

本书以长春两所高校的非汉字文化圈留学生为实践考察对象，采用文献分析、问卷调查与访谈、教学实践与观察相结合的研究方法，在全面阐释"字本位"相关理论的基础上，通过考察的方式分析当前汉字教学中存在的问题，从而提出了以"字"为基本单位的"字本位"汉字教学策略与建议。本书认为，对汉字教学进行设计时，应该采用"认读"与"书写"分开教学、"听说"与"读写"分开训练的模式；在课堂教学中，要利用多媒体、汉字游戏等教学方法丰富教学课堂，使课堂教学形式多样化；在教材选择和编排时，应结合"字本位"教学策略，考虑非汉字文化圈留学生的认知思维，以教学大纲为参考，以适用性、实用性、多样性的标准来编排汉字教材内容，并统一汉字教学要求；同时，应该设计"听说"与"读写"分开测试的语言测试标准。

同时，本书以上述教学策略与建议为基础，对非汉字文化圈留学生的汉字教学进行了实践案例研究，并据此为非汉字文化圈留学生的汉字教学提供了可操作性的建议，旨在解决目前非汉字文化圈留学生的汉语汉字教学效率低的问题，为提高对外汉字教学质量找到有效方法，为真正建立汉语作为第二语言教学理论体系提供参考和借鉴。从汉字本体出发展开教学活动和教学研究，展现全新的视角，强化和推动汉字教学理论的发展。

第一节　问题的提出

随着对外汉语教学事业的飞速发展，学习汉语的外国留学生日益增加，尤其是非汉字文化圈留学生。但是，与汉语学习蓬勃发展的表象形成鲜明对比的是对外汉语教学效果却不尽人意。汉字教学的滞后，效率低下始终被视为制约对外汉语教学发展的"瓶颈"，"汉字难"也成为留学生对学习汉语的普遍印象，国际中文教育培养了大批的"洋文盲"。一直以来，我国对非汉字文化圈留学生汉字教学大多按照"词本位"教学法思想设计教材和教学，一概套用印欧语系的词、句、文教学流程和教学模式。这种适用于印欧语系的"词本位"教学方式用于汉字教学导致了留学生学习效果差、机械式记忆、教学效率低等问题，因此"词本位"教学法并不是最适合的汉字学习方法。"词本位"教学法通常将汉字教学置于词汇教学的附属地位，无论是教材的编写还是教师授课时都只给词义，不解释单个字的含义，不考虑词语的构成及方法，导致留学生用惯有的思维学习汉语的词语。多数情况下是掌握了词语的整体含义，而不知道每个汉字的含义，从而无法掌握从语素中扩展新词语的含义，找不到汉语学习的规律性，造成汉字教学效率低下。

"词本位"的教学理念不仅影响着汉字教学的方法，同时也对汉语课程的设置产生了重要的影响。通过调查显示："目前，我国高校留学生的汉语课程主要设置词汇课、口语课、听力课、综合课等课程，大多数高校并没有专门的汉字课程，大多数的学校都是讲汉字课依附于其他课型，主要是设置在综合课中；还有一些学校在此基础上增设了汉字选修课，但对象主要是汉语言文学专业的本科留学生；仅有少数学校只在初级阶段开设了独立的汉字课，且没有将'书写'和'认读'分开教学。"[1] 该种培养模式不适合印欧语系的留学生的认知规律，特别是对中高级汉语学习者来说难以提高汉语水平，因此，要寻找合适的教学策略来提高留学生的汉语学习水平。

对于诸如此类的问题，对外汉语教学界开始在教学中开始将对象进行分类，采用不同的教学策略进行汉字的学习，发展多元化的汉字教学方法。以徐通锵提出的基于形、音、义三位一体的"字本位"理论为指导的教学方法开始进入非汉字文化圈留学生汉字教学课堂，形成了"字本位"的教学方法。"字本位"教学法结合汉字的形、音、义，根据汉字的整一性结构建立三者的联系，适应方块字的认知模式和学习思维，提高了非汉字文化圈留学生汉字教学的效率。

对非汉字文化圈留学生的汉字教学是对外汉语教学的重点和难点，留学生对汉字的学习与掌握程度直接影响其汉语写作、交流水平。长期以来，对外汉语教学界在汉字教学尤其是对非汉字文化圈留学生的汉字教学与研究方面都做了相当大的努力，但仍然没有改变汉字难教难学的

---

[1] 赵倩：《对外汉字教学研究》，硕士学位论文，大连理工大学，2009年。

现实状况。主要原因是由于以交际词汇为主的汉字课程、以拼音规则为基础的"语文同步"汉字教材、对外汉语师资的知识构架不完善等问题。此外，还包括留学生自身的特殊性。非汉字文化圈的留学生学习语言大多是利用大脑"威尼克区"的通道来掌握拼音文字的语言。[①] 对于他们而言，很难建立汉字方块模式的概念，缺乏对汉字的感性认识，通常容易出现部件、笔画、结构、拼音四种偏误，使得汉字的学习难度大。目前，汉字教学大多采用在词汇的意境中学习汉字的笔画、部件、结构，使得留学生对汉字缺乏通识的理解，而且对汉字的拓展规律掌握较差，导致留学生不能进行自主学习。从而制约汉语水平的提高。

对于非汉字文化圈留学生汉字教与学出现的问题，归根溯源可以认为是长期以来采用"词本位"教学模式，忽略了汉字语言的民族性特点。在很长一段时期，对外汉语教学界教学体系的制定是围绕"词本位"理论来构建，"词本位"理论也一直是指导教学实践的核心理论，"汉字"仅仅被视为记录汉语言的书写符号。"听说先行""语文分流""文从语"等成为主流汉语教学模式，从汉字入手来进行教学的相对较少，缺少针对汉字系统性、规律性的研究。与印欧语系相比，汉字作为汉语中最小的结构单位，是音、形、义三位一体的结合体，具有语言表达的自足性。汉语属于典型的表意体系语言，以词汇为基本单位的教学法违背了符合留学生的认知模式和学习规律，从而导致难学难认、难写难记的状况。

基于此，徐通锵先生提出了基于形、音、义三位一体的"字本位"理论，徐通锵指出，"字是记录汉语的工具，是语文学习的基础。词是一种舶来品，在汉语中没有根，而形、音、义三位一体的字是汉语的载体，也是汉文化的根，因而需要以'字'这个'纲'为基础探索汉语

---

① 周健：《汉字教学理论与方法》，北京大学出版社2007年版，第130页。

的规律"①。我们应该紧扣汉字的表意性来进行汉语研究和汉字教学，重视汉字教学的形声理据，以"字"带动"词"的学习，从三位一体的"字"来理解和掌握词的读音及含义。

当下"字本位"理论对外汉语教学提供了强有力的理论支撑。但是，目前对非汉字文化圈学生的汉字教学研究的相关语言理论支撑不足，针对性不强，特别是未能系统运用"字本位"理论来指导对外汉语教学，汉字教学仍是一个制约对外汉语教学发展的最大瓶颈。因而，本章提出了运用"字本位"理论思想对非汉字文化圈留学生的汉字教学进行研究，重视并运用好"字本位"理论指导对外汉字教学，开展因材施教、因人施教的教学研究工作，对发展非汉字文化圈学生的汉字教学具有重大意义。

第二节　"字本位"教学法概述

一　"字本位"理论

（一）汉语"本位"理念

"'本位'其实是学者研究问题的出发点和基本立场。"②"本位"的提出是研究者以"字""词""词组""句"等基本单位作为语言研究的基础，通过选定的基本单位来对其他语言单位的结构做出解析和定义，围绕基本单位剖析各单位的关系和联系，研究基本单元在语言中的作用及对语言教学的影响。因此，基本单元在语言的研究和教学中处于"本位"的位置，语言的研讨和发展都是建立在基本单位的"本位"基础上。在利用"本位"理念进行语言研究时，首先对"本位"单位的

---

① 徐通锵：《"字本位"和语言研究》，《语言教学与研究》2005 年第 6 期。
② 郜元宝：《音本位与字本位——在汉语中理解汉语》，《当代作家评论》2002 年第 2 期。

选择有所要求，要求"本位"单位的结构、功能在语言中处于基础位置，本质上为语言的根基。对"本位"单元，要求与语言中其他语言研究对象保持结构、属性或功能的一致性，使得在"本位单元"的基础上，其他的语言单位能够得以精确地解析和定义。

在寻求汉语改革创新的道路上，基于"本位"理念，汉语得到了迅速的发展。在汉语"本位"理念思潮下，不同的语言研究者对汉语中的"本位"认识和理解有所不同，从而，引发了较大的争议，从而引发了人们对汉语和"本位"单元的关注和探讨，推动了汉语教学的发展，特别是非汉字文化圈留学生的汉语教学。基于"本位"理念来研究汉语的主要特点在于研究者从"本位"单元作为问题的出发点来研究汉语，出发点不同，看待问题的角度就不一样。在现代汉语研究中，主要存在以下几种影响力较大的"本位"理念：马建忠的"词本位"、黎锦熙的"句本位"、朱德熙的"词组本位"、徐通锵的"字本位"、邢福义的"小句本位"、马庆株的"复本位"，等等。

1898年，马建忠在对汉语的研究和教学基础上发表了《马氏文通》，文中首次提出用基础结构来研究汉语，围绕基础结构来剖析和探讨汉语问题。《马氏文通》以"词"为基本单元来分析和拆解汉语结构，以"词类"的详细论述来讨论"句读"，体现出以"词"为汉语起点的"词本位"理论思想。这一研究思路的提出，标志着现代汉语"本位"理念的诞生。随着汉语的研究及发展，除了"词本位"理念，其他"本位"理念从各自的"本位"出发，以其为基础结构讨论汉语系统的不同层面。

（二）"字本位"思想

由上述"本位"理论分析可知，"字本位"思想是以"字"为语法基本结构单位、围绕"字"结构来展开语言研究和教学的汉语理念。

现代汉语研究中,"字本位"思想来自徐通锵。最早,徐通锵在1991年发表的《语义句法刍议》中提出以"字"为基础单元,通过"字"的结构来研究词语、句子,构成了"字本位"理念的基础。通过不断研究和实践,真正形成"字本位"思想是在1994年。徐通锵在《字与汉语的句法结构》和《"字"和汉语研究方法论》两篇论文中探讨了"字"在汉语中的作用,分析了字与句子结构的关系,提出了"话题—说明"的汉语结构框架,并和印欧语系的"主语—谓语"结构框架进行了对比。对比得到,通过"字"来建立词语和句子,实现语言的表意性,是汉语的最大特点;而印欧语系是以"词"为基本结构的表音语系。表意性汉语体现了以"字"为基本单位的"本位"理念,基于此,形成了"字本位"思想。

后来,不少学者基于"字"的结构重要地位,提出了各自的"字本位"理念,其核心思想和徐通锵的"字本位"思想一样,在大同下主要的区别在于对汉语语言单位的划分不一样,比如,徐通锵的"字—辞—块—读"四级序列、汪平的"字—辞—读—句子"四级序列、潘文国的"字—辞—读—句—篇"的五级序列等。不管"字本位"思想如何发展,"字本位"的主要特点都是"字"是汉语的基本结构单位。

(三)"字"与理据

作为卓然于世界文字之林的形象,"汉字"可以说是当我们谈到"中华民族"和"中国"的时候,首先呈现于思维中最明晰的信息。语言是思维的物质外壳,是听觉符号,文字是视觉符号。文字的作用是作为语言的交际工具,用来沟通不同空间和不同时间的人际关系,既可以作为当下的交际手段,又可以作为记录语言的工具,一般的文字只是交际工具。汉字不是单纯的交际工具,但作为交际或记载语言的手段,在人类文明进程中被不断赋予文化的内涵,积淀民族的集体无意识而成为文化符码。汉字是中国文化的脊梁,正如潘文国所提出的,"如果把语言看作人类的认知方式,那么汉字是汉民族的认知世界及进行表述的方式"①。"字本位"理论的核心要义是强调汉字的理据性。徐通锵指出:"汉字的理据性使得单个汉字所记录的单一音节,成为汉语中能够表义的最小单位。不同于印欧语社团,汉语社团从理据性出发,思维方式是凭直觉的'比类取象'和'援物比类'。"② 理据性是"字本位"体系中的核心要义,它维系着汉语系统的根本,也是"字本位"理论用于教学实践的主要依据。汉字属于"自源文字",是认知汉语和客观世界的工具,它来源于"文字画",有天然的理据性。许慎《说文解字》提出的"六书",就是对汉字理据的一种导读。汉字的"六书"显示了汉字理据的直观性,说明了其构成及变化规律,是对汉字理据的有力佐证。"六书"理论主张"象形""会意"与"形声"的造字规律,提出汉字字形、字义、字音联系的理据形式。

(四)"字"与"形、音、义"三位一体的统一

汉字教学效率低,一直是非汉字文化圈留学生汉语教学中存在的问题,尤其是对从未接触过汉字的学生来说,汉字就是一堆线条组合其他的杂乱无章的"图案"。其实,汉字并不是毫无规律可循的符号,它是由形、音、义三位一体的结合,是具有表意性、理据性和生成性的特点。不同于印欧体系的表音文字,汉字作为表意文字,"字"不直接表示"音",而是若干的笔画构成了表意的"形",同时记录了"音",表达了字的"义"。因此,在掌握独体字和偏旁部件的"义"后,可以见"形"知"音"和"义"。汉字的形、音、义三位一体概念并非现代提出来的,可以追溯到东汉时期的"六书"造字理论。在现代汉语研究

---

① 潘文国:《语言的定义》,《华东师范大学学报》(哲学社会科学版)2001 年第 1 期。
② 徐通锵:《语言论:语义型语言的结构原理和研究方法》,东北师范大学出版社 1997 年版,第 265 页。

中，徐通锵指出，"字是形、音、义三位一体的结构单位，其多义性就是从不同的角度去观察字的构成而形成的"①。因此，三位一体的"字"就是汉语的基本结构单位，形成"1个字，1个音，1个概念"的结构格局，从而"形""音""义"构成了"字"的三大要素，三者分别对应着汉字的形体、声音和意义。把每一个"字"看作一个"形""音""义"的整体，构成一个相互关联、彼此牵连、具有规律可循的体系，能增强学习者的感官认知过程。三要素之一发生变化，其他两个也跟着变化，因此，掌握三要素是对汉字准确认识的本质，有助于提高汉字的学习效率，也有益于汉字教学质量的提高。

（五）"字本位"与"词本位"的关系

"词本位"的思想是以"词"为语法基本结构单位，借助"词"结构来开展语言研究和教学工作。马建忠提出，对"词"的剖析和研究能解释汉语的规则，以"词类"的详细论述来讨论"句读"，体现出以"词"为汉语起点的"词本位"理论思想。马建忠的"词本位"思想第一次系统地构建了"本位"汉语研究体系。

与"词本位"不同，"字本位"是以"字"为基本结构单元，通过"字"的结构来研究汉语结构。汉字是表意文字，"字"是形、音、义的三位一体结合，是构"词"的基础；而"词"是一种音义结合的定型结构，"词本位"思想基本结构是"词"，不讲"字"的特点和个性，比如，"词本位"解释"饭馆"的含义，而不会剖析"饭"和"馆"的组合理据性；因此，汉语中三千多的"字"通过不同的组合组成的每一个"词"都是新的知识，而这种组合又是无限的，从而导致汉语教与学的困难。

---

① 徐通锵：《"字"和汉语研究的方法论——兼评汉语研究中的"印欧语的眼光"》，《世界汉语教学》1994年第3期。

二 "字本位"教学法

(一)"字本位"教学法的界定

"字本位"教学法是以"字本位"思想进行汉语教学的思路,从识字开始作为汉语教与学的起点,围绕"字"开展汉语教学内容的方法和技巧。传统的汉语教学,一直都是以字为基本单位的,比如《千字文》,就是以识字的教学为起点,因此,"字"在汉语教学中一直处于基础地位,引起汉语研习者的充分重视。近代随着西方语系的影响,汉字教学开始以"词"为基本单位进行汉语教学,但是教学效率低下,为了改善汉语教学的问题,徐通锵提出,以形、音、义三位一体的"字"为汉语的基础部件,用"字"来探讨"词"和"句"的"字本位"教学方式。汉语的教与学都应遵循其理据性特点,离不开以"字"为基础;"字本位"教学法正是以"字"为基础,以"六书"理论作为汉字理据性来源。

(二)"字本位"教学法与"字本位"理论的联结

"字本位"教学法是以"字本位"理论为指导进行教学实践,通过"字本位"教学法实践经验总结促进"字本位"理论的发展。"字本位"理论试图从根本上消除印欧语系教学影响,回归以"字"为基础的汉语教学特征,提高汉语教学的效率。"字本位"教学法作为一种全新的汉语教学方法,是对"词本位"教学实践问题的反思,把"字本位"理论与对外汉语教学相结合进行研究,主要是提出以"字"为基础进行汉语教学,引起对外汉语教学中对汉字教学的重视,提升汉字教学的地位。要解决对外汉语的教学问题,首先得解决识字的基本问题,提高学生的学习积极性。同时,"字本位"理论为汉字教学提供了新思路,针对汉语语系特征提出以"字"为根本的教学新方法,化解了汉字的教学难题。

（三）"字本位"教学法与其他教学法的关系

1. "字本位"教学法与其他教学法的区别

现代汉语中几种影响力较大的"本位"理念包括"词本位""句本位""词组本位""字本位""小句本位""复本位"。用于现代汉语教学的比较常见的教学方法有"词本位"教学法、"字本位"教学法、"句本位"教学法，这些教学方法与"字本位"教学方法根本区别在于采用不同级别的基本结构单元。"字本位"主张将"字"作为汉语教学的基本单位，与传统的以"词"为基本单位的"词本位"对立，"字本位"教学法注重汉字字形的教学，重视识字的基础。但"字本位"教学并无法解决语言教学的问题，因为语言的单位是句子。因此，"字本位"只能解决汉字的教学问题，而对于汉语教学中的语言教学问题的作用几乎没有。

在汉语教学中，"句本位"教学法提倡以"句子"为基本单位的语言教学，注重交际中句子的训练。文字和语言是两个系统，所以在教学中也应该采用两个"本位"。以"字"为主的"字本位"汉字教学和以"句"为主的"句本位"语言教学相辅相成、相互促进。"字本位"教学法强化识字的理念，"句本位"教学法以语言教学为主要特点，两种"本位"方法统一，可实现文字和语言的相互作用、相互转化。

2. "字本位"教学法与其他教学法的配合

一直以来，"字本位"教学法和"词本位"教学法的关系和认识归结于"字"和"词"的逻辑关系。在汉字教学方面，"字本位"教学法的确解决了汉字的学习效率低问题，但无法解决汉字因素和语言因素的内在矛盾，特别是在汉语教学中的语言教学方面，例如课文、测试等，"字本位"教学法没有形成成熟的教学体系。在汉语教学中，某些情况可以将"字本位"教学法和"词本位"教学法相结合，在一定程度上同时兼顾"字""词"，使得"字""词"共同教学。

对于"字本位"教学法和"句本位"教学法，二者在实践中并非各司其职，毫无关联，而是"字本位"教学法按照汉字的特点，系统地强化汉字的教学；"句本位"教学法按照"句子"的特征和法则来进行语言教学。文字和语言可以相互转化、相互作用，使得语言和文字不分家。特别是对中高级的汉语学习者，具有了一定的文字能力，可以促使转化为语言能力；从而通过语言能力的提高，来促进文字能力的提升。

以上我们探讨了以形、音、义三位一体的"字"为基本单位的"字本位"理论，提出了基于"字本位"理论的汉字教学方法，并分析了"字本位""词本位""句本位"三种"本位"的区别和联系。提出在汉语教学中，某些情况可以将"字本位"教学法和"词本位"教学法相结合，在一定程度上同时兼顾"字""词"，使得"字""词"共同教学；而"字本位"教学法和"句本位"教学法的相结合可以相辅相成、相互转化，同时提高文字能力和语言能力。针对非汉字文化圈留学生的认知规律，基于"字本位"教学法来提出本书的研究工作，即按照汉字的表意特点系统地强化汉字教学，强调汉字学习的重要地位，包括多音字等教学，对应开设了"认读""书写""听说""读写"四门汉字课程，以解决留学生汉字学习效率低等问题。同时，在一定程度上兼顾"字""词"共同教学与联系，将"字"的形、音、义有机结合起来进行教学。

第三节　非汉字文化圈留学生的汉字教学考察与分析

"字本位"理念下的汉字教学强调以"字"为核心，理解字义，认识汉字，学会认读字音，了解汉字的文化内涵，从而以字构词，由此组句成文。在实施以"字本位"理念为指导的汉字教学策略之前，我们需要了解当前留学生学习汉字的基础、方法和学习难点等问题，以及高校汉语汉字课程的任课教师的课程安排、授课方式、教学手段及教学方法等问题。因此本书将通过问卷调查的形式了解非汉字文化圈留学生学习汉语的学习动机、学习方法及汉字学习中遇到的困难，分析非汉字文化圈留学生汉字学习的认知方式与特点。并通过对汉语教师进行访谈了解代课教师的教学方法、教学手段及教学理念，探讨对外汉字的教学设计、教学模式、教学方法及汉字课教材的选择等问题，并有针对性地提出对外汉字教学的改进对策。

一 学习者的问卷调查与分析

（一）调查对象

基于非汉字文化圈留学生汉字教学状况的调研目的，本次的调研对象是长春 A 和 B 两所大学的来华留学生，包括来华语言生、汉语言（对外）的本科生、研究生和其他专业的留学生。本次调研共邀请 180 个同学参与问卷调查，回收并有效的仅 150 份。参加问卷调查的非汉字文化圈留学生，问卷的第一部分为留学生的基本信息采集，回收问卷分析填写问卷的留学生来自 18 个不同的国家，与 A 大学留学生生源分布情况一致。问卷关于调研对象的基本信息采集（部分）统计，见表 2.1。

表 2.1　　　　　　　　留学生基本信息采集（部分）

序号	问题	选项	统计(%)
1	学习汉语的时间	a. 1 年以下	12.34
		b. 1—3 年	29.31
		c. 3 年以上	58.35

续 表

序号	问题	选项	统计(%)
2	来华留学前在本国学习汉语的时间	a. 1—以下	15.42
		b. 1—3 年	41.73
		c. 3 年以上	42.85
3	汉语水平考试等级	a. HSK 1—3 级	8.37
		b. HSK 4 级	32.51
		c. HSK 5 级	53.42
		d. HSK 6 级	5.7
4	关于汉字的学习基础	a. 完全零基础	20.89
		b. 学过汉字的基础笔画	48.7
		c. 会书写简单汉字	18.92
		d. 能够用汉字写作	5.42

从表2.1中可以看出，58.35%的学生已经接受过较长时间（3年以上）的汉语学习，只有12.34%学生学习汉语的时间不到1年；而且这些留学生在来中国前大部分都已经进行过一定时间的汉语学习，1—3年的比例和3年以上的比例分别占41.73%和42.85%，说明留学生在来华之前对汉语有一定的了解，具备了一定的汉语知识；通过进一步对来华留学前学习汉语时间均一年不到的同学统计发现，这些同学对中国文化很感兴趣，但是留学生的国家汉语教学师资稀缺，所以接触汉语的机会较少。通过对汉语水平考试等级统计可知，留学生的HSK等级为4级的占32.51%，5级的占53.42%，这跟留学生学习汉语的时间和经历有关，特别是在中国留学的汉语学习经历，随着对中国的环境和文化有了一定了解，汉语的能力有了一定的提高；但

是 HSK 等级为 6 级的仅占 5.7%，分析原因跟留学生汉语学习方法和汉字的认知方式有关，现有的教学模式不是留学生学习汉语的最佳方式。最后关于留学生学习汉字的基础而言，虽然在调查中很多留学生已经考试通过了汉语水平考试 3 级和 4 级，但是他们对汉字学习的基础依然比较薄弱，仅有 5.42% 的学生能够用汉字简单地进行书写、造句和写小作文，而且还是通过借助调子词典和课本的帮助下。因此通过调查问卷了解到，大多数的留学生对汉语各项技能的掌握程度并不均衡，尤其是汉字的书写能力尤为薄弱，这也成为阻碍留学生进一步学习汉语的最大障碍。

（二）调查方法及内容

本书根据前期的文献查阅了解到，非汉字文化圈留学生汉字教学存在以"词本位"思想为主的教学模式。在这种理念下，汉字教学呈现效率低、学生识字困难等现象。笔者希望通过问卷调查的形式了解非汉字文化圈留学生汉语学习动机及汉字学习现状等，并探讨汉字教学中的问题。针对非汉字文化圈留学生汉字教学调研，主要将问卷结构设置六个方面：学习汉语的动机，学习汉字的困难，学习汉字的方法，对汉字规律的认知，对汉字教学的评价，通过汉字了解的中国文化。

（三）调查问卷的实施

本书发放问卷的时间是 2019 年 4—5 月，我们将问卷分给长春两所高校的汉语任课教师，教师在课间休息过程中发放并要求留学生在课间完成问卷填写，对于留学生可能遇到的问题，教师可以及时处理和解决，同时也可以保证问卷的回收率。本次调查共投放学生问卷 180 份，其中未作答或作答不完整的问卷视为无效票，有效问卷共 150 份。调查结果最终以图表的方式呈现，计算出各项的百分比，并在下方附有对该图表的文字说明。

(四) 调查结果呈现

1. 非汉字文化圈留学生的学习动机

在第二语言习得过程中，学习者的个体因素对其语言学习效果起到了关键的作用，学习者的个体因素具体来说就是指学习者个体在习得第二语言的过程中体现出来的，能够对第二语言习得产生影响的一些因素，例如生理、情感、认知等因素。学习者的个体因素中对第二语言习得过程有着奇迹一般作用的是情感因素。加拿大语言学家斯特恩认为，情感因素比认知因素在第二语言习得中地位更重要，还充当着启动后者的作用。① 在情感因素之中，动机的地位极为重要。

所谓的动机的含义是指能够起到引导、激发或维持个体进行某种行为的心理过程或内在动力，在日常行为中通常表现为个体为实现某种目标而进行努力的意愿。具体到第二语言习得中，动机就是以推动学习者学习、掌握第二语言为目的一种强烈内在意愿，它由目的、要达到目的的愿望、对学习的态度和努力行动四个方面组合而成。

动机根据不同的方式可以划分为不同的类型。根据动机的来源，可以分为内部动机和外部动机；根据动机作用的时间，可以划分为近景动机和远景动机，其中远景动机是指与长远目标特别是与有社会意义的目标相联系的动机，这类动机有深远的思想基础，较为稳固，能够长时间的产生作用；根据动机的目的，可以划分为融合性动机和工具性动机。

当然，在实际的第二语言习得过程中不仅仅只有以上的动机。比如只是出于纯粹的个人兴趣或者临时性需要等原因也会产生学习动机。主要表现，如图 2.1 所示。

---

① 转引自刘珣《对外汉语教育学引论》，北京语言大学出版社 2000 年版，第 217 页。

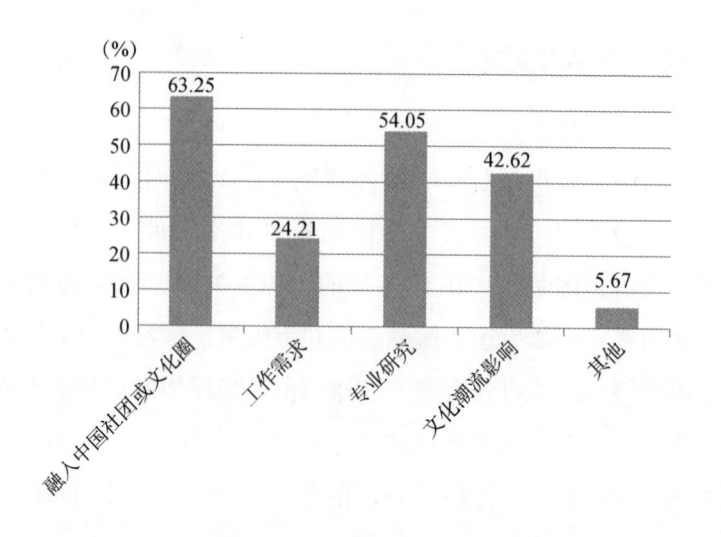

图2.1 留学生学习动机调查（部分）

问卷第二部分对非汉字文化圈留学生汉语学习动机的调查，调查关键部分结果统计，如图2.1所示。留学生学习汉语的原因主要有三个，融入中国社团或文化圈、专业研究、文化潮流影响，分别占了63.25%、54.05%和42.62%。由于工作需求和其他原因的比例较低，分别为24.21%和5.67%。分析可知，留学生学习汉语的动机都跟个人对中国文化的兴趣有关，很大程度上取决于中国环境和文化对留学生有较大的吸引力。单纯出于了解中国，或者是出于对中国文化和中国社会的兴趣而学习汉语的，在所有学习人员中所占比例很大，这种吸引力让留学生保持着对汉语学习的驱动力，但是由于汉语学习的效率低和识字难度大等因素，导致留学生的汉语学习兴趣受挫。这种只是以兴趣爱好为学习动机，学习常常不能持久坚持，尤其是在学习中遇到困难时。初学汉语的外国学生刚接触汉字时新奇和神秘能够激发学习兴趣，但是随着汉字记忆数量的增大，学习成为负担，学习兴趣就会随之降低甚至消失。这种现象也给第二语言教学尤其是汉语教学提出了如何不断激发学习动机的极其重要的问题。

通过对留学生毕业后的职业规划进行调查，如图2.2所示。发现绝大多数留学生学习汉语具有融合性动机，即为了跟中国社团直接进行交际，与中国文化有更多的接触，甚至想进一步融合到并成为我国的一员。而为了查阅资料，进行研究，寻找工作，提高自己的知识水平，改善自己的社会地位等，把第二语言用作实际目的的工具性动机所占比例不大。

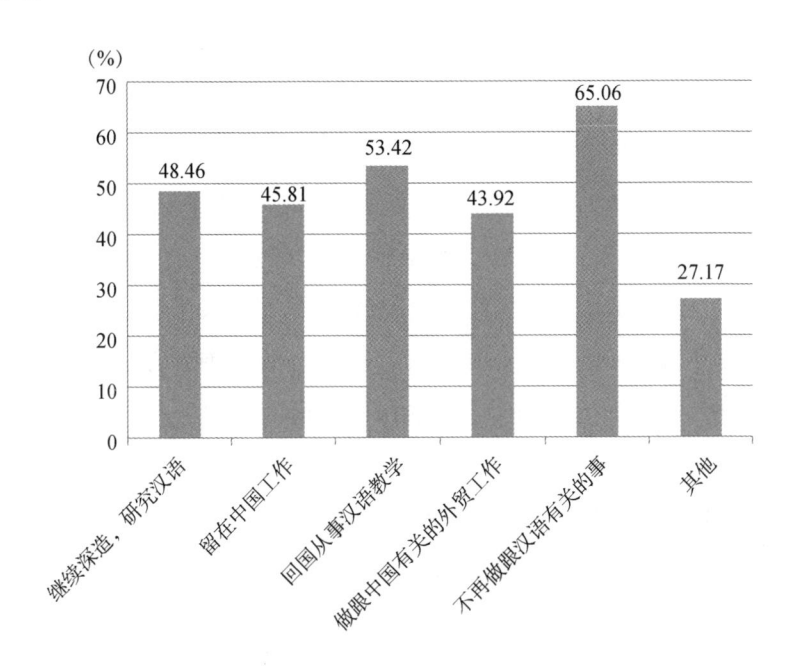

图2.2 留学生毕业后的职业规划调查（部分）

问卷第二部分对留学生毕业后职业规划的调查，调查关键部分结果统计发现，较多同学都选择了跟汉语有关的计划项目，比如"继续深造，研究汉语""留在中国工作""回国从事汉语教学工作""回国或留在中国做跟中国有关的外贸工作"。奇怪的是，在较多同学都选择未来跟汉语有关的工作或学习计划的同时，更多的同学选择了"不再做跟汉语有关的事"，比例高达65.06%，分析原因主要是因为他们在汉语学习过程中受到了挫折，特别是在汉字的学习过程中，经常出现读错字，不能将汉字扩展应用等现象，究其根本，就是现在的非汉字文化圈留学生的汉字教学模式使得留学生不能将汉字的音、形、义结合。

2. 非汉字文化圈留学生的学习难点

根据问卷第一部分和第二部分分析可知，非汉字文化圈留学生对汉语学习的兴趣浓厚、驱动力较大，可汉语水平却得不到持续提高，分析原因是因为留学生在汉语学习中遇到了困难，特别是汉字学习的困难，给留学生汉语学习带来了挫败感。问卷第三部分对非汉字文化圈留学生汉字学习困难的调查，调查关键部分结果统计如表2.2所示，非汉字文化圈留学生的汉语学习成就主要来源于口语、听力和其他，分别占75.63%、53.25%、46.01%，其他部分大多包括词语与课文的学习；而来自汉字学习的成就感最低，为25.23%，可见汉语学习中汉字的学习给留学生带来了最大的困难。在统计留学生是否有信心能够战胜汉语学习中的困难时，发现同学有信心战胜口语的比例最高，占83.14%；其次是听力和其他，分别占66.53%和66.92%；而战胜汉字学习中遇到的困难的信心最低，仅有14.03%，因此，非汉字文化圈留学生汉字学习遇到的困难所带来的挫败感较大。

表2.2　　　　　　　留学生汉字学习困难调查（部分）

序号	问题	选项	统计(%)
1	学习汉语的成就感来自哪里（多选）	a. 听力	53.25
		b. 口语	75.63
		c. 语法	32.26
		d. 汉字	25.23
		e. 其他	46.01

续 表

序号	问题	选项	统计(%)
2	你有信心战胜汉语学习的哪些困难（多选）	a. 听力	66.53
		b. 口语	83.14
		c. 语法	43.37
		d. 汉字	14.03
		e. 其他	66.92
3	汉字学习有哪些困难（多选）	a. 汉字太复杂,结构记不住	13.67
		b. 汉字难读	10.38
		c. 汉字意思难以理解	12.56
		d. 以上三者都是	84.37
		e. 其他	35.63

分析汉字学习的困难发现，主要存在汉字结构记不住、汉字难读、汉字意思难以理解三大问题，84.37%的留学生在汉字学习过程中都存在以上三个困难，仅有少部分同学存在三个问题中的某些问题。还有35.63%的留学生存在汉字学习的其他问题，比如汉字的笔画等。

3. 非汉字文化圈留学生的学习方法

通过上述汉字学习困难的分析，了解了非汉字文化圈留学生汉字学习过程中有汉字结构记不住、汉字难读、汉字意思难以理解三大问题，致使留学生的汉语水平得不到持续的提高，从而挫败了留学生学习汉语的信心和兴趣。分析汉字学习困难的原因需要从学生的汉字学习方法和汉字教学入手，问卷调查第四部分、第五部分是关于汉字学习方法和汉字教学的调查，调查关键部分结果统计，见表2.3。

首先，从非汉字文化圈留学生汉字学习方法进行调研，由表2.3中的汉字学习方法和途径可知，99.33%的学生是通过课堂来学习汉字，包括学校教学课堂和课外辅导班课堂。其次是通过阅读书籍、报刊，观看影音资料，和身边的人交流等方式来学习汉字，这些学习途径跟印欧语系的学习方式相似。但是对于非汉字文化圈的留学生而言，汉字与印欧语系的拼音文字音形统一的特点相比，汉字音形义之间的联结较为复杂，如多音字、多义字的存在，汉字的音和形联系不密切，以及汉字的字形表意形复杂等特点，导致完全零基础对汉字音形义的特点很陌生的非汉字文化圈时留学生在学习时感到很困难。他们主要是运用反复抄写即机械化记忆的方法来学习记忆汉字，还有的同学把汉字看成一幅幅的图画，认为汉字很复杂神秘，无法掌握理解汉字的表义性，也无法了解汉字所蕴含的丰富的中华文化内涵，更无法学习掌握汉字造字表意的规律性。可见对于非汉字的文化圈的留学生而言，学习记忆汉字的音、形，理解掌握汉字的多义性及丰厚的文化底蕴是非常困难的。因此对于非汉字文化圈留学生的汉字的教学不应脱离音、形、义三位一体的"字本位"理念。

表2.3　　留学生汉字学习方法和汉字教学调查（部分）

序号	问题	选项	统计(%)
1	汉字学习方法和途径（多选）	a. 课堂（包括课外辅导）	99.33
		b. 书籍、报刊	73.54
		c. 影音资料	54.85
		d. 朋友、同学交流	50.61
		e. 其他	32.25

续 表

序号	问题	选项	统计(%)
2	课堂学习汉字的方法（多选）	a. 放在词汇中识记	66.53
		b. 从课文中学习	83.14
		c. 反复抄写	43.37
		d. 联系图片识记	11.84
		e. 用本国语言标注	14.03

由汉字学习途径可知，汉字学习主要是通过课堂（包括课外辅导）途径获取，而在课堂学习汉字的方法调查统计可知，学生主要从课文中学习和放在词法中识记来掌握汉字，分别占83.14%和66.53%，这种课堂教学模式是以"词"为基本结构单位来进行汉语教学，即利用"词本位"理念进行汉语教学。"词本位"适合印欧语系的学习，但不适合汉语的教学，因此，非汉字文化圈留学生虽然具有浓厚的汉语学习兴趣，却因为不理想的教学方法使得学生的汉语水平得不到提高，汉字的教学方法给学生在汉字学习过程中带来较大的困难。

4. 非汉字文化圈留学生对汉字规律的认知

了解留学生对汉字规律的认知对我们教师在教授汉字的造字规律、构字结构等知识时有重要的指导作用。从表2.4可知，大多数学生对形声字的概念不是很了解。而在学习汉字初期，多数学生都会遇到见字不知音，对同一声旁的形声字的读音读不准，或者即使遇到同一形旁的汉字依然不会联系到相近的意义。而对于教师教授汉字的程序是先整字后部分还是先部分后整字的认识相差不大。这也要求我们在汉字教学的过程中随机应变，具体情况具体分析。

表2.4　　　　　　留学生对汉字规律的认知调查（部分）

序号	问题	选项	统计(%)
1	你听说过形声字吗？	a. 知道	40.33
		b. 不太了解	73.54
		c. 不知道	54.85
2	你在学习汉字的初期遇到过什么困难？	a. 见字不知音	66.53
		b. 同一声旁的形声字读音不同	83.14
		c. 一字多音	43.37
		d. 其他	14.03
3	你主张那种汉字教学程序	a. 先偏旁,后组合整字	45.1
		b. 先整字,后归纳分析	53.6
		c. 其他	5.9

5. 非汉字文化圈留学生通过汉字了解中国文化

"汉字是唯一流传至今的最古老的文字,它历史悠久,具有深厚的文化传统。汉字不仅本身就具有丰富的文化内涵和审美价值,而且书写了浩如烟海的文化典籍,衍生出精深的文化现象。"① 由前述对留学生学习汉语的动机的调查可知,有很多非汉字文化圈的留学生学习汉语的主要原因都是喜欢中国的深厚独特的传统文化,这成为留学生来到中国学习汉语的主要的驱动力。调查结果,见表2.5。

---

① 沈兼士:《沈兼士学术论文集》,中华书局1986年版,第202页。

表 2.5　　非汉字文化圈留学生通过汉字了解中国文化（部分）

序号	问题	选项	统计(%)
1	你知道汉字的几种造字方法吗？	a. 全部了解	4.23
		b. 了解几种	25.68
		c. 没有听过	70.09
2	你了解汉字构型中所蕴含的文化含义吗？	a. 知道一些	14.35
		b. 不太清楚	22.37
		c. 不知道	63.28
3	你喜欢老师在汉字教学中讲解中国文化内容？	a. 非常喜欢	63.83
		b. 喜欢,但是听不懂	31.24
		c. 不太喜欢	4.93

汉字自身带有丰富的文化内涵。汉字在草创时期时，先民便在汉字之中嵌入了文化的内涵，汉字中的形象字、会意字，就与先民对自然现象或社会文化现象相关，这类汉字不单纯是一种语言书面符号，还能够展现文化内涵，更是中华民族文化的最为重要的载体之一。从汉字的形体结构之中，可以解释很多中华民族文化现象。虽然现在中国大陆地区使用的汉字已经经过简化，但是这些简化的汉字依然蕴含着丰厚的汉民族文化。通过调查问卷可知，大多数的留学生不了解汉字的造字方法。63.83%的学生喜欢教师在课堂上讲解汉字时讲授汉字的文化内涵，从而希望了解中华文化。但是也有31.24%的学生表示，喜欢老师在课堂上教授汉字中的文化内涵，但是由于自身的汉语基础以及教师的讲解方式等原因，听不懂其中的内容。由上表的问卷调查统计可知，当前在对外汉字教学课堂中，教师对汉字中的文化讲解很少，有的几乎不涉及，有的讲解难度把握不当，造成留学生对汉字的中国文化的内涵了解得很

少。因此我们在讲解过程中要加以改进教学内容和方法。

(五) 结果分析与存在问题

1. 非汉字文化圈留学生汉字学习的认知方式与特点

对于非汉字文化圈留学生汉字学习84.37%的学生出现的汉字结构记不住、汉字难读、汉字意思难以理解三大难点，主要原因是学生的学习方法和教学模式不恰当所造成。要找到合适的汉字学习方法和教学模式，需要掌握留学生汉字学习的认知方式。

在汉字的学习过程中，汉字的笔画构成表意文字，使得汉字的字形和字义紧密联系在一起，而汉字的字形和字音具有较大的差别。汉字虽然是形、音、义三位一体，但字音与字形没有紧密的联系，比如："他""她""它"，都是一个字音，却有不同的字形和字义。而影响非汉字文化圈留学生汉字学习的主要原因是留学生的认知方式，该认知方式是基于母语的学习经验形成的。神经语言学研究表明，"中西儿童母语习得方式有差异，使用中文的人平时主导语言功能主要是布洛卡区，它与运动区紧密相连，记忆主要靠运动。汉字带有图形的意味，习得汉字、汉语更多地需要利用通过布洛卡区的通道，即'视觉—图形—阅读—语言'。而西方人更多地需要通过布洛卡区的通道来掌握拼音文字的语言，即'听觉—语音—听说—语言'"[①]。所以非汉字文化圈留学生原有的认知方式不再适用于汉字的学习，原有的学习习惯和表达方式需要改变，建立汉字的形、音、义的联系，这就对汉字教学提出了较大的要求，需要汉字教学采用合适的方式来引导学生学习汉字。

2. 对外汉语课程设计的问题

由表2.5中的汉字学习方法和途径可知，99.33%的学生是通过课堂来学习汉字。而调研发现，汉字的学习主要依附于词汇学习和课文学

---

① 周健：《汉字教学理论与方法》，北京大学出版社2007年版，第130页。

习。课堂汉语教学设计主要是让学生通过课文学习和词语学习来掌握汉字，分别占83.14%和66.53%。教师为了完成教学进度，对汉字形、音、义的讲解少之又少，从单个"字"来掌握汉字的比例为43.37%，比课文学习和词汇学习少，这样的课堂教学设计脱离了以"字"为基本结构单位的汉语表意性特点。从前文的留学生汉语学习认知方式可知，要改变留学生的汉字学习难题，需要引导学生跳出母语的思维模式，改变目前以"词本位"理念主导的将汉字教学置于词语学习之中，附带学习汉字的教学设计，要树立以"字"为基本单位的"字本位"教学理念。

3. 教学模式存在的问题

由上述分析可知，目前的非汉字文化圈留学生汉语教学模式为分技能教学模式，即将汉语分为听力、口语、语法及汉字等几个方面进行教学，教学设计主要在课文和词汇中学习这几个技能。分技能教学模式存在各技能不能协调发展，学生学习容易出现用力不均匀的问题。目前，学生来自口语和听力的成就感较高，分别是75.63%和53.25%；来自语法和汉字课程的成就感较低，分别是32.26%和25.23%。同时，分技能教学模式的每门课程使用的教材差异较大，课程之间缺乏沟通和配合，容易导致学生汉语学习出现失衡状态；对于汉字学习，在以课文和词汇为主的教学设计下学习汉字，可能对提高口语、语法等有较大帮助，但是学生不能从汉字的特性入手学习汉字，反而会增加学习汉字的难度，降低了汉字学习效率。

4. 教学方法存在的问题

教学方法由教授方法和学习方法构成。在非汉字文化圈留学生汉语教学过程中主要以听、说、读、写的教与学方法进行汉语的学习，而这个过程以课文和词语为教学设计单位来进行听力、口语、语法及汉字等几个技能的教学，这种教学方法借鉴了国外的语言教学经验。但是以课文和词语为单位的教学设计导致学生在利用听、说、读、写的方法学习汉字的时候遇到较大的困难。而分技能教学模式会导致学生产生畏难情绪，避长扬短，回避汉字的学习，花较多精力在其他的技能上。目前留学生学习汉语信心较高的课程分别是口语课和听力课，分别为83.14%和66.53%；而学习汉字和语法课程的信心较低，仅有14.03%和43.37%。久而久之，汉字的学习跟不上其他语言技能的学习，从而也导致其他语言技能的学习不能协调发展，造成学生的汉语水平得不到提高。因此，借鉴国外的教学方法的同时，要考虑汉语"字本位"特性，发展适合汉字教学的方法。

5. 汉语教材编写设计存在的问题

非汉字文化圈留学生汉语教学过程中所采用的教材基本是以"词"作为基本结构，按照"词本位"思想编写的，比如，在教材的生词表中只有词义，没有对单个字的解释。当学生下次遇到这个字组成一个新词，学生完全不能从实际出发分析新词词义。例如上节课学了动词"喝酒"，下次再见到"酒杯""喝茶"时，学生也很难理解。所以，汉语学习教材的这种编排方式不考虑汉字的形、音、义三位一体特性，只考虑"词"的教学，将"字"的教学放在从属地位。汉语教学中词汇较多，在不同的语境中，"词"的释义也不一定相同，而单本教材设计单一，不可能囊括所有的"词"。造成这种现状的根本原因是教学设计以课文和词汇的学习为主，所以要改变这种现状，要从教学设计上来改进，以"字"为基本单位，按照"字本位"思想来编排汉语教材。

二 教师访谈过程与结果分析

为了了解当前对外汉字教学的现状及存在问题，笔者与长春两所高校A和B的汉语教师进行交流访谈，并针对当前汉字教学的实际情况及遇到的问题进行了深入研究和探讨。

(一) 访谈内容

教师访谈重点围绕以下问题展开：您担任什么汉语教学课程的教师？您所在学校是否单独开设汉字课程，汉字课程的课时量为多少？是否有独立的汉字课程教材，所使用的教材是什么？您认为汉字教学课程是否应该单独开设，还是作为综合课、词汇课、写作课等课程的附属课程？您在所担任课程中遇到生字课是否教学，如何教学？您在汉字课程中主要运用哪些教学方法及教学手段？您在汉字课程中是否讲解汉字中所蕴含的中国文化内容，您对于涉及文化内容深浅如何认识？您对语言文字关系的理解？您在教学过程中主要使用的是"字本位"教学法，还是"词本位"教学法？在汉字教学过程中遇到了哪些问题？您对实施"字本位"汉语汉字教学有哪些建议？

(二) 访谈结果分析

通过对两所高校的教师访谈可知，当前高校的汉语教师对对外汉字课的教学存在以下几种问题。

1. 教师对汉字和汉语的关系及汉字教学的地位缺乏正确认识

通过访谈可知很多教师对汉字的性质缺乏正确认识，从而对汉字教学的途径和方法造成了直接的影响。很长的一段时间内，汉字是一种"表意文字"的观点被人们普遍接受。和只能够单纯记录语音的拼音文字相对比，表意是汉字的一个最为显著的特征。但是把汉字看作"表意文字"的观点并不完整也不准确，而且这种观点也导致了长期以来在汉字教学中忽略了音符。

有人从本体论出发，认为先有语言后有文字，文字只是记录语言的符号，符号是可以和本体分离的，因此认为学语言可以只学口语，不学汉字。这种想法直接导致非汉字文化圈的留学生学习汉语时，普遍存在重口语、轻汉字、重阅读、轻书写的倾向。在哲学层面上，一方面语言影响了文字的产生，另一方面文字对语言的反作用也是极大的。特别是汉字这样的语素文字对汉语的反作用及其显著。汉语中大量的语汇都不是来自语言，而是来自文人的汉字组合。比如"仰慕""桑梓""刻舟求剑""沧海桑田"等。

汉字跟它所记录的汉语之间的关系，不仅决定了汉字学习在对外汉语教学中的位置，也影响了汉字教学方式方法。汉字在汉语中占据着特殊的地位，现代语言学之父索绪尔在《普通语言学教程》中指出："对汉人来说，表意字和口说的词都是观念的符号；在他们看来，文字就是第二语言。在谈话中如果有两个口说的词发音相同，他们有时就求助于书写的词来说明他们的思想。但是这种代替因为有可能是绝对的，所以不致像在我们的文字里那样引起恼人的后果。汉语各种方言表示同一观念的词都可以用相同的书写符号。"① 这种说法是有道理的。由于汉语书面语和口语的巨大差异，古代汉语中把汉字所记录的语言被称为"文言"，汉字的存在使得古代汉语的词语、诗词歌赋、文章著作，甚至是古代汉语的语法格式得以完整保留。通过汉字留存下来的内容在现代汉语中依旧具有强大的生命力。

汉字与汉语相互依存，汉字是语素—音节文字，绝大多数汉字都是形音义齐备，很多汉字都是语法分析中的词，也有些是双音节词的构词语素。当一个中国人听到别人说自己的名字是"chang li fei"的时候，得到的信息仅仅是对方名字的发音，却很难准确知道组成对方名字的三个汉字，因为这三个音组成的汉字组合存在多种可能。如果不确定是哪三个汉字，仅仅建立姓名跟发音的联系来了解对方的名字，对中国人来说是困难的。一个汉语学习者掌握汉字数量的多寡，不仅是学好汉语书面语的关键，也影响汉语口语表达水平的高低。正如卞觉非所言："一

---

① [瑞士] 费尔迪南·德·索绪尔：《普通语言学教程》，高名凯译，商务印书馆1982年版，第51页。

个外国学生，如果真的要学好汉语，不学习和掌握汉字简直是不可能的。"① 当听到一个中国人介绍自己的姓名时说"我姓章，立早章，叫章琪，王其琪"，如果是不懂汉字的人根本无法明白具体指哪个汉字。与拼音文字相比，汉字字形的表义作用十分明显，掌握汉字的字形对汉字学习具有特别重要的作用。

除此之外，教师对汉字教学的地位也缺乏正确的认识。有人认为，现在是电脑手机普及的互联网络时代，外国人只要知道汉字的读音就能借助拼音正确输入，我们就不用对汉字进行书写训练了。电子设备的普遍使用的确降低了人们对书写的需要，而把汉字的认读需要凸显出来。然而对于汉字形体的记忆依旧是学习汉字不可缺少的部分，需要学习者努力训练、记忆，如果一个学习汉语者没有足够的汉字储备，即使有电脑辅助也不可能在电脑字库中找到自己所需要的汉字。因此，在汉语学习中，汉字的教学的地位一定不能被替代，而要更加重视。

2. 教师课堂上对汉字教学的针对性不强

就现在的实际情况来看，因为大多数学校的师资力量和硬件设施等条件都很有限，所以学校会把汉语水平相同的学生编入同一个班级进行教学，不会刻意区分学生的来源地，汉字文化圈和非汉字文化圈的留学生也不会区别教学。这样做虽然适应了学校的软件和硬件情况，却对教学老师提出更高的要求，对外汉语老师在教学过程中必须做到统筹兼顾，了解不同文化背景的留学生汉语习得的规律，从而进行更具有针对性的教学，解决来自不同文化圈留学生的学习困难。但是笔者在一年的对外汉语实践教学中发现，大多数对外汉语教师并没有针对性地区分来自不同文化圈留学生学习汉语的困难，而是对同一班级学生一视同仁。在教学中采用字音—字形—字义三步走的顺序进

---

① 卞觉非：《汉字教学：教什么？怎么教？》，《语言文字应用》1999 年第 1 期。

行汉字教学，这样的教学方式没有说明汉字字形的由来和特征，对非汉字文化圈留学生来说，不适合他们的语言学习特点，令他们在初学汉字阶段较为吃力。

除此之外，在对外汉语汉字教学中，很多老师把中国儿童启蒙识字教育的一些经验借鉴到对外汉语教学中。非汉字文化圈留学生和学龄前的中国幼童在学习汉语时的情况有相似之处，然而在教学实践中，我们也要注意到二者不同的特点。需要注意的是，中国幼童在正式系统地学习汉字之前就已经在日常的生活中建立了对汉字字形的基本认识，知道了汉字字音和字义的联系，所以一旦经过老师系统教授汉字字形和写法的知识后，能够快速掌握，很少出现汉字学习畏难情绪。而非汉字文化圈的留学生因为对汉字缺乏"字感"，导致学习中会把汉字看作图形，记忆汉字时大多依靠死记硬背和机械模仿，从而导致学习缓慢，产生畏难、沮丧等情绪。但是，非汉字文化圈留学生多数是成年人，他们相较于幼童来说大脑发育完善，认知思维能力较强，他们更容易学习掌握汉字理论知识。基于上述的分析，在对外汉字教学中，教师应有针对性地运用一些生动的例子将汉字的造字原理、结构特征潜移默化地传授给留学生，从而培养学生汉字联想和自主推理的能力。

3. 教师对汉字的文化讲解有所不足

汉字的造字方式主要是"四体二用"，即汉字的造字方式可以具体划分为象形、指事、会意、形声四种造字方法，转注和假借两种用字方法。在汉语教学中采用从汉字字源出发讲解汉字的方式，不会产生偏差，能够取得事半功倍的效果。如"男"，上面是"田"，下面是"力"，即中国古代在田里出力劳作的多都是男子。利用这样的讲解方式相比于先交读音再教一笔一画的书写更有效。这样不仅能够使学生快速理解、记忆汉字，而且可以利用汉字最初的造字方式来讲解汉字中所蕴含的中国文化。问卷调查显示，很多非汉字文化圈留学生希望老师通过讲解汉字的造字法、解释字源等方法，来帮助他们学习、记忆汉字。但是在实际的教学中，受到教材内容编排不足、老师自身的知识储备有限等方面的限制，老师在授课中很少涉及这方面的内容。因而导致了非汉字圈留学生在学习汉字中对汉字的印象还是通过横竖笔画构成的图形，只能通过机械式模仿书写来记忆学习，这样无法对汉字造字方法、字形结构、部件含义等形成深刻的认识。不了解汉字的结构规律便无法对汉字字形进行推理和联想，对汉字部件的不熟悉就无法根据字形对相似汉字进行归纳学习。由此可知，当前对外汉语在汉字教学中，学生大多数都是对汉字"知其然却不知其所以然"，这也是汉字难教难学的重要原因之一。

4. 教师的教学方式枯燥，缺乏趣味性

汉字是中国文化的脊梁。瑞典汉学家高本汉表示："中国人抛弃汉字之日，就是他们放弃自己的文化基础之时。"[1] 有很多初来中国学习的留学生表示自己对中国文化很感兴趣，但在汉语水平达到中级的汉语学习者中这种情况所占比例很少。这种现象说明在对外汉语的汉字教学中，老师并没有把中国文化有机地融入汉字教学过程，而是简单地把汉字看作学习汉语的工具，而忽略了汉字中的文化内涵。在教学过程中忽视了汉字教学的趣味性，久而久之导致学生的学习热情下降。实际上每一个被使用的汉字，无论是在字形构成上，还是在文字含义上都是有源流可以查询的。汉字并不是简单的文字符号，它本身就是一种文化现象。在对外汉语的汉字教学中，长期以来死板的板书、领读、图片等教学方式占据了汉字教学的主流位置，很少有教师运用 Flash、视频等三维立体的教学手段，从而使得学生置身在枯燥的学习中，而不能用形象

---

[1] 转引自申小龙《汉语与中国文化》，复旦大学出版社 2008 年版，第 417 页。

直观地理解汉字源流和掌握汉字的字义，同时也导致汉字难以记忆书写。

三 调查与访谈的结论

根据对非汉字文化圈留学生的问卷调查和对两所高校对外汉语教师的访谈反馈结果，我们已经了解到学习者和教师对汉字教学和学习的认知及其存在的问题，本小节将结合调查访谈结果进一步分析当前对非汉字文化圈留学生的汉字教学中所存在的问题。

就学生而言，根据问卷调查显示，首先，当前非汉字文化圈留学生学习方法单一枯燥，主要是通过反复抄写的方法来学习记忆汉字，这种学习是机械式地学习，学生不理解字义，甚至读不准字音，不懂得汉字的结构方式，只是简单地摹写。对于很多学生来说，汉字的学习只有在课堂短时记忆，课下对字形字义字音的记忆及学习的延续性较为短暂。其次，非汉字文化圈留学生对汉字中所蕴含的中国文化理解较为缺乏。与印欧语系的拼音文字不同，汉字是表意文字，汉字的产生和发展历史久远，中华民族的先民们在创造汉字之初就赋予了汉字丰富的文化内涵，随着历史车轮的滚滚前进，汉字的文化内涵也越来越丰厚。通过调查了解，很多非汉字文化圈的留学生学习汉语的主要动机都来源于他们对中国及中国文化的兴趣，而当前他们在汉字的学习过程中，不仅缺乏对汉字构造中蕴含的中国文化的了解，还认为汉字难学，进而挫伤了他们学习汉语的兴趣和积极性。最后，从问卷调查及笔者在教学实践中对留学生课堂课后作业及考试卷子统计可知，非汉字文化圈留学生汉字书写会出现普遍的偏误，说明非汉字文化圈的留学生对汉字记忆缺乏整体性和连贯性。

就教师角度而言，通过对学生的学习方法和学习汉字的主要途径的显示，以及对两所高校的对外汉语教师的访谈可知，很多教师对汉字的教学重视程度不够，通常由于繁重的教学任务，把汉字的讲解放在词汇和课文的讲解过程中。在每学期课程的开始留出两个课时对汉字的基本笔画和结构进行简单的讲解，在之后的课程中会在讲解生词的词义过程中顺带讲授汉字知识。即使单独地讲解汉字，也只是简单地教授汉字的笔画、笔顺、读音，只要求学生在课堂上能够跟着老师，或者照着课本书写，很少有老师会讲解汉字的构型由来，以及汉字中所蕴含的中国文化内容。另外，很多教师的教学方法较为单一，教学手段的运用相对比较单调，这样也导致了非汉字文化圈留学生学习汉字的兴趣下降、积极性被挫伤，从而认为汉字难认难读难写，惧怕、逃避学习汉字。

就当前课程设置及汉字教材编写角度而言，首先是缺乏理想的汉字教材。现行的对外汉语教学体系中，能够独立开设汉字课程的学校很少，运用单独的汉字教学开设汉字课程的更是少之又少。学校大多采用"随文识字"的教学方式，把汉字教学和词汇、语法的教学杂糅在一起。这种教学方式虽然能够较好地令学生在具体的语境当中快速掌握汉字的使用方式，但是忽略了汉字本身的表意方式，学生不能准确掌握汉字音形义之间的关系。

汉字文化圈留学生和非汉字文化圈留学生在汉语的认知规律、学习策略上存在极大的差异性。但是这种现实差异并没有在对外汉语的汉字教材中体现出来。现在主流的对外汉语的汉字教材单纯根据汉字掌握多少划分为初、中、高级三个级别，很少有教材专门针对不同国家、不同年龄性别、不同汉语水平的留学生、非汉字文化圈留学生的认知特点进行编排，因此无法真正地满足非汉字文化圈汉字学习需求。

现行的汉字教材虽然数量众多，但是教材在内容编排上缺乏统一的标准，在识字量、笔画顺序、教授方式方面存在较大差异。因此，针对不同背景不同汉语水平的留学生，应该教哪些字，怎样教，教多少字合适，成了困扰教师讲授和学生学习的难题。

综上，通过对非汉字文化圈留学生的汉字教学的问卷调查，以及对对外汉语教师的访谈，发现大多数非汉字文化圈的留学生对中国文化感兴趣，而且也接受了较长时间的汉语学习，但是汉语水平仍得不到持续提高。究其原因，大部分是因为在汉字学习中遇到了难题，汉字的学习方法和教学方法主要采用以课文学习和词语学习为主的"词本位"教学设计，由此导致教学模式、教学方法、汉字教材的编排均不符合汉字的表意特点；而通过教师访谈了解到，当前对外汉语教师对汉语汉字关系的认识不够深入，在课堂上对汉字教学的针对性不强，对汉字的文化讲解有所不足，同时教学方法较为枯燥。

因此，要改变上述状况，建议采用"字本位"理念的汉字教学策略，对教学设计进行优化，编排合理的教材；选择适合汉语特点的、以"字"为基本单位教学模式，从"字"出发，抓住汉字的表意特点，把"字本位"理念贯穿汉语教学中。以"字"为基本结构单位，打消学生的畏难情绪；通过结合"字"的形、音、义，扩大学生的词汇量，提高汉字学习效率。

第四节　非汉字文化圈留学生的"字本位"
　　　　　汉字教学策略

非汉字文化圈留学生对汉语的学习兴趣浓厚，同时能保持较长时间的汉语学习，但是汉语水平却不能持续提高，究其原因是汉字结构复杂不容易记，汉字难读，汉字意思（特别是遇到新的词语）难以理解，而这些问题又跟非汉字文化圈留学生的学习方法和教学设计有关。现有的汉语教学模式主要以课本学习和词语学习来掌握汉字、提升汉语水平，从上一节的学习途径调查可知，学生主要从课堂来学习汉字知识，且利用"词本位"教学法开展汉语的"教"与"学"。虽然符合非汉字文化圈留学生的认知习惯，但脱离了汉字形、音、义三位一体的表意特性，从而导致汉字的学习效率低，汉语水平得不到提高。基于此，需要提出符合汉字特性的教学策略。随着汉字的发展，对于汉字的特性有不同的理解和认识，主要有表意特性和意音特性。其实，这两种理解归根到底都是从汉字的结构和汉字的音义来进行研究，将汉字定义为表意文字和意音文字。但是这两种分类不能全面概括汉字的特性，表意文字脱离了汉字的"音"，意音文字抛开了汉字的"形"，研究汉字须结合"字"的形、音、义来考虑。"字"的形、音、义结合，才能比较全面地概括汉字的性质。下面将基于汉字形、音、义三位一体的特性，开展对非汉字文化圈留学生汉字教学策略的探讨。

对于教学策略，大家的说法不尽相同。乌美娜认为，"教学策略是对完成特定教学目标而采取的教学活动的程序、方法、形式和媒体等因素的总体考虑"[1]。何克抗则认为，"教学策略是指教学方面的指南和处方"[2]。

由此我们可以给教学策略下如下的定义：教学策略是对完成特定的教学目标而制定的，付诸教学过程实施的整体方案。它包括实施教学过程中的教学思想、方法模式、教学活动程序教学方法、教学组织形式和教学媒体技术手段等因素的总体考虑。

我们在制定教学策略时需要综合考虑以下四个问题。"教学过程：教学活动及其时间顺序；教学方法：教师和学生为了达到教学目标，借助教学手段（工具、媒体或设备）而进行的师生互动作用的活动；教学组织形式：从时间、空间、人员组合等方面考虑安排的教学活动方式；教学媒体：承载并传递教学信息的载体或工具。"[3]

---

[1] 乌美娜：《教学设计》，高等教育出版社1994年版，第18页。
[2] 何克抗：《教学系统设计》，北京师范大学出版社2002年版，第6页。
[3] 崔永华：《对外汉语教学设计导论》，北京语言大学出版社2008年版，第42页。

根据调查结果分析的非汉字文化圈留学生汉语学习困难及汉语教学过程中的问题，以"字本位"理念下汉字形、音、义三位一体的特点及教学策略的定义和其所包含的几方面内容为依据，主要从教学设计、教学方法及教学组织形式等方面探讨了"字本位"汉字教学策略。从"字"的基本单位出发，结合"字"的形音义，提出"认读"与"书写"分开教学、"听说"与"读写"分开训练和课堂教学形式多样化、内容丰富化的教学设计；针对非汉字文化圈留学生的认知思维，研究了汉字教学教材和汉字统一学习要求及测试标准。

一 "认读"与"书写"分开教学

"字本位"汉字教学策略以"字"为基本单位，因此，在进行教学设计时应以"字"的形、音、义三位一体的特性为基础，开展汉字的"认读"与"书写"教学、汉字的"听说"与"读写"训练。对于非汉字文化圈留学生来说，汉字结构复杂，构字无规律，在汉字教学过程中，用单一的教学方法容易将枯燥的汉字学习变得机械乏味。因此，在"字本位"汉字教学设计过程中，应将课堂教学形式多样化、内容丰富化，比如采用动作展示、画图、多媒体等多种方式结合来丰富汉字的教学课堂。

（一）"认读"教学

1. 形近字"认读"教学

形近字"认读"教学主要是通过成对的汉字来辨别字义。在汉字的学习过程中，需要认知"形""音""义"，而形近字因"形"近而"义"不同，因此，用"义"来区分"音"在形近字的学习中尤为关键。形近字根据结构分为独体形近字和合体形近字，针对不同的形近字采用不同的教学方法。独体形近字可以采用音义来进行区分教学，比如："木""禾""本"；合体形近字可以采用偏旁分类来进行区分教学，比如："更""硬""便"。

2. 形声字"认读"教学

形声字是由两部分结构组成，一个结构表示文字所指的类别，另一个结构表示文字的读音。形声字的认读跟字的结构位置有关，左右结构的形声字对于学习者较为容易掌握，上下结构与包围结构的形声字不容易教学；在形声字的教学过程中，应注意此类形声字的讲解，归类总结表示文字读音的结构与读音的关系。在形声字教学过程中，将形声字和形近字进行配对，从形音义上认读汉字，比单个汉字教学效果好。

3. 多音字"认读"教学

多音字是一个"字"有多个"音"，不同的"音"有不同的"义"。对多音字的教学，选择常用的读音，提高讲解的频次，借助词性来讲解词义。例如，"长"，读"cháng"，为形容词，意思为两端的距离大或事情做得好；读"zhǎng"，为动词，意思为增加、变大、变高等。多音字的"认读"，主要是选择一个"字"的不同读音进行教学，同时，在讲解多音字含义的时候，考虑词性可以增强汉字的识记，借助词性来区别字义，从而识别字音。

(二)"书写"教学

1. 笔画"书写"教学

笔画是汉字最小的结构元素，不同字体间的笔画差别不大，关于字体间笔画的差别参考专门的研究文献。本书"字本位"汉字的书写教学均采用楷体示范。在笔画"书写"教学过程中，以书法形式教学，引导学生注意笔向，侧重笔画的形变讲解，结合笔顺教学。通过笔顺来检验笔画的书写效果，用笔画验证笔顺是否符合书写规则。

2. 部件"书写"教学

对汉字部件"书写"教学，相对比较轻松。将汉字拆分为不同的部件，对部件进行"书写"训练。在教学过程中，部件"书写"先引导学生拆分成典型的汉字部件，然后侧重部件的笔画、笔顺书写，将"书写"的部件再组合成汉字。在拆分和组合的过程中，熟悉部件的结构和"书写"方式及顺序。部件"书写"教学对于非汉字文化圈留学生来说相当重要，特别是没有汉语学习经历的留学生，在部件"书写"的教学过程中，可以提高学习者的注意力，掌握常见部件结构，区分形近部件。

3. 笔顺"书写"教学

笔顺"书写"教学一般在笔画"书写"教学过程中同步完成，笔画和笔顺是统一的，通常笔画的"书写"错误是笔顺"书写"出错造成。在笔顺的"书写"教学过程中，归纳高频率的笔画偏误和部件偏误，反复对这些笔画和部件进行笔画"书写"教学和笔顺"书写"教学。对于非汉字文化圈留学生笔顺书写的难点在于"折比"，根据书写习惯，常采用曲线臆造笔画，造成笔顺错误。

二 "听说"与"读写"分开训练

根据非汉字文化圈留学生对外汉语课程标准要求，为提高汉语能力，"字本位"汉字教学策略将"听说"与"读写"分开训练。

分开训练对"听说"的要求是，能听懂汉字的读音，能听懂正常语速常见话题的语段，能用正常的反应时间读出所见汉字，能用正常的语速表达简单话题的观点并基本准确。积极鼓励学生参与日常交际式的"听说"训练，从日常的汉语交际中，提高汉字的"听说"能力。教师在汉字教学过程中，重视听说，培养学习者对日常生活的感知能力及语言逻辑思维。

"读写"能力是汉字学习的重点,"读"要求学习者掌握"字"的"音",能准确地用正常的语速读出汉字的读音;"写"要求学习者掌握"字"的"形",在"写"的训练中要求学习者能够正确地运用笔画、笔顺、部件"书写"教学中的理论知识,能够迅速地、准确地"写"出汉字。"读写"能力的训练鼓励学生接触更多的汉字,在汉字的"读写"训练中,运用汉字教学中的方法和技巧,检验教学成果,并且掌握更多的汉字让学习者形成一定的汉语能力。

三 字、词、句阶梯化整一性教学

"字本位"教学理念强调对外汉语教学以字为基础,把单个汉字作为最小的教学单位,从字出发,以字构词,用词造句,由句成段成篇。"因此,汉字教学的内容,并不单单局限于汉字本身,而是在以汉字为主体的局面下,通过部件到汉字到词汇的层层递进和逐步扩展,形成系统化的教学内容,体现汉字教学的逻辑性和整体性特点。"①

汉字主要是通过记录意合单音节汉语词和非词词素这两种方式来记录汉语词汇的,这也是"以字构词"的重要原因。因此,汉字数量有限,而词汇无限,字与词之间的发展相互影响。而"字本位"理念下的汉字教学并不是只学单个的汉字,而是将每个汉字的字形、字音、字义都掌握后,以字构词,以单个字为核心要素向外部生发。汉语语义丰富,单个的汉字往往具有多个义项,掌握每一个义项之后就可以组成更多的词汇。依次形成链条,这样会大大提高学生汉字及词汇的学习效率。在利用汉字的能产性进行汉字教学方面,已有学者提出一些教学策

---

① 王鹏熹:《"字本位"视角下的对外汉语教学法设计》,硕士学位论文,西北大学,2012年。

略,如周健的"汉字网络"教学①,以及张朋朋的"集中识字"等教学②。他们各自有自己的流年基础和课堂设计,但是基本要义是统一的,都是利用汉字可以层层构词,由字生词造句成篇。因此,我们在以"字本位"理念的指导下对非汉字文化圈留学生的汉字教学"逐级组合,有机生成",以字为核心采用组合生成的结构模式和层层递进的教学和学习模式,对字、词、句进行阶梯化整一性教学。

四 课堂教学形式多样化、内容丰富化

在"字本位"教学设计方案时,为了减少汉字学习的枯燥,需要采用丰富的汉字教学课堂设计。首先,在信息时代利用多媒体技术进行辅助教学,通过播放笔画、笔顺教学视频或动画,不仅可以让乏味的课堂变得丰富、生动有趣,而且还可以反复播放达到复习的效果。其次,汉字课堂的多样化教学,通过在教学课堂上可以设计汉字游戏,让留学生参与教学互动。比如,一人一笔汉字游戏,当老师说出汉字的拼音,然后,每个学生在黑板上依次写一笔,完成汉字的书写,最后让一个学生来解释汉字的意思。在这样的设计上,不仅可以让汉字课堂多样化,而且也达到了教学目的,实现了汉字形、音、义相结合的教学模式,使学生的汉字学习得以训练,激发了学习者的积极性,让汉字课堂变得丰富多彩。

此外,运用"字本位"的教学理念,讲解单个的汉字不仅仅是简单地讲解汉字的构造,学会汉字的读音,更重要的是适当地循序渐进地将汉字中所蕴含的丰厚的中华文化传授给学生。当然,汉字课毕竟不是文化课,并且对于完全零基础的留学生而言也不适于从一开始就讲解汉字的演变历史、甲骨文等造字方法,而是要适时适量地通过对汉

---

① 周健:《汉字教学理论与方法》,北京大学出版社2007年版,第144页。
② 张朋朋:《文字论》,华语教学出版社2007年版,第114页。

字字形、字义的讲解来传递给学生文化意识。比如"男"和"女"这样的看似简单的汉字，对于完全零基础且思维方式有异于汉藏语系的非汉字文化圈的留学生而言并无规律可循，所以对于他们来说记忆还是相对困难的。对于这样的汉字教学，可以采用多媒体将两个字的古汉字配合图片加以展示。这样一来，学生既能分清楚两个字的区别及意义，又能了解到中国古代男耕女织的传统文化。

本书提出，以"字"为基本单位的"字本位"汉字教学策略，在汉字教学设计时，采用"认读"与"书写"分开教学、"听说"与"读写"分开训练的模式；在课堂教学中，利用多媒体、汉字游戏等教学方法丰富教学课堂，使课堂教学形式多样化。"字本位"汉字教学让留学生以"字"为学习的基本单位，改变以课文学习和词语学习为主的汉语教学模式。通过汉字的教学，掌握了汉字笔画、结构、构造、音义的认知规律，认识了汉字教学的重要性和必要性，增强了学生对汉语的信心，提高了非汉字文化圈留学生的汉语水平。

第五节　本章小结

本章采用"字本位"汉字教学策略进行了案例教学，从"字"出发，基于汉字的形、音、义三位一体特征，以"字本位"理念开展汉字教学设计。结合汉字的教学特点和非汉字文化圈留学生的认知差异，根据留学生汉字结构记不住、汉字难读、汉字意思难以理解三大困难，注重汉字的"认读""书写"教学，并展开"听说"与"读写"训练。通过教学实践，明显提升了非汉字文化圈留学生的汉字学习能力，"字本位"教学实验设计合理。"字本位"汉字教学以"字"为基本单位，符合汉字的表意性特点，该教学策略对汉字的"形""音""义"进行三位一体教学，并分类学习，达到高效学习的目的，易于实施。"字本位"汉字教学能够实现目标，解决了非汉字文化圈留学生学习汉字的困难，让学习者在遇到汉语学习瓶颈时从根本上解决学生汉字学习的困难，认识汉字学习的重要性，增强学生的汉语学习信心。"字本位"理论是摆脱印欧语语言理论体系束缚后，针对汉语的本质特点提出的，对对外汉语汉字教学有独特的指导意义。加上"字本位"教学法在汉学家白乐桑的积极推广实践中，在法国的汉语教学实践中取得了事半功倍的效果。鉴于此，本书尝试为解决留学生对汉字缺乏通识理解，不能进行自主汉语学习等问题，以非汉字文化圈的留学生为实践研究对象，在前人研究的基础上采用理论与实际相结合、访谈与个案实践相结合、问卷调查、比较法等多种研究方式，深入全面地探究"字本位"理论下非汉字文化圈留学生的汉字教学现状，以及"字本位"教学法对实际教学的实践效果，得到以下结论。

通过问卷调查可以看出，对于很多非汉字圈的留学生而言，中国环境和文化对留学生有较大的吸引力。这种吸引力让留学生保持着对汉语学习的驱动力，但是汉语学习的效率低和识字难度大等因素，使得留学生的汉语学习兴趣受挫，从而导致其汉语水平得不到提高。究其根本，是因为目前非汉字文化圈留学生汉字的教学普遍是采用"词本位"的教学设计，以课文和词语教学学习汉字的方法。这种教学设计导致教学模式、教学方法、汉字教材的编排均出现不符合汉字的表意特性，使留学生不能将汉字的"形""音""义"结合，致使学生的汉语水平难以提高。

因此，本书提出了采用"字本位"理念的汉字教学策略和建议。对于非汉字文化圈留学生来说，汉字结构较为复杂，汉字又具有形、音、义三位一体的特点，对留学生开展"书写""认读"分开教学使得教学过程把汉字化繁为简，循序渐进教学；为了巩固学习效果，建议针对学生开展"听说"和"读写"分开训练课程；针对非汉字文化圈留学生开设专门的汉字教学课程，按照学生水平进行分班教学；在课堂教学过程中，利用多媒体动画、图片、汉字游戏等教学方法丰富教学课堂，使课堂教学形式多样化；在教材选择和编排时，结合"字本位"教学策略，考虑非汉字文化圈留学生的认知思维，从适用性、实用性、多样性来编排汉字教材内容，并统一汉字教学要求；同时，设计了"听说"与"读写"分开测试的语言测试标准。

总而言之，"字本位"汉字教学理念符合汉字的表意特性。运用这种基于汉字的本位思想，从"字"出发，由字及词、句的教学理念进行汉字教学能有效提高汉字的学习效率，解决汉字学习的困难，提升学生的汉字学习技巧，激发学生的学习兴趣，从而提高汉语的学习效率。根据"字本位"汉字教学策略的实践案例实验可知，汉字教学对非汉字文化圈留学生的汉语教学相当重要。基于教学实验经验，对今后的留学生汉语教学理念、教学方法、教学手段、语言测试等方面提出以下建议。

为适应新时期的对外汉语发展要求，教师要不断提升自身素养。不仅要具备扎实的专业知识，树立正确的教学理念，不断提升自身跨文化的交际能力和教学能力，运用丰富化、趣味化的教学手段提高对外汉语汉字的教学效率；汉语教材应该具有针对性、适用性、实用性、多样性，在教材选择和内容的编排上，要充分考虑"字本位"教学策略的特点，还要考虑留学生的语言学习习惯和认知思维；在汉字教学中教师应该配合使用 flash 动画、图片展示以及采用拼图游戏、绘画、书法等形式多样化的教学手段，增强汉字教学的趣味性；对不同文化背景的留学生的学习要求应该统一化，测试标准应该规范化。

随着我国在国际上影响力的不断扩大，国际上对汉语的学习需求与日俱增。通过汉语教学向世界传播中华文化已经成为必然，因此，对外汉语教学界也将迎来一场新的教学革命。针对当前对外汉语教学效果不尽如人意，留学生各项语言技能不平衡，出现大量"洋文盲"等现象。希望通过本书的研究，一方面可以引起对外汉语教学工作者对"字本位"理论的重视，认识它们在中国语言研究史上和当下推广汉语过程中的重要价值；另一方面可以进一步探索对外汉字教学的有效方法，博采众长，为对外汉字教学提供新思路。最终希望能切实有效地帮助非汉字文化圈的学生更好地掌握汉字、提高汉字教学质量，从而推动对外汉语教学学科建设与国际中文教育的发展。

第三章　教材中的中国文化形象

　　文化是一个国家和民族的灵魂，随着"国学热"的兴起，国内外掀起了一股中国文化的热潮。树立文化自信，传播中国文化，提升中国文化形象，成为当务之急。汉语教材不仅传授知识，还包含着一定的文化建构与传播功能，汉语教材中也涉及对中国文化和形象的阐释，汉语教材是中国文化形象的重要传播媒介。但是，目前对外汉语教学中存在留学生对教材中的文化形象整体建构意识薄弱、刻板印象很深等问题。因此，本章以此为切入点，以具有中国国家形象传播影响力的国内主流教材之一——《发展汉语》系列教材为研究对象，通过对长春5所院校中使用《发展汉语》系列教材的留学生和教师进行调查与访谈，对如何将语言教材编写与中国文化形象建构相结合以创新对外汉语文化教学的方式方法展开深入研究，旨在为汉语国际传播中讲好中国故事、提升中国文化形象提供参考与借鉴。

　　本章在全面阐述文化、国家形象与文化形象等相关定义与理论的基础上，采用文本分析与数据统计的方法，对《发展汉语》系列教材中相关的文化话题、话语态度与辅助资源进行详细的呈现分析；又整合文化话题，从中国人、家庭、社会和对外交往四个角度建构教材专属的中国文化形象，并相应地探讨中国文化形象在汉语教材中的呈现与建构特点，找寻汉语教材在编写方面的不足，为汉语课堂教学下文化形象的传播提供文本分析基础和教学依据。还采用问卷调查和访谈等研究方法，对留学生进行了关于教材中文化内容接受程度的调查，并对其任课教师展开相关访谈，发现了教师、学习者在文化形象传播与建构过程中存在的一些问题，并针对性地提出相关的教学策略与建议，为文化传播视域下对外汉语教材的编写、教师的引导与学生文化内容的接受提出了可操作性的建议，实现了教材、学生、教师三个要素的有效链接，为传播"友好和谐、包容文明、开放创新"的中国文化形象创造条件。

第一节　问题的提出

文化形象是国家形象的核心内容和集中体现，是衡量一个国家文化影响力的重要指标，体现了一国的国民素质和精神风貌。确立良好的中国文化形象是响应习近平总书记提出的"讲好中国故事，传播中国声音"这一号召的重要途径之一。中国文化形象在塑造过程中仍面临一定的冲击和挑战，尤其是一些西方国家提出的"中国威胁论"将中国文化形象予以"妖魔化"，使得中国文化形象在信息传播过程中出现偏差与不对等，在"他者建构"中存在刻板印象和歪曲事实，甚至在文化传播过程中掌握不了主动权，忽略了中国文化形象"自我构建"的重要性。

因此，无论是文化外交还是孔子学院的对外文化传播都应高度重视"自我建构"与"他者建构"的互动结合，既要立足于本民族文化"自我形象"的塑造与传播，又要深入分析"他者形象"下中国文化形象的理解与接受程度。只有二者相结合，才有利于中国文化形象的全面输出，有利于"他者视角"下中国文化形象的认同与理解，从而为我国文化形象的塑造提供更好的建议。中国文化形象塑造如果与对外汉语教材相结合，充分有效地利用好文本"自我塑造"与文化传输下的"他者建构",既能满足国际中文教育的文化需求,又能满足中国文化发展战略的安排,还能为汉语推广和文化传播提供新的思路与方法,也为对外汉语教学的发展提供一个新的挑战机会。

一 中国文化的传播需拓宽传播渠道——汉语教材

近年来对中国文化形象的研究引起了各位专家学者的高度关注与研究热情,主要集中于城市文化的推广和国家形象塑造等社会学、传播学或文学领域,但属于教育学或对外汉语教育领域的极少。需要拓宽传播渠道,不仅要重视媒体、交流活动、旅游、外交等传播方式,还需要将传播渠道进一步缩小,尤其随着网络信息化的发展和"一带一路"倡议的提出,全球引发了新一轮的"汉语热",学习汉语的留学生与日俱增,所以更需要重视中国文化形象的传播。

孔子学院是我国对外文化交流的直接窗口,肩负着推广汉语和传播中国文化的重要任务,它在传播和推广中国文化形象方面做出了巨大的贡献。在具体工作中,汉语课堂成为最直接的交流平台,汉语学习者平常接触最多的是对外汉语教材,汉语教材自然而然就成为塑造和传播中国文化形象的有力工具,它能通过语言蕴含着的历史、地理、法律、经济、价值观念及思想意识等内容多角度地塑造和传播中国形象,帮助留学生形成对中国文化形象的认知。利用汉语教材"讲好中国故事",充分发挥汉语教材的文化传播功能,将教材编写、学生接受与教师引导紧密结合,使对外汉语语言教材也好还是课堂教学也好都成为"中国故事"的重要讲述平台,担起"传播中国声音"的伟大任务。在对外汉语教材中引入真实、顺应时代变化的中国文化形象是当前需要着手并加以重视的事情,也是中国文化对外传播的必经途径之一。

二 对外汉语语言文化教学存在的问题亟待解决

由于语言与文化相辅相成,中国文化自发地进入对外汉语教学领域，融入对外汉语教材。随着中国文化地位的提高，文化在对外汉语教学中的地位不可忽视，逐渐被学界公认，但在语言教学中如何实现语言与文化的统一，仍是学者们着力探索的课题。对外汉语教学界从整体上看发展成果丰硕，许多专家学者撰文著书探讨语言教学中文化因素的导入与呈现，研究文化在对外汉语教学中的作用等，并进行了相应的文化实践探索，提出针对性的建议与对策。但由于文化自身的复杂性，到目前为止，仍然没有一个具体而统一的文化大纲来统领，语言文化教学处于模棱两可的状态，语言教学中的文化规约存在不确定性因素，导致教材编写、教学实施及教学方法都不能达成共识，教学有效性也大大降低。汉语课堂中依然普遍贯彻"语言本位观"，以教授语言知识为主，过度关注语言目标，限制了文化的关注范围。有的还存在"注重表层文化，轻视深层文化"的现象，虽关注文化知识的传输，但只流于表面，中国文化的精华并未得到良好的传播。外国学生在日常交往中常常产生文化交流障碍，主要原因是缺乏对中国文化的理解和认同。

综上，对外汉语教学中的文化传播的重要功能仍未被完全重视，无论是教材编写，还是教师课堂教学以及学生自身的接受情况，并未形成完整的文化传播和适应模式，文化整体建构意识淡薄。对外汉语教学界的文化传播，不应该伴随着语言要素的简单罗列和被动接受，而应主动构建属于自己的核心文化内涵。教材的编写、教师的引导与学生的接受三位一体，树立良好循环式的文化整合目标，在文化传播方面做好文化的"输送—加强—接受"，使受众从心底认可和接受中国文化，才是文化传播的终极目标。

本章选取国内外高校、孔子学院有代表性的《发展汉语》系列教材为研究对象，分析语言教材中语言符码所反映的文化内容、文化信息，试图探讨教材中呈现的中国文化形象，并结合学习者的文化接受情况和教师课堂文化教学情况，从教材、教师与学生三个角度，探讨如何提高文化整合性及文化构建整体意识来传播与构建中国文化形象。

第二节　汉语教材中文化形象的引入与意义分析

在对外汉语教学领域，因文化形象的含义比较抽象，至今没有人给予文化形象以明确的界定。从文化的熏陶感染到形成人的某种印象，形象的过程是潜移默化的，尤其是对外国人来说，在跨文化语境下，深入了解一国的文化是非常困难的。因此，将文化形象引入对外汉语教学领域是必要的，本节试图从对外汉语教学领域明确中国文化形象的含义，为教材中文化形象的呈现与建构分析奠定基础。

一　相关概念

（一）文化

古往今来，不同的学科或流派从不同的角度来界定文化，使得文化成为一个具有多种含义的概念。从20世纪50年代至今，世界上出现的文化定义约有三百多种，他们都认为文化与人密切相关，内涵丰富，核心内容是价值观念。

总之，文化广义上讲，是指人类在社会历史发展过程中所创造的物质财富和精神财富的总和。文化可分为物质文化与精神文化，还可以分为物态文化、制度文化、行为文化、心态文化。无论是二分说还是四分说，精神文化与心态文化都是文化的核心内容。文化的形成离不开人的活动，人的价值观念是文化的核心要素。文化含义复杂多样，是一个综合概念，文化是作用于人身上所创造出来的具有文化内涵的结果，包含全部的与人相关的经验和智慧。文化既指表层的物质文化，也指深层的价值观念，它体现在可观察到的人的行为模式和生活方式上，文化的形成离不开人的活动，人身上的价值观念是文化的核心要素。

（二）国家形象

国外学者对于国家形象的研究比较有代表性的是美国政治学家布丁提出的："国家形象是一个国家对自己的认知以及国际体系中其他行为体对它的认知的结合。"① 斐迪南·滕尼斯认为："国家形象是特定国家的外部国际公众通过复杂的心理过滤机制，对该国的客观现实（政治、经济、文化、地理以及所作所为）形成的具有较强概括性、相对稳定性的主观印象。"② 前者认为国家形象是自我和他者认知的结合体，后者则认为国家形象是主观和客观认知下的结合体。

而国内主要从以下三个方面界定国家形象。一是总体评价说。孙有中全面地提出，"国家形象是一国内部公众和外部公众对该国政治（包括政府信誉、外交能力和军事准备等）、经济（包括金融实力、财政实力、产品特色、质量与国民收入等）、社会（包括社会凝聚力、安全与稳定、国民士气、民族性格等）、文化（包括科技实力、教育水平、文化遗产、风俗习惯、价值观念等）与地理（包括地理环境、自然资源、人口数量等）等方面状况的认识和评价"③。二是媒介形象说。代表性的观点是徐小鸽认为的，"国家形象是一个国家在国际新闻流动中所形成的形象，或者说是一国在他国新闻媒介言论报道中所呈现的形象"④。三是二重性问题。代表性的观点是张昆认为的，"国家形象一方面可以理解为一个国家留给本国公众的总体印象和评价，另一方面还可理解为其他国家公众对本国总体特征和属性的感知"⑤。

综上，首先，国家形象包括自我认知和国际认知两部分，本书教材

---

① 转引自刘笑盈、贺文发《俯视到平视》，中国传媒大学出版社2009年版，第156页。
② ［德］斐迪南·滕尼斯：《共同体与社会》，林荣远译，商务印书馆1999年版，第338页。
③ 孙有中：《国际政治国家形象的内涵及其功能》，《国际论坛》2002年第3期。
④ 徐小鸽：《国际新闻传播中的国家形象问题》，《新闻与传播研究》1996年第2期。
⑤ 张昆：《当前中国国家形象建构的误区与问题》，《中州学刊》2013年第7期。

中形象文本分析属于自我认知部分,观察教材编写者呈现和塑造的"自我形象";调查留学生的中国文化形象的接受情况属于国际认知部分,调查留学生对教材中文化形象的认知与评价态度,即"他者形象"。其次,国家形象内容包罗万千,涉及文化、社会、政治、经济以及地理等方面的认识与评价。本书主要是站在文化传播的角度下研究教材中文化形象的呈现和塑造问题。最后,国家形象是客观和主观文化交流的结合体,既是由有形物质和客观现实构成的,又是公众对一个国家的主观印象与评价。本书对教材中文化形象呈现与建构分析,一方面是为了观察教材中的国家文化客观面貌;另一方面调查学生的接受情况,也是为了改善学生的主观印象,树立良好的中国文化形象。

(三)中国文化形象

中国文化形象的定义问题,不同的领域、不同角度有不同的观点和看法。研究最多的是关于某个城市文化形象的建设问题,闫娜提出:"城市文化形象是一个城市的历史文脉、蕴含的文化精神、核心价值理念、独特文化标志和鲜明气质特色的集中展示与体现,是城市主体对各种城市文化要素,经过长期综合发展所形成的一种潜在直观的反映和评价。"[1]

而上升到国家形象塑造领域,主要的代表性观点有,邓长江认为,"国家文化形象是指国内外公众对一个国家文化价值理念、文化传统、文化行为、文化成果等的总体认知与评价"[2]。他还认为,文化形象核心是中和,基石是文明诚信,时代特征是与时俱进,张力是和处共赢。管宁认为,"文化形象指某一种文化所拥有的独特内涵与形态,以一定

---

[1] 闫娜:《我国城市文化形象的构建与对策研究》,《东岳论丛》2011年第12期。
[2] 邓长江:《中国文化形象研究》,硕士学位论文,电子科技大学,2007年。

的表现方式综合体现在人们心目中的印象。每一种文化都有自己的形象"①。王晓阳认为,"文化形象是指一个国家或区域的文化在认识主体(包括政府、政党、社会集团、组织机构、大众等)中所形成的模式化的总体印象和群体观念"②。

在教育学领域,李光林认为,"文化形象指人在接受文化熏陶后,在言语行为上表现出能引起他人亲切、审美、愉悦情感的优雅、得体的形态"③。他还认为,具有文化形象的人可具体描述为"举止文明、谈吐得体、诚实守信、富有责任感、富爱心、擅合作、长表达、有亲和力"。这里作者将文化形象给以美化,他将教育学领域的文化形象赋予人的个体行为、特征,并非是物的静止呈现状态。

关于文化与国家形象的关系的论述,尤小农提到,"对一个国家的观察与认识,其实是对这个国家形象的塑造,而文化恰恰是观察和认识一个国家的最好途径"④。他尤为强调国家形象主要就是国家文化形象,国家文化的核心价值理念是国家形象的母体。国家形象是对国家文化中最深刻、最积极、最有影响的部分的提纯和外化,国家形象的导入是对国家文化的整体营造和重点重塑。

总之,文化形象的内容不仅涉及文化的范围,还上升到国家这一整体地位上,它是国家形象的重要部分,是对一国的文化层面的整体的主观印象和评价。但仍然是一个比较抽象的概念,没有具体地给予一个明确的划分和界定。借鉴前人关于"文化""国家形象"的理解与阐释,

---

① 管宁:《整合元素提炼内涵强化传播——福建文化形象塑造的方式与途径》,《福建论坛》(人文社会科学版)2009年第12期。
② 王晓阳:《大学文化形象传播的现实困境与路径选择》,《高等教育管理》2016年第5期。
③ 李光林:《文化形象塑造:中职语文教改的探索与研究》,硕士学位论文,西南师范大学,2002年。
④ 龙小农:《从形象到认同——社会传播与国家认同构建》,中国传媒大学出版社2012年版。

可以将对外汉语教学中的中国文化形象简单定义为，汉语学习者通过一定的途径接触中国人、事、物，在潜移默化中体会中国人、事、物身上的某种文化价值观和文化精神，在此过程中形成的对中国文化整体的认知与评价。本书立足于对外汉语教材，教材用有效和生动的语言刻画和描写的有形或可见的人、事、物，这些"有形"的文化上所呈现出来的"无形"的文化就是对外汉语教材所塑造和传播的中国文化形象。

文化形象的概念是从文化、形象等概念中延伸出来的，应当同现实生活的人、事、物联系起来，在人创造的物质文明和精神文明中把握；同时，文化形象也是一个相当宽泛的概念，根据教材内容和话题，本书将从中国人、家庭、社会和国际四个角度由小到大、由局部到整体，进行中国文化形象层层分析。总之，中国文化形象的塑造根本目的是挖掘和传播中国文化的内涵和文化价值，谋求更深层次的文化认同与接受。

二 汉语教材传播中国文化形象的积极作用

汉语教材作为语言和文化传播的重要手段，对我国文化形象在国际社会的构建和传播有重要的积极作用，它以文本的形式讲述中国故事，是中国形象的叙述者和传播者。教材的编写需要有构建良好的中国"国家形象"之意识。

（一）提供一个向世界介绍中国文化的窗口

语言教学离不开文化因素的教学，汉语教材以文本的形式展现中国面貌，记载中国多姿多彩的人、事、物，以一种静态的传播方式实现了对语言和文化的传播，也实现了中国文化的传播，向世界播撒友谊的种子。对外汉语教材打开了中国文化传播的窗口，近年来越来越多的汉语教材走出国门，走向世界。

以北京语言大学为例，已出版对外汉语教材三千余种，一直不断研发、出版满足世界不同国家、不同类型、不同层次汉语学习者需求的汉语教材。对外汉语教材畅销国内外，为我国的文化形象传播创造了条件，为我国的对外宣传工作增加了一条渠道，教材用自己独特的文本形式，传播中国文化，赢得了国内外人士的好评，在"走出去"的道路上不断"讲好中国故事，传播中国声音，塑造中国形象"。

汉语教材在文化形象传播中不仅仅只是文化的输送者、中国文化信息的传递者，还扮演着文化交际者、文化使者的身份。其内容无时无刻不在讲述着有关中国的故事，以文本的形式，向学生讲述中国的历史、文化、国情以及中国人的生活状态，这都成为中国形象的代言人，潜移默化地影响着学生对中国的认识和评价。汉语教材畅销海内外，以其独有的文化特征为传播中国文化打开了一个窗口。

（二）讲述传统与现代相结合的中国故事

中国故事是和中国一切相关的信息的集合，包括中国的历史、文化、社会环境、中国的国情、中国老百姓的生活状态、中国的政策与发展道路等。对外汉语教材中的中国故事，包括中国人的故事以及与中国相关的事和物。教材中的故事体现人物思想与感情的碰撞融合；体现历史与文化的融合；体现传统与现代文化的交融；赋予故事中人的真实思想和观念，故事传达中国人的价值理念和精神追求，让学习者在学习的过程中，构建自己心目中的中国人形象。

对外汉语教材中传统文化和现当代文化相融，可以让学生从时间横向，线性地观看中国文化形象的演变过程。中国文化自古遗留下来很多丰富的物质和非物质文化遗产，这些文化产物是我国的宝贵财富。传统的手工艺、歌曲、医药、建筑、服饰、饮食，还有思想文化等任何一个方面，都是中国的代表和象征，都是中国文化形象的一部分。中国的现当代文化也是顺应时代的发展潮流产生的，它是由中国古代、现代到未来的一个转变，是新思想新潮流的象征，反映的是中国人思想的转变和中国社会的进步。新词汇、新思想都映射出了当时的民族心理特征，都代表了某个时代中国的发展状态,成为中国文化形象的组成部分。

(三)激发学生对中国文化的二次传播

教材中的中国故事会让留学生或深或浅地留下中国的烙印,对中国传统文化更好地表达与理解,对当代中国发展更好地认识与表述。故事的影响力不仅对来华留学生或者使用该教材的国外读者,在会话、日常交际等方面产生短期的影响;而且从长远看来,留学生可以借助他们天然的本土媒介资源和传播优势,实现用国外受众听得懂、听得进、能接受的方式传播中国声音,传播中国文化形象。他们讲的故事在本国人群中具有更大的公信力和感召力,可以成为中国故事最出色的讲述者,是中国文化形象真实的代言人。

由此,从传播中国文化角度,故事的影响力是长远的,是需要依靠留学生将所学的、所接触的、所体验到的与真实发生在身边的故事传播到国外,从而在初期给外国人留下好的中国印象,形成好的中国形象,让他们对中国形成良好的初步印象。而且中国文化形象的形成不是一时的,形象一旦形成,就很难改变,因此教材的编排要充分考虑给留学生树立一个真实、全面的中国文化形象,以免形成刻板印象和歪曲事实,不利于中国文化形象的传播。

(四)增强学习者汉语文化意识

《国际汉语教学通用课程大纲》(以下简称《大纲》)中的总目标是使学习者最终具备语言综合运用能力,即具备语言知识、语言技能、语言策略、文化意识等综合能力,其中文化意识部分包括文化知识、文化理解、跨文化意识与国际视野四部分。[①]

汉语教材在编写的过程中会参考《大纲》,在初级、中级、高级

---

① 孔子学院总部、国家汉办编:《国际汉语教学通用课程大纲》,北京语言大学出版社2015年版,第Ⅳ页。

各等级的教材中都相应地有符合总体目标的描述，在教材中增加文化意识内容。而这些文化意识的培养，都得借助于教材中的中国文化内容，这些中国文化的内容恰恰也构成了中国文化形象的客观内容。汉语教材明确了培养学习者文化意识的重要性，注重"文化意识"的培养，协助汉语学习者了解中国语言所承载的文化信息，以此逐步建构文化意识，将一种文化符号具体化、形象化，更多地理解和接受中国文化。

第三节　对外汉语教材中文化形象的呈现与分析

对外汉语教材中文化点的选取尤为重要，对文化进行筛选和选取的过程也是教材文化形象塑造的过程。本书基于这样的认识，从《发展汉语·综合》教材中的文化话题及数量、话语态度及辅助资源等角度进行充分细致的分析。看教材是如何呈现中国文化形象，进而分析得出中国文化形象的呈现特点及不足，从教材自我建构中找寻文化形象塑造的经验与不足，为对外汉语教材编写提供文本分析基础。

一　文化形象的呈现方式

中国文化形象的呈现与塑造，离不开文章故事的选择、文化因素的分析、文化话题的呈现、话语态度的表达以及其他资源的辅助，正因为各类文化话题的分布，才构成了教材塑造文化形象的主要框架；因为话语态度的表达，使得留学生在学习知识的同时，能深刻感受到异国文化的情感温度，成为教材传播中国文化形象的情感表达方式；也是因为其他辅助资源的存在，激发留学生汉语学习热情，成为教材传播中国文化形象的吸引亮点。他们既具有外显性又具有内蕴性，每一部分相互呼应，共同服务于中国文化形象的传播。

（一）文化话题

《发展汉语·综合》教材的编排突出语言教学的同时，也与文化教学相结合，文章中都隐含着构建中国文化形象的丰富信息。教材中涉及中国文化形象的话题呈现在课文和补充阅读两个环节中。本节将从众多课文及补充阅读中抽取涉及文化形象的文章进行细致分析，具体篇数分布如图3.1所示。

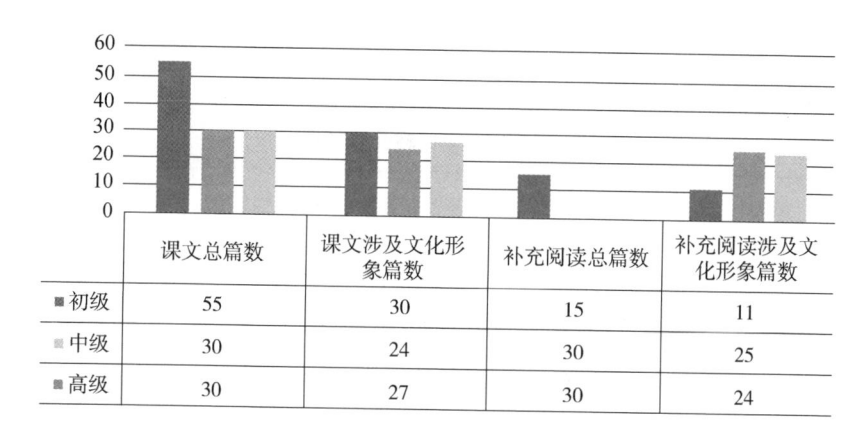

	课文总篇数	课文涉及文化形象篇数	补充阅读总篇数	补充阅读涉及文化形象篇数
初级	55	30	15	11
中级	30	24	30	25
高级	30	27	30	24

图 3.1　教材课文及补充阅读涉及的文化形象篇数

由图3.1可以看出《发展汉语·综合》教材中的课文，初级上下册55篇，中级上下册30篇，高级上下册30篇，总共115篇，其中涉及中国文化形象的初级有30篇，中级有24篇，高级有27篇，总共81篇，占70.4%；教材中的补充阅读文章，初级有15篇，中级有30篇，高级有30篇，总共75篇，其中涉及文化形象的初级有11篇，中级有25篇，高级24篇，总共60篇；《发展汉语·综合》教材中的课文和补充阅读总共190篇，涉及文化形象的总共141篇，占74.2%。教材中涉及文化形象的内容是比较丰富的，本节将涉及的文化形象的141篇课文及补充阅读文章进行文化话题的分类，从横向和纵向进行数据的统计及分析，以便观察文化形象在话题呈现方面的立体性。

1. 教材横向文化话题分类及分析

本书根据周小兵、赵新将话题分为"社会生活、人生家庭、婚姻爱情、人际交往、文化教育、民族风情、自然科学、环境保护"等多个方面；赵晓燕将中级精读教材的话题分为"中国社会文化、中外差异、日常生活、人物事迹、世界性话题、自然科技"六大类；结合教材实际，本书将教材中涉及中国文化形象的话题分为"人物事迹、家庭文化、科学艺术、社会生活、城市自然、政治生活、跨文化交流"七类，其中具体分布见表3.1。

表3.1　　　　　　　中国文化形象话题数量统计

话题	初级/篇(%)	中级/篇(%)	高级/篇(%)	总计/篇(%)
人物事迹	11/26	13/29.5	13/26	37/26.2
家庭文化	7/16.7	16/36.4	6/12	29/20.6
科学艺术	3/7.1	5/11.4	8/16	16/11.3
社会生活	1/2.4	7/15.9	6/12	14/10
城市自然	6/14.3	0/0	4/6	10/7.1
政治生活	0/0	0/0	6/12	6/4.2
跨文化交流	16/33.3	5/6.8	8/16	29/20.6
总计(篇/%)	44/31.2	47/32	50/36.8	141/100

由表3.1可以看出，教材中呈现的中国文化形象，范围涉及广泛，从多维度塑造中国的文化形象。从数据分析来看，教材中的话题数量分布不均，人物事迹类话题所占比例最大，占教材的26.2%。由此可以看出，教材主要集中于中国人的介绍，通过描述广大普通人的行为和生活事迹，来展现中国人的性格特征，突出中国人身上的价值观和精神世界，向学习者展示真实、立体的中国民众的生活以及中国人身上所呈现

的文化形象。

家庭文化类、跨文化交流类仅次于人物事迹，都各占教材的20.6%。中国自古以来就重视家庭，重视家庭教育，教材将中国的家庭关系、婚姻爱情观以及家庭教育融入文章，让学习者从全新的角度多方面、多层面地深入了解中国的家庭生活及家庭观。而跨文化交流类的课文主要是站在留学生的角度，观察中国的发展变化，用更具真实的体验和视角讲述好中国的文化形象，还借助一些国内外友好往来的事向学习者传递中国在国际上对待一切人和事的态度和决心。

科学艺术和社会生活类分别占教材的11.3%和10%。教材中不仅选取了一些传统文化的内容，还增添了很多现当代文化的内容，尤其是科技成就方面的内容比较多，在一定的程度上体现着中国劳动人民智慧的结晶，反映的是中国文化的与时俱进与改革创新。教材中也描绘了一些社会中人际关系的处世习惯与风格，表现的是中国社会的和谐发展。其中城市自然、政治生活所占比例最小，均少于10%，但也是中国文化形象的重要组成部分。

城市自然，反映的是一个国家的城市文化形象，包括生活环境、人群生活状态等，这些都会给学习者留下不可磨灭的印象。而政治生活，体现的是一个国家政治文化形象，它集中呈现的是国家的政治人物事迹、法律政策等问题。

综上，教材中的话题主要是人物事迹、家庭文化、社会生活、跨文化交流这四个方面的内容，为本章文化形象的建构分析提供了思路与方法。

2. 教材纵向文化话题分布及分析

纵向观察教材级别，我们可以得出，文化形象无论在初级、中级，还是在高级教材中的呈现都比较丰富，只是各有所偏重。

初级教材偏重于跨文化交流类文章，占初级教材的33.3%。主要是从学习者角度考虑，初步了解与汉语交际相关的中国文化知识，使学生初步具有跨文化意识，注重跨文化交际差异。

中级教材偏重于家庭教育类文章，占中级教材的 36.4%。内容以反映当代中国现实生活为主，以便让学生了解中国社会，进而注重语言和文化的融合。家庭教育类的文章适合在中级文章中导入，使学习者更好地深入家庭内部，了解中国的家庭价值体系。从数据来看，中级教材里的文章相比较初级和高级教材来说，人物事迹、家庭教育和社会文化所占的文章数量居多，所占比例也大一点；但城市自然和政治生活类文章缺乏。

高级教材偏重于人物事迹类文章，占高级教材的 26%。总体来看，高级教材的目标是了解中国文化的基本精神和主要的文化观念，使学生具有良好的跨文化交际能力和开阔的国际视野。从数据来看，高级教材文化涉猎很广泛，各个话题所占比例都比较均衡，说明高级教材着力通过故事来反映文化，通过人物事迹来传递中国人的价值理念。

综上，文化话题在《发展汉语·综合》教材中的整体嵌入，全面阐述，涉及广泛。宏观上把握和控制文化形象发展和传播的方向，兼顾各类文化话题，使得文化形象能更好地得到表达，塑造得更加全面。

（二）话语态度

话语态度是批判性话语分析的一个重要研究视角，语言的意义不仅仅描述真实世界里的事件，有时它还表达诸如对听话人的态度，对信息可靠性的表达，对事件的立场以及对客观事实诸多的评论。汉语教材对中国形象进行描述时，行文中隐含了作者的态度。为了从教材文本中挖掘编写者的话语态度，本小节运用相应的评价理论基础以及态度意义系统，来探讨教材编写者是如何向学习者传达自身态度，进而引导学生的情感态度倾向和价值判断。

1. 理论基础

本书的理论基础为评价理论。该理论是 1985 年澳大利亚系统功能语言学家马丁博士提出语篇语义研究系统——评价系统，又称之为评价理论。该理论弥补了人际功能语法一直所关注的是用语气、情态、情态状语等表达人际关系，而忽略了对说话者/作者态度表达方式的关注，从关注"人际"意义到关注"人"的态度。该理论关注的是表达态度的情感、判断和鉴赏的语言，以及一系列把语篇的命题和主张人际化的资源。① 根据积极与否，分为正面态度和负面态度。正面态度指对人的情感、人或机构的品行才干、自然或社会事物或符号的积极态度，负面态度则相反。

教材中所存在的话语态度，是站在读者的角度，观看教材编写者对一些事物的态度和评价。这些话语的存在会让文本内容"动起来"，赋予人的态度，去影响和左右读者的心理。实现意义的态度方式不仅仅只是各类词语的运用及隐性表达，还有整篇文章所呈现和表达的话语态度倾向。本书探讨的是整篇文章内容所表达的正负态度，传递的是积极还是消极的表达方式，其目的在于考察教材编写者如何引导学生或读者的情感或态度倾向，这种话语编排在呈现中国文化形象时是否做到合理恰当、客观公正。

2. 态度倾向的计算方法

目前态度的分类仍存在争议，有研究者指出一些中立的情感态度。符合判定公式但又不表达态度的情况，以及情感的跨文化差异都应该纳入该系统，因而需要批判地使用这一态度系统。本书采取魏然②总结的一套关于态度倾向的计算方法，具体计算方法与评判标准见表 3.2。

---

① 温雪梅、杨晓军:《国内语言教学评价理论研究的回顾与展望》,《湖南师范大学教育科学学报》2011 年第 6 期。
② 魏然:《对外汉语教材国家形象的话语建构研究——以〈新实用汉语课本〉〈中文听说读写〉为例》,硕士学位论文,山东大学,2017 年。

表 3.2　　　　　　　　　态度倾向的计算方法

倾向	三类情况		
正	全正	正 + 负	正 > 负
负	全负	负 + 正	负 < 正
中	全中	—	正 = 负

资料来源：魏然：《对外汉语教材国家形象的话语建构研究——以〈新实用汉语课本〉〈中文听说读写〉为例》，硕士学位论文，山东大学，2017 年。

这种计算方法，将态度倾向划分为正、负、中三种，将中立的情况纳入研究范围。这种计算方法首先是针对通篇文章，根据文章主旨、正负篇幅多少确定大体正负趋向，以少数服从多数为原则大幅度起到积极作用、传达向上的内容的文章为正，大幅度呈现缺点、暴露社会不良风气的文章为负；其次观察评价性词语，显性词语、积极向上的词语为正，表达负面态度的为负；最后中立的情况包括，陈述自然事件，不表达个人态度及观点，没有论点，没有个人偏好的。

3. 态度情况及其分析

将上文中《发展汉语·综合》教材中涉及中国文化形象的 141 篇文化点进行各类话题的态度意义统计，具体见表 3.3。

表 3.3　　　　　　　教材中的话语态度情况　　　　　　　（篇/%）

态度倾向	人物事迹	家庭教育	科学艺术	社会文化	城市自然	政治生活	跨文化交流	合计
正	22/59.5	16/55.1	7/43.8	7/50	6/60	3/50	19/65.5	80/56.7
负	6/16.2	2/6.9	1/6.2	1/7.1	2/20	2/33.3	4/13.8	18/12.8
中	9/24.3	11/38	8/50	6/42.9	2/20	1/16.7	6/20.7	43/30.5
合计	37/100	29/100	16/100	14/100	10/100	6/100	29/100	141/100

从整体上看，教材中关于中国文化形象的话语态度以正面和中性为主，正面文章占56.7%，负面文章相对较少，仅占12.8%，总体上给留学生呈现的是积极向上的文化内容。

从话题角度来看，除了科学艺术类以中性为主以外，其他六类都是以正面文章为主，都各占一半以上，叙述了良好的中国人、家庭文化、社会政治发展、跨文化交际等各方面的内容，呈现出和谐幸福、繁荣发展、开放包容的中国文化形象；负面文章主要集中于人物事迹类和跨文化交流类，教材中选择了一些讽刺性的神话和寓言故事，从反面警戒愚蠢的人物表现，但所倡导的依然是积极向上的人生态度。关于跨文化交流类文章，反面的例子主要表现在"气候冷、暖气没修好、自行车丢了、房价高、人们精神空虚"等不良的社会现状和社会问题，这些问题的存在是否在很大程度上影响学习者对中国的认知，需要深入调查研究，但不言而喻，这种真实反映社会现实的文章存在，是文章客观性和力求全面真实的反映。此时，负面内容过多的话，尤其是在初级教材中出现的话，容易造成学习者的刻板印象，而对于这种最初印象是难以消除的。所以在文章选择时，合理的话语态度是很重要的，教材编写者需要引入各种话语策略，力求做到合理、公正和客观。

（三）辅助资源

对对外汉语教学而言，教材插图确实有着文字无法比拟的辅助作用，它能真实再现某些文化场景，帮助学生记忆和理解文化知识。教材文字内容与插图相呼应，可以加深学生对中国文化的印象和记忆，有利于形成完整的中国文化形象。

1. 教材中与文化相关的插图量化分析

根据插图的分类：以图表类（表格、文字图框、统计图、示意图）和图画类（实物图、插画等）为主，本书只选取带有文化信息的插图进行统计，根据教材内容将插图分为图表（通过一些形象、简洁、直观的图像来表示某些比较抽象的概念，主要是地点、方位示意图）、插画（细分为人物情景画和物体画）、实物图（以实物照片或实物图像的形式出现在教材中的插图）三大类。具体内容见表3.4。

表3.4　　　　　教材中与文化相关的插图数量统计

级别	图表	插画 人物情景	插画 物体画	实物图	总数	平均插图数
初级2册	9	35	16	58	118	50课,每课约2.36幅图
中级2册	18	10	7	4	39	30课,每课约1.3幅图
高级2册	3	4	7	5	19	30课,每课约0.63幅图
总数	30	49	30	67	176	110课,每课约1.6幅图

从数量来看，插图在呈现中国文化的过程中占有一定的比重。六册教材中总共有176幅图，其中实物图67幅，所占比例最大，更加真实自然地还原中国现实中的事物；其次是人物情景画49幅，与教材对话内容相对应，模拟对话场景，与课文对话保持一致性；物体画和图表各有30幅，在一定程度上增加资料的数据性、可靠性，主要在教材的练习题部分呈现。

从教材级别来看，初级教材的插图总数最大，有118幅，其中实物图最多，有58幅，其次是人物情景的插画，有35幅，这样设计主要是从学习者的身份考虑，初级学生刚开始感知中国文化，用插图的形式可以吸引学生的注意，提高对语言和文化学习的兴趣，增强对中国文化知识的了解与记忆。中级教材的插图相较于初级，总体数量减少，仅仅

39 幅，其中更倾向于图表类插图，数量为 18 幅，实物图最少，只有 4 幅，中级学生随着学习时间的增加，在中国日常生活中接触的文化越来越多，对插图的依赖程度逐渐降低，由此中级、高级插图数量呈现递减的现象。但从平均插图数中可以看出，教材中带有中国文化信息的插图还不是很突出，需要加以重视，多选择一些有文化气息的图片，也许会更加有趣，学习效果会更加明显。

2. 教材插图对塑造文化形象作用分析

为了考察插图对中国文化的呈现和传播情况，本小节对插图内容做了具体统计，看插图都呈现了哪些文化现象，对塑造文化形象起到哪些具体的作用。具体内容见表 3.5。

表 3.5　　　　　教材中与文化相关的插图内容的统计

级别	图表	插画 人物情景	插画 物体画	实物图
初级 2 册	学校方位图、卫生间标识、时间安排表、快餐店标识名称	人物日常对话、活动等情景（问好、点餐、交换礼物、喝茶、滑冰、锻炼）	全家福、漫画、荷花、鸽子	长城、钱币、水果、饮料、书籍、书店、银行、四季画、月饼、风筝等
中级 2 册	歌曲乐谱、简历、人体生物钟、在家办公是否流行调查饼状图、义乌博览会、福利彩票、壹基金标志	租房买房场景、家人合照、交际工作场景	鲜花、灭火器、狗、骰子、咖啡、国旗	电子词典、北京北海、荧光笔、老人雕像
高级 2 册	电视、报纸广告形式对比、某区用水与人口分布、月平均用水量图	《梁祝》演奏、婚礼戴戒指、司徒雷登画像	风景、日出图、钟表、邮票、化蝶图	《论语》竹字画、结婚证、《庄子》《康熙字典》、陕西大雁塔

《发展汉语·综合》教材中的文化内容随着教材级别的加深，文化内涵也不断丰富。初级教材主要通过插图内容引导学生认知中国的各种日常事物，包括建筑名称、钱币、食物、书籍等，还有中国文化的象征——中国功夫、月饼、风筝的呈现，以及简单的日常方位和标志牌，它们只是以语言点图片的形式出现，所代表的是物质文化层面的东西。图片的记忆比起文字来说更让人记忆深刻，插图的呈现，尤其是一些实物图的真实再现，让学生在平常的交际中，能够很快记忆起教材里的图片，学以致用，找到学习和生活的乐趣。而到了中级，插图中的文化知识更加注重内涵的引导，大部分的文字内容会对插图进行深刻的解释，如义乌博览会、福利彩票等标识含义，还有上升到社会层面，引发学生的深度思考，如生物钟、在家办公、租房买房等社会现象，一般课文内容会结合大篇文字陈述和讲解，让学生能够清楚地了解。到了高级，主要是精神文化的引导，包括《论语》《梁祝》《康熙字典》等中国古代文化瑰宝，不时地通过插图传播中国经典文学作品，如《论语》竹字画上的内容，让学习者能够很愉快地记住上面的内容。《梁祝》中"化蝶"图片的呈现，使文章主题得到了升华；这时插图的作用，会让学习者意犹未尽，想象其悲惨的结局，让人印象中残留一对蝴蝶，每当看到蝴蝶或者听到《梁祝》的故事，都能互相记忆起此故事的悲剧性，对所传承的中国文化内涵和主题就会更加深刻。

总体来说，插图在对外汉语教材中的作用不容忽视，但也存在一定的问题，在呈现中国文化形象的时候，有的图片中的文化内容很少，学生不容易理解插图的内涵及意义，有的插图与文字联系不那么密切，有的插图不是那么有代表性，还有的文化内涵不是很充足等，这些都需要做一定的改进。

(四) 文化形象呈现的特点与不足

通过上述分析，文化形象在教材中的分布呈现一定的特征，不仅注重话题的丰富性与文化多样性的统一，还注重语言形式和非语言形式的结合，巧妙地将文化形象塑造融入教材内容，但也存在一定的问题。

1. 文化形象呈现的特点

《发展汉语·综合》教材注重话题的选择性。有关中国文化形象的话题内容涉及人物事迹、家庭教育、科学艺术、社会生活、城市自然、政治生活、跨文化交流等重要领域，全方位展示了中国文化形象。所选取的话题也好，中国故事也好，大部分都来源于杂志、期刊读物或者文学作品的原文，没有进行改编，选取的文章大多是普通大众的生活，生动朴实，接近中国人的真实写照，更贴近人们的生活，符合学生的口味；选取角度也十分广泛，更多地集中于中国人物事迹、家庭文化以及跨文化交流等的描述，着重突出中国人独特的价值理念与思想文化，传播中国最深处的家庭伦理观念，更重要的是传达中国对外往来中一贯的文化态度。

教材还注重语言的修辞性。教材中的话语态度以正面、中性为主，总体上表达了积极、合理的中国文化对外话语态度倾向，充分表达出教材编写者想要引导学生构建积极向上的中国文化形象的想法。

教材还注重资源的辅助性。教材中具有辅助性的资源有图表、插画、实物图等，这些非语言形式的资源在塑造中国文化形象的过程中也起到了很大的作用。利用这些外在形式，给予视觉冲击，在无形当中拉近距离，提高兴趣，也在一定程度上传播中国文化形象，辅助学生加深对中国文化的印象。就像初级综合中大多呈现的是中国人物的图像、穿着、工作、休闲娱乐，城市的代表性建筑、风景，交际场景的图片，各种钱币，各种食物，标志牌（卫生间门牌、快餐店的名称）等，这些图片的共同特点是与课文内容或者练习题相呼应，这些图片都是真实的场景，使学生在学习的过程中，便于对课文内容的理解，印象更加深刻，有利于在平时的交际生活中学以致用，很快地适应中国的新生活。

到了初级下册、中高级后，教材一般在编排上吸引学生，如增加"走出课堂、拓展学习"或"讨论话题、谈论想法"或"表达练习、写一写"等栏目的安排，倡导学以致用，丰富学生枯燥的语言学习，营造快乐多样的学习环境，在实践、练习中增加学习的乐趣。总之教材运用这些非语言形式意在鲜明地为学习者展现中国最直观的视觉画面，介绍中国的基本状况，将图片与内容、学习与实践相结合，多方位地为传播中国文化形象而思考。

2. 文化形象呈现的不足

《发展汉语·综合》教材中文化形象的呈现是潜移默化地进行多维度传播，但对于语言类教材，虽说不能过多地导入中国文化的内容，但依然要遵循教材编写原则——文化原则，也要符合大纲提高学生"文化意识"的目标，因此，在分析的过程中，也发现了一些问题。

从话题的呈现方面，日常化的文化话题很少，常见的文化符号重复率偏多，如"饺子""长城""故宫"等，对于文化符号背后的文化寓意介绍的很少，甚至都没有详细介绍，只是一笔带过，尤其是对于中国传统文化的内容，大多是以文化符号的形式出现，并没有完整的一篇详细介绍类似于中国传统节日、民族服饰、饮食习惯以及中国少数民族文化等的文章。

从话语态度角度看，存在一些消极形象，或多或少地会影响学生对中国文化的认知。从文化传播角度，受文化差异、刻板印象等各种因素的影响，我们以为是正面塑造，往往在学习者那里也会产生负面效果，如果再加入一些负面的、不良的文化现象，更会降低学习者的文化认同感，使文化传播遭遇一定的困境。

从辅助资源的呈现方面，尤其是中高级教材中插图所表达的内容上，缺乏主题性、深刻性，与文章话题和主题，缺乏紧密结合性，缺少丰富的文化内涵；初级教材中插图缺少吸引力，没有创新和亮眼的地方，在一定程度上也会影响学习者的兴趣度，使得形象刻画得不够深刻。

第四节 《发展汉语·综合》教材中文化形象的建构

在文化研究、社会科学和文学批评上，建构是指在已有的文本上，建构起一个分析、阅读系统，使人们可以运用一个解析的脉络，去拆解那些文本背后的因由和意识形态。① 教材中文化形象的建构分析，是为了更清晰地分析教材文本背后所要传达的价值取向和意识形态。由此，本章根据教材文化话题的分类，按照"个体—家庭—社会—对外"的划分标准，由局部到整体、由表到里、由浅入深，将中国文化形象分为"中国人的文化形象、家庭文化形象、社会文化形象和对外文化交往形象"四部分。并对内容进行文化知识的串联，运用文本分析法，从整体上分析文化形象的深刻内涵，力图探讨教材编写者为留学生建构的整体文化形象，以便教师在教学的时候有框架，更系统化，学生在学习的过程中深刻体会中国文化内涵，构建出完整的中国文化形象。

一 中国人的文化形象

教材课文中所描述的人，是实实在在的中国人，他们身上体现着中国人根深蒂固的风俗习惯、道德底线、生活方式和价值理念等；教材编写者将中国人身上所体现的性格特点、所蕴含的文化内涵以及所反映的民族特质概括为"中国人的文化形象"。有一种文化形象代言人，如美国的"山姆大叔"，是美国文化形象的典型代表。"山姆大叔"身上具有的"诚实可靠、吃苦耐劳以及爱国主义精神"被视为美

---

① 《建构》，https://baike.so.com/doc/5445169-5683532.html，2021年3月12日。

国人共有的品质，是美国的民族象征。而中国人的文化形象的分析，也需要打造中国人物的文化形象，传播中国人身上独有的价值体系和民族风格。

综观教材，选取的是中国各类职业的普通人，关注中国普通群体，塑造最真实的"中国人"的文化形象，具体包括明星、教师、学生、工人和农民五类，见表3.6。根据课文内容具体归纳分析这五类典型中国人的性格特征和道德品质，进而观察教材是如何将这五类中国人分布在这六册教材中，想要塑造中国人的哪些典型形象以及如何一步一步引导学习者建构起这些形象的；笔者也会评价这些形象的构建和传播，并指出存在的一些问题。

表 3.6　　　　　　　　　中国人的样本统计

人物分类	人物事迹（课文级别和标题）
明星	桑兰（中级Ⅱ《桑兰的微笑》），李连杰（中级Ⅱ《李连杰和他的"壹基金"》）
教师	李一民老师（初级Ⅰ《今年冬天变冷了》《我口语和听力都很好》），班主任李老师（初级Ⅱ《爱的教育》），老师（初级Ⅱ《从中学到大学都没有的知识》） 汉语老师（中级Ⅰ《兴趣是最好的老师》），孔子（中级Ⅱ《两小儿辩日》） 孔子（高级Ⅰ《论语心得》）
学生	10岁小男孩（初级Ⅱ《捡来的快乐》），朋友（初级Ⅱ《减法生活》）志愿者（初级Ⅱ《听电影》） 应聘接待员（中级Ⅰ《最优秀的简历和证书》），实习生（中级Ⅰ《电梯里的1分47秒》） 应届毕业生实习生（高级Ⅰ《我的第一份工作》），小女孩（高级Ⅰ《一辆自行车》），应聘者（高级Ⅰ《被自己淘汰》），康熙（高级Ⅱ《康熙皇帝》）

续 表

人物分类	人物事迹（课文级别和标题）
工人	汽车公司上班者（初级Ⅰ《我在学校食堂吃饭》），出租车司机（初级Ⅱ《第一次打的》），办公室秘书（初级Ⅱ《快乐其实很简单》） 快递员（中级Ⅰ《最认真的快递员》），打工者（中级Ⅰ《擦了五年的玻璃》），退休工人（中级Ⅱ《再平凡也可以活成一座丰碑》），贾俊农村医生（中级Ⅱ《乖乖的回家之路》） 记者（高级Ⅰ《走上自首之路》），迎宾小姐（高级Ⅱ《一个微笑足以温暖一颗心》），养路工人（高级Ⅱ《三个丽友》）
农民	西北村民（初级Ⅰ《我当过英语老师》），愚公（初级Ⅱ《愚公移山》），乞丐（初级Ⅱ《第一人格》） 义乌农民（中级Ⅱ《从"鸡毛换糖"到"世界超市"》）

(一) 明星形象：乐观豁达、乐善好施

明星一般会通过网络新媒体，如微博、抖音等，展示自己的个人形象，不仅有银幕内角色形象的传播，又有银幕外自己个性特点的展示，更有作为公众人物应该承担的社会责任的形象。他们会通过微博宣传、发起慈善公益活动等，塑造他们自己正面的慈善形象，传播社会积极向上的正面形象。他们的事迹易引起积极的反响，影响力也会越来越大。对外汉语教材也应充分利用明星效应加强对中国人物的形象塑造，发挥明星的传播效果，让这些享誉世界的中国明星，代表中国走向国际，成为中国的形象大使。

《发展汉语·综合》教材主要选取体育明星桑兰和娱乐明星李连杰两位代表，他们身在不同的行业，有着不同的人生阅历，但他们身上有着相同的价值理念和人生追求，文章主要在中级教材中有所体现。桑兰是中国残疾人最优秀的代表之一，她在手术疾病面前，依然保持微笑，在术后积极为8700万残疾人做一些事情，回报社会，她捐赠治疗仪器给医院，帮助贫困地区的孩子，慰问受灾希望小学，投钱给"桑兰基金会"，她用自己的实际行动回报国家、朋友，为体育事业、残疾人的利益做贡献，让学生看到了一位"热爱生活、乐观豁达、永不放弃"的伟大形象，她身上所具有的精神都是中华民族历来所推崇的。

《李连杰和他的"壹基金"》讲述了李连杰不平凡的遭遇，以及他所创立的"壹基金"，他号召了更多的人去帮助需要帮助的人，生命的意义就是帮助别人的同时，自己也能收获快乐，李连杰的"壹基金"和他自己的明星效应越做越大，影响了更多的人。

总之，《发展汉语·综合》教材选取的明星都是乐观向上、积极为国家树立正面形象的人。他们身为明星，有着耀眼的光环，虽然自己都经历过磨难，但依然可以笑对人生，更加懂得为社会为国家贡献自己的力量，也带动身边的人参与到这个互帮互助的小集体中，为更多的人带去温暖。现代社会，明星效应影响范围越来越广，教材也着力利用明星他们自己的励志、梦想、正能量等相关素材，传播中国文化的正能量，将中国文化推向世界。

（二）教师形象：和蔼可亲、德才兼备

自古以来，中国就重视师德的传承，师德是传统道德的重要内容。对外汉语教材自然而然要传播和弘扬师德文化，倡导主旋律，加深留学生对中国传统师德的认知。汉语教师是留学生接触时间最长的中国人，充分了解中国教师的性格特征以及处事方式，有利于师生间融洽相处，文化交流会更加顺畅。

初级教材主要刻画了三位和蔼可亲、德才兼备的人民教师形象。初级教材选取一些师生简单对话，反映最朴实的生活往来。"李一民老师"像朋友似的关心学生的身体，提醒学生注意天气变化，嘱咐学生学会照顾自己；"班主任李老师"在告别晚会上，用游戏的方式，给学生上了一堂"爱的教育课"，并改变了小男孩的一生；还有一位老师在学

· 148 ·

生即将大学毕业时，以幽默而独特的教学方式让学生领会人生哲理。中级教材中一位汉语老师教给学生兴趣是最好的老师，鼓励他们培养对汉语的兴趣。最为朴素、日常的行为才更深入人心，汉语教师的一言一行都代表着中国，深刻影响与感染着留学生。

谈到教师形象自然离不开我国最伟大的教育家——孔子，孔子以及弟子的言行奠定中国师德的基础。高级教材《论语》心得（节选）描述孔子教导弟子如何寻找生活的乐趣，如何看待人生遗憾，如何提高人格的尊严的故事。他告诫弟子安贫乐道，己所不欲勿施于人，对待人生遗憾要保持一颗诚敬的心。他自己作为一名老师，始终坚持初心，用高尚的道德标准去严格要求自己，深刻地反映了儒家重视师德教育，主张以道德去感化人、教育人的观点。《发展汉语·综合》教材列举传统师德培育和现代师生交往的故事，在一定程度上展现了中国师德传承的历史与未来，其说明教材也格外重视教师文化形象的传播。

综观《发展汉语·综合》六册教材中的教师形象，从初级到高级，形象逐渐深化，从教师与学生的相处模式，到刻画老师为人师表、和蔼可亲、关爱学生等潜在、表层的形象，后逐步深入教师的教学模式中，用不同的教学方式，教会学生人生的道理，刻画了教师学识渊博、知不足知上进、教学有方、德才兼备等形象。

（三）学生形象：勤奋好学、锐意进取

中国学生和外国学生年龄相仿，教材中选取中国学生的故事，可以增进留学生对中国学生新的认知。教材中的中国学生勇于进取、积极向上、积累经验、慢慢成长。留学生在学习的过程中，可以感受中国未来引领者不一样的精彩人生。

初级教材《捡来的快乐》中，小男孩将捡来的花送给老师，温暖了整个办公室的老师；《听电影》讲述了几个志愿者给盲人"放电影"的故事，用爱传递快乐，让盲人在聆听中感受世界的五彩缤纷。中级教材中应聘接待员的小男孩进门轻敲三下门、搀扶老人让座、蹭掉鞋上的土、捡起地上的纸，看似微乎其微，但他用自己的礼貌、善良与细心赢得了这个职位，是最优秀的简历和证书，也彰显了中华民族优良品德；《电梯的1分27秒》讲述一位实习生成长的故事，从以前的不自信、紧张、不擅长交际，到后来主动改变自己，一步一步超越自我的故事。这些故事让我们看到了新时代青年锐意进取、有理想、有道德的伟大新风尚。

高级教材中《我的第一份工作》讲述的是一位学无止境、免得被社会淘汰的实习生，他初出茅庐，在找工作的过程中面临各种挑战，他没有放弃，依然为了自己的工作在拼搏与进取，从刚开始的胆怯、缺乏自信，慢慢成长为有担当、有领导力的合格工作者；《一辆自行车》刻画了一位宽容、和善的小女孩。

总之，《发展汉语·综合》教材着力塑造中国学生有知识、有礼貌、勤奋好学、积极进取的形象，这也是中国历来倡导和遵循的学生守则。学生是青年人的代表，他们也是祖国的希望，民族的未来。留学生充分认识和了解中国现当代学生的形象，也就能充分认识到中国目前以及未来的前进方向和文化诉求。

（四）工人形象：心地善良、爱岗敬业

中国现代化的推进离不开工人的辛苦付出，他们在各自行业中默默无闻地为社会做贡献。教材中所提到的"工人"主要是快递员、出租车司机、接待员、迎宾小姐、秘书等服务人员。他们虽然都是一些小人物，但他们身上闪烁着善良的光辉，他们对看似不起眼的工作依然抱有热情，认真敬业地完成每一项工作。

初级教材的《第一次打的》《我当过英语老师》中赞扬了两位拾金不昧、善良、施恩不图报的出租车司机的伟大形象，不仅不会多要出租车钱，还主动归还客人丢失的钱包，这种形象会让学习者在学习的过程中对中国的出租车司机留下好感,感受中国人的善良与温暖。《快乐其实很简单》中描述的是一位办公室秘书,每天上八个小时的班,最忙的时候要工作十个小时,一张一张地打印文件,一份一份地送到别人手中,别人认为又麻烦又没意思,但她认为工作带给她快乐,她对工作的那一份热爱是发自内心的,对工作的态度更是认真的。

中级教材中《最认真的快递员》描述了一位踏实能干、认真严谨、有礼貌、和同事相处融洽而且是唯一一位没有收到客户投诉的快递员。他是最认真最敬业的快递员,虽是小人物,却做着让人敬佩的大人物的事;《乖乖的回家之路》中描述了一位善良、爱护动物、不贪图钱财的农村医生贾俊一家帮助狗狗找到回家的路;《擦了五年的玻璃》的主人公对自己的职业抱有无限的尊重与热爱,坚持不懈地在平凡岗位上奉献自己,不怕苦不怕累;《再平凡也可以活成一座丰碑》中一位退了休的贫穷老头儿,用十年时间喂养和照顾了千千万万只红嘴鸥,老头儿坚持的美好品格,让人钦佩。这些故事所倡导的是基层工作者不辞辛苦打工赚钱,并保持一颗善良、敬业的心,他们的事迹和故事值得赞美和传诵。

高级教材中《走上自首之路》中描述了一位23岁的记者帮助一位虽犯过罪,但依旧善良的年轻人的故事,这位记者深知自己可以作为陌生人置之不理,可是她还是勇敢地用爱与信任将一位走上歧途的同龄人拉回了正确的道路;《一个微笑足以温暖一颗心》中描述的是一位温暖的迎宾小姐,微笑会给人带去温暖,得到别人的回应的笑容更灿烂。即使是打工者,服务别人的工作,也希望得到别人回应,即使是一个转身的微笑,也给予他们相当大的回报与鼓励,这就是人世间的爱与温暖。《三个丽友》中提到了支援西北建设,为工作奉献一生的一群养路工人。正是因为他们的存在,生活充满了激情,世间到处充满了爱,他们用最敬业的姿态、最温暖的心迎接每一天和每一个人。

总之，该教材从出租车司机、退休人员、农村医生那里让我们看到了人性的善良，从上班族、秘书、快递员、打工者、养路工人那里让我们感受到了他们对工作的热情与喜爱。这些内容积极向上，传递正能量，人物形象都是平凡的基层工作者，但他们的精神不平凡，他们的存在，让社会充满温暖。该教材多次选取这些普通岗位的工作者，不仅倡导社会的稳定与和谐，更重要的是让留学生感受中国是一个温暖的国家，感受中国人的善良。

（五）农民形象：热爱生活、吃苦耐劳

农民是主力军，是中国革命伟大的后盾力量。《发展汉语·综合》教材选取农民的故事，是为了传达中国追求美好生活的愿望与决心。《我当过英语老师》中讲述自己实习期间与西北村民相处的感人故事。他们对待外国人热情友好，相处一个月就已经建构很深的感情。他们虽然生活贫苦，但依然热爱生活，待人真挚热情。

愚公也是中国农民的代表之一，教材中选入《愚公移山》的故事，就是为传达农民生活的艰辛，中国自古农民身上就带有一种不畏艰难、坚持不懈、持之以恒的劲，愚公移山的故事表现了中国古代劳动人民的信心与顽强毅力，传递了要想克服困难就必须坚持不懈的人生道理。《第一人格》讲述的是女主人让乞丐靠自己的劳动赚得20元钱，女主人给了他应得的尊重——"靠劳动吃饭，永远是人的第一人格"。还有义乌农民为了换取鸡毛，提高粮食产量，每天挑着担子，翻山过河，每家每户用红糖去换，靠着双脚走遍四个邻省，不论严寒酷暑，鸡毛换糖，即使在大雪天也要赶回家过年，义乌农民从游走四方"鸡毛换糖"，到最后成为"世界超市"的故事表现了农民虽生活艰难但依然追求幸福，懂得吃苦耐劳，这份对生活的热爱，是教材所积极倡导的。

综观六册《发展汉语·综合》教材，农民的故事选取的很少，但是这几个故事都很有代表性。他们是整个农民的代表，为了生活，在发家致富的道路上，披荆斩棘，那种热爱生活、吃苦耐劳、愚公精神，是中国农民自古培育起来的精神种子，也是教材大力弘扬的中国农民形象。

综上分析，可以解读出《发展汉语·综合》教材中塑造了乐观豁达、乐善好施的明星形象；和蔼可亲、教导有方的教师形象；品学兼优、积极进取的学生形象，如各类青少年、实习生、志愿者等人的遇事表现；心地善良、爱岗敬业的工人形象，如基层服务人员：司机、秘书、快递员、医生、记者、迎宾小姐等人的感人事迹；热爱生活、吃苦耐劳的农民形象。每一群体身上所具有的价值理念、传统美德都与中国传统文化元素之间具有紧密的关系，教材更多地把视角从工人、农民、学生等小人物的形象描述，扩大到教师、明星等这些有权威的、有代表的知识分子身上，展现了中国最真实、最地道的普通大众的道德品质形象，传播中国最真实普通的大众事迹，塑造中国人独具特色的文化形象。

二 家庭文化形象

家庭文化是指家庭价值观念及行为形态的总和。中国自古就重视家庭文化，认为"家和万事兴""齐家治国平天下"。亲子、父辈母辈、夫妻等成员之间的关系，家人间的相处之道和家庭价值观念是中国家庭文化形象形成的核心内容。根据课文主题将与家庭有关的文章内容进行了筛选，根据教材级别进行了分类整理，具体见表3.7。

表3.7　　　　　　　　　与家庭相关的样本统计

级别	课文标题及主题
初级Ⅱ	《儿子要回家》（家庭教育），《我要去埃及》（父严教育），《我的父亲》（父子亲情），《好夫妻少用反问句》（夫妻相处），《约会》（爱情），《父子长城》（父子亲情、家教），《读万卷书行万里路》（家庭教育）

续 表

级别	课文标题及主题
中级Ⅰ	《北京的四季》（爱家乡、爱故土），《故乡的味道》（热爱、思念两个故乡），《租房只要一个条件》（家庭教育），《我和父亲的"战争"》（父爱），《最好的教育》（家庭教育），《给咖啡加点盐》（爱情），《吃出来的爱情》（爱情），《人生最重要的三件事》（真情：家庭、亲情、爱情），《佛在哪儿》（亲情、母爱）
中级Ⅱ	《燕子买房记》（追求家庭、追求温暖的家），《代沟》（理解与宽容），《生男生女都一样》（平等），《俺爹俺娘》（亲情、孝悌），《回忆俺爹之一》（父爱），《读万卷书行万里路》（教育）
高级Ⅰ	《网络时代的爱情》（新时代爱情），《关于"网上婚姻"》（新时代爱情），《沙漠中的饭店》（跨国婚姻），《对一个跨国婚姻的采访》（跨国婚姻）
高级Ⅱ	《中国婚姻60年之嬗变》（婚姻观念），《超钻石婚姻》（执子之手与子偕老）

由文化内容进行主题的分类整理，具体概括为教育理念、父爱母爱、故土情谊、婚姻爱情和家庭关系五个主题内容，总共有23个样本，其中家庭教育主要有5个样本，父爱母爱有4个样本，故土情谊有3个样本，婚姻爱情观有7个样本，家庭关系有3个样本，其中有1篇《人生最重要的三件事》涉及家庭、亲情、爱情三个方面，也是对中国家庭文化形象的高度概括。我们依次进行具体分析。

（一）教育理念：蒙以养正

中华民族向来重视家风建设，留下许多著名的家训家规，成为宝贵的精神财富。父母兼顾爱与教育的责任，对孩子的成长和品格的养成起着关键性的影响。教材主要从两个方面传播中国教育理念。一是教导陪伴是家庭教育最重要的一课。《租房只要一个条件》中一位妈妈租房的唯一要求就是附近一定要有图书馆或者书店。她说一方面为了孩子的安全考虑,另一方面,培养孩子热爱读书的习惯。从小给予孩子人生道路上的指引,培养孩子各方面的能力,也是家庭教育的主要内容。《最好的教育》中写道:"从小父母就教育我和弟弟珍惜一粒米,一滴水,做事无论大小,都要尽到自己的责任。"外商很感动地说:"您受过人生最好的教育,为您的父母干一杯。"①孩子的个人品性、处事理念都是从小受父母的影响,可见家庭教育是多么的重要。二是放手也是爱。《父子长城》记录了儿子和父亲爬长城的经历,哪怕儿子再累父亲也不背他,让他从小明白人生就像爬长城一样,想要取得好成绩,就要不断努力。父亲严格要求孩子,放手让孩子亲自体验生活,领悟人生道理。《读万卷书行万里路》中儿子骑自行车去西藏短短四个月,妈妈虽一直为他担心,但又不得不放手,父母的远见卓识和让孩子放手追梦的伟大意识是孩子成长的关键一步。

总之,《发展汉语·综合》教材将"蒙以养正"的教育理念融入课文内容,传达出中国对家庭教育以及教育理念的关注,彰显了中国良好的家庭观念,展示我国重视家风的养成。

(二) 父爱母爱:严慈相济

母亲和父亲的爱是互补的,母亲的爱是慈祥的,父亲的爱是严厉的。《俺爹俺娘》中描述了母亲的送行是那么的温暖。母亲的爱是不隐藏的,母亲的爱是温柔无私的。孩子每次离家,母亲都会拿着手电目送孩子离开,既舍不得又担心,文章传达出对母爱的歌颂。同时也传播了中国式的"父严教育"。《我要去埃及》中正是因为父亲严格的一句话"一辈子也去不了埃及",给予孩子前进的动力,最后孩子实现了愿望。《我和父亲的"战争"》描述了"我"小时候因改姓和升学的事情一直和父亲争吵,长大后在外地工作,与父亲的"战争"依然持续着,喜

---

① 徐桂梅:《发展汉语·中级综合》(Ⅰ),北京语言大学出版社2011年版,第85页。

欢和父亲吵，然后道歉，也逐渐理解了深深的父爱，父亲的爱是严厉的，学会了感恩，好好珍惜这份难得的感情并回报他们更多的爱是文章传递的价值观。《爸爸的世界地图》中讲述了儿子与父亲的关系不好，父子俩不爱说话，儿子觉得爸爸不爱他，但当他告诉爸爸要去南非工作的时候，看见父亲眼睛里有眼泪。对于孩子的教育，父亲好像总是用严厉的方式在教导孩子，用他们最独特的个性的方式在和孩子讲道理，不是鼓励、温柔的，而是严厉的，但有时候也会流露出慈祥温柔的那一面，但很少在孩子面前展现出来，有时候也会显露出打击孩子积极性的倾向，但这也是一种既严厉又鼓励的方式。

总之，该教材通过这些故事流露出对亲情的伟大歌颂，间接也传递出要弘扬中华民族的传统美德——孝。折射出我国亲人之间的相亲相爱，展示了我国注重亲情，注重孝道的文化形象。

(三) 故土情谊：难舍难离

家乡是生命的摇篮，是心灵的依靠，感情的寄托，到哪里都不能忘记生我养我的土地。教材中《北京的四季》用"永远不能忘记的是北京，因为我在那里住得太久了，仿佛树生了根一样；我的心在流泪，那是一种离开母亲的感觉"①。点明主旨，以及阅读中《故乡的味道》都深刻表达自己对故乡的热爱与思念之情。《佛在哪里》传递了家是心灵的港湾，父母才是心中的目标与依靠的思想。《燕子买房记》在北京十年一直租房住，房子降价，着急买房子；看房选房的过程是很麻烦的，与此同时，可以看出主人公对于家的渴望，想要追求一个温暖的家，家在他们心中是至高无上的，思念故土、热爱家乡、渴望成家是文章所要呈现的中华文化的家庭价值观。

(四) 婚姻爱情：美好自由

婚姻爱情是家庭文化重要组成部分，教材中关于婚姻爱情的文章具

---

① 徐桂梅：《发展汉语·中级综合》(Ⅰ)，北京语言大学出版社2011年版，第2页。

体表现在三个方面。一是爱情的美好。《给咖啡加点盐》中一个男子用一生实践了一个美丽的谎言,咖啡里放盐,坚持了四十多年,直到去世,只因为妻子的喜爱。《吃出来的爱情》讲述了爱情相遇的美好和奇特,是一个令人感动的爱情故事。这篇文章传达出我国对婚姻爱情的美好追求与引导。二是新时代爱情——网上爱情。随着互联网的发展,爱情也出现了新的形式,《网络时代的爱情》中论述了网上恋情的吸引力表现为隐蔽性、平等性、神秘性,这是都市人追求更高生活质量的表现;"网络时代的爱情"很流行,是满足精神上需求的表现。三是婚姻态度。随着人们观念的转变,对待婚姻、爱情的态度也在改变,主张婚姻、恋爱自由。《中国婚姻60年之嬗变》中提到了六十多年里,中国人对待婚姻的态度发生了最深刻的变化,从包办婚姻到婚恋自由;从严格限制离婚到离婚自由;从单一多选到自由多选。《俺爹俺娘》里面也提到了关于父母那辈的爱情:过门之前从未见过面,结婚两三年才开始说话,当时的婚姻态度是"嫁鸡随鸡,嫁狗随狗"。关于婚姻爱情,教材中呈现的是婚恋上的大胆直白、婚姻的美好;现代人对于爱情的追求;还展现了中外文化交流对中国家庭观念的影响,一些民主、平等、自由、独立的思想开始注入和影响人们的生活,尤其随着思想的开放,跨国婚姻的现象也越来越多,使得中国的婚姻观念发生了质的改变。

(五) 家庭关系:和睦宽容

我们国家一直倡导家庭和睦、爱情和睦和婚姻和睦。《好夫妻少用反问句》倡导夫妻的相处之道,和睦也是有技巧的,是需要夫妻二人来维护的。"超钻石婚姻"是每个人所向往的,一生和睦、幸福陪伴是多么的美好。《俺爹俺娘》中爹娘不当着儿女的面吵架闹意见,始终是和和睦睦的,给家庭营造和谐美满的气氛,让孩子感受父母的相亲相爱,更有利于孩子的成长。《代沟》讲述老一代与年轻一代在坐姿、吃饭、找工作、挣钱、花钱、恋爱以及结婚上都有代沟,有着不同的生活趣味。该文章倡导的是多一点理解与宽容，代沟带来的问题就不会存在。

综上分析，我们发现，首先，中国家庭教育更注重的是教导与放手。既教导他们做人的道理和处理事情的能力，又陪伴孩子一起长大，勇于放手让孩子追求自己的梦想；其次，母亲和父亲的爱是互补的，母亲的爱是仁慈的，父亲的爱是严厉的；最后，中国还倡导家庭和睦，婚姻和谐美满。家庭关系融洽，父母相亲相爱，对孩子的成长是最为重要的，而且对于子女的恋爱和婚姻，随着时代的变化，观念也由封建思想转向自由开放。

总之，《发展汉语·综合》教材着力突出中国传统的家庭观念——以孝为先、和睦共处、自由平等。孝是中华民族的传统美德，无论是传统观念下对父母等长辈的尊敬和赡养，还是现代观念下，倡导男女平等，婚姻恋爱独立、自由，都是中国家庭观念的体现。百善孝为先，走到哪里，都不能忘却自己的根、自己的家在哪里。父母在孩子的教育中扮演着重要的角色，或严厉或慈爱，都是爱的一种表达方式，要理解和包容父母的不易。夫妻之间更应该和睦相处、相敬如宾，创造一个温馨有爱的家庭环境，让孩子从小在爱的包围下成长，以后立足于社会时，用大爱包容和爱戴更多的人，从小家到大家，爱家庭、爱社会、爱中国，折射出中国对家庭教育以及家庭文化建设的关注。

三 社会文化形象

社会文化与基层广大群众生产和生活实际紧密相连，由基层群众创造，具有地域、民族或群体特征，并对社会群体施加广泛影响的各种文化现象和文化活动的总称。[①] 社会文化不仅包括衣食住行等多个方面，更多关注人与人之间的喜怒哀乐和相处方式，尤其是一些精神文化的内容，使得中国的社会文化形象更加富有人情味。通过整理教材中反映社

---

① 《社会文化》，https://baike.so.com/doc/5971949-6184908.html，2021年5月12日。

会文化现象的文章，将这些文章分为两大主题，一是社会关系方面，表现的是人与人之间的交往技巧和情感寄托；二是城市人文方面，表现的是人群的生活环境、生活追求以及现代生活状态。这些状态是社会生活的一部分，反映的是中国普通大众群体的生活方式以及精神追求，在社会这个大集体中创造一系列的文化现象和文化活动。具体内容在教材中的分布见表 3.8。

表 3.8　　　　　　　　　　与社会文化相关的样本统计

分类	主题	课文标题及内容（出处）
社会关系	和谐融洽	《大学校园里的握手族》（中级Ⅱ），《电梯里的 1 分 27 秒》（中级Ⅰ），《重复一次对方的话》（中级Ⅰ） 《交谈的智慧》（高级Ⅰ），《销售人员的口才》（高级Ⅰ）
社会关系	重情重义	《梦里有你》（中级Ⅰ），《朋友用来麻烦的》（中级Ⅰ）
城市人文	形神兼美	《今年冬天北京特别冷》（初级Ⅰ），《我买了一件毛衣》（初级Ⅰ），《长城有八千八百五十多公里》（初级Ⅰ） 《北京的四季》（中级Ⅰ） 《北京人和上海人》（高级Ⅰ），《我喜欢台北这样的城市》（高级Ⅰ），《白鹤梁古水文题刻》（高级Ⅱ），梁祝戏曲《琴弦上的"蝴蝶"》（高级Ⅱ），《居贤遗作》（高级Ⅱ），《寻访画儿韩》（高级Ⅱ）
城市人文	优雅安逸	《这个星期天你忙不忙》（初级Ⅰ），《年轻人的夜生活和老年人的早生活》（初级Ⅱ），《我的低碳生活》（初级Ⅱ），《我在看电视呢》（初级Ⅰ），《我上了四个小时的网》（初级Ⅰ），《快餐可以送到家里》（初级Ⅰ），《卡》（初级Ⅱ） 《燕子买房记》（中级Ⅱ），《让拇指说活》（中级Ⅰ），《"SOHO 一族"的快乐与烦恼》（中级Ⅰ） 《记孤独的晚餐》（高级Ⅰ），《放慢点生活的脚步》（高级Ⅰ）

(一) 社会关系：和谐融洽、重情重义

关于社会人际关系，该教材注重选取朋友、师生、公司的上下员工、顾客与销售人员之间的故事，传递的是社会关系的和谐融洽以及人际往来中的情感取向。

1. 和谐融洽

《大学校园里的握手族》通过举办"握手族"活动，帮助那些不敢与陌生人交流的人走出人际交往的困境，找回自信。随着社会的发展，越来越多的人愿意网上聊天，沉迷于网络中，而回归社会的话，会对人际交往有点恐惧，搞好社会关系，不仅仅需要信任，更需要勇气，找回面对面交流的自信和舒适感。《交谈的智慧》用国王解梦这个故事说明语言表达的艺术问题，交谈中如果语气诚恳，表达得体，就会收到好的交际效果。《销售人员的口才》中强调要充分利用语言魅力，激发顾客的兴趣。在社会的人际交往中，既要敢于交际，也要注重技巧，才能让社会关系更加融洽与和谐，该教材着力表现中国社会的人际往来，强调语言沟通的重要性，折射出社会的和谐稳定。

2. 重情重义

《梦里有你》中李阳只因一个噩梦，担心挂念朋友罗伟，放下工作，专门跑来看望罗伟，这才是真正的朋友，传达出中国人重视兄弟情的情谊。《朋友是用来麻烦的》讲述了因公司破产，在走投无路时，朋友选择与他同甘共苦，没有背信弃义，一直记挂和帮助他渡过难关。这两篇文章充分地传递了人间的真情真意，通过事件的发生，让学生感受到中国是一个重情重义的国家，这是该教材极力倡导的情谊，和谐的社会关系和人与人之间那种真情实意该是教材所传递的价值。

(二) 城市人文：形神兼美、优雅安逸

本书对于教材中城市人文的整理，发现分为两部分的内容，一方面是城市景观包括自然景观和人文景观。自然景观只是对城市环境、建筑等的表层描述，人文景观是对具有历史性和文化性文化古迹等传达出的人文情感和民族风情的描述。该教材注重人文景观，为留学生呈现了一幅形神兼美的中国画卷。另一方面是对城市人群生活方式的描述，展现的是城市生活的优雅安逸。

1. 形神兼美

关于自然地理环境，教材中主要是对城市自然、城市气候的描述。主要集中在北京这个城市，提到北京的气候变化，提到西山公园的环境：有山有水、有树有花，风景非常漂亮，空气也非常新鲜；很多人都去爬山、看风景，呼吸新鲜空气。还有一篇《北京的四季》详细介绍了北京的自然地理特征，描绘出了北京春、夏、秋、冬四季风景和人们的生活状态，抒发了对北京的热爱与眷恋之情。文章用唯美的语言文字将北京的四季真实地再现，让留学生身临其境，感受北京四季分明的特点以及欣赏四季美丽的景色。进而让学生更加喜欢北京这座城市，有想要更深入地了解北京、了解北京的历史与现在的兴趣，也很好地折射出我国和谐、繁荣、包容的城市文化形象。

而关于城市人文景观，该教材着重描述了中国的世界文化遗产——"白鹤梁题刻"，大力赞扬它的人文价值，记录了从唐到现代的百姓情感及思想轨迹。它是历史的记录，时代的镜子；是一千多年来由百姓自发、自觉、自愿地对长江进行观测、记录的结果，是群众共同创造的历史文化遗产。关于人文景观的学习，学生可以从中认识和感受历史的风貌、时代的变化以及民族精神文化的创造。该教材着力呈现凝聚中国人民智慧的劳动成果及宝贵财富，目的是展现中国古人的智慧，赞扬中国劳动人民身上散发着智慧性和创造性的光芒。

该教材还选取一些城市人文差异和民族风情的文章。《北京人和上海人》中对比两座城市的风俗习惯和价值理念，两座城市由于南北文化差异导致思维方式、风俗趣味不同，最后教材倡导每个城市都有自身的优点和缺点，要互相学习、取长补短。《我喜欢台北这样的城市》中认为，好的城市是跟大自然亲近的地方，讲述台北是一个让人感到方便、温馨、多样化的城市；倡导城市文化要有历史美和自然美，更要有包容性。

2. 优雅安逸

中国倡导优雅安逸的生活方式。《在看电视呢》中描述了中国人早起的习惯还有人们多姿多彩的生活：跑步、打太极拳、跳舞、在湖边看书等。他们懂得享受生活，更多地追求精神文化，丰富自己的业余生活。《年轻人的夜生活和老年人的早生活》比较两代人不同的生活方式与习惯，随着社会的发展变化，人群的生活状态也随之改变。但现代快节奏生活模式下，社会关系也变得慌张，所以补充阅读中提倡"放慢生活的脚步"，发现身边真情真意，无论是亲近的人还是陌生人，都需要用爱去呵护。其次在新科技时代下，人们的生活方式也在发生着改变。《我上了四个小时的网》《卡》《让"拇指"说话》《看不见的"邮"戏规则》《"SOHO一族"的快乐与烦恼》都体现了网络时代下人们新的生活和工作方式。网络的普及、快餐行业的发展、信用卡的通用、"在家办公"新模式的出现、邮件系统的更新换代等现象都无不体现着中国进入了信息化网络时代。科技在不断地向前发展，生活越来越便利，人们选择优雅而高贵的生活，追求更时尚便捷的生活方式。

综上分析，教材着力传播中国友好亲善、和谐融洽的人际交往态度，渲染中国和谐稳定的社会文化环境，传达中国是重情重义的温暖国度。首先，让留学生等国外读者，深刻认知中国真实的社会文化现状，无论是职场上，还是现实生活的人际往来，都倡导愉悦、友好、亲善的态度，传播中国文化正能量。其次，传达出中国现代人群对优雅安逸生活的追求，对精神文明的追求。教材中也大量描绘人们科技时代的生活方式，以改变留学生对中国的刻板印象，不仅仅只是传统文化的传承，更多的是现代人们生活的进步，让留学生对当代中国社会的发展现状有一个更具全面具体的认识，传播中国不断创新与发展的新形象。

四 对外文化交往形象

"文化交往"指的是世界范围内文化间的交流与影响。《发展汉语·综合》教材中关于国际文化关系的文章，主要从中外文化差异以及中外友好往来两部分展开的，通过选取一些外国友人对中外文化差异的感受，来增强学习者对中国文化的真实感和认同感；也选取了一些中外友好往来的故事，展现中国在对外交往中的友好、包容的形象。具体的容在教材中的分布见表3.9。

表3.9　　　　　　　　与对外文化交往相关的样本统计

主题	课文标题（级别）
中外文化差异	《为什么我一个人站着吃》（初级Ⅱ），《是"枕头"不是"针头"》（初级Ⅱ） 《我在中国学"大方"》（中级Ⅰ） 《沙漠中的饭店》（高级Ⅰ），《对一个跨国婚姻的采访》（高级Ⅰ），《广告亦当入乡随俗》（高级Ⅱ）
中外友好往来	《我和中国有个约会》（初级Ⅱ），《旧梦》（初级Ⅱ），《中国的来信改变了我的生活》（初级Ⅱ），《笔友》（初级Ⅱ），《搭车去柏林》（初级Ⅱ） 《天使之笔》（中级Ⅰ） 《跨越时空的相见》（高级Ⅰ），《永别了，武器》（高级Ⅰ），《司徒雷登》（高级Ⅱ）

（一）中外文化差异：和而不同、包容互鉴

《发展汉语·综合》教材中关于国内外的文化差异，主要表现在两个方面，一是语言词汇的差异。《为什么我一个人站着吃》中因"蘸着吃"和"站着吃"引发的一场笑剧；《是"枕头"不是"针头"》中因

"枕头"不是"针头",是"被子"不是"杯子",是"半寸"不是"板寸"闹了一些笑话,但也是一种美好的回忆。二是文化习俗的差异。《我在中国学"大方"》中提到一些关于中国结婚、请客、送礼物等习俗,与国外存在差异,但教材表达的是要持有一种相互理解、相互包容的心态;《沙漠中的饭店》中的"我"和荷西因国籍不同,婚后在饮食差异上发生了很多有意思的事情;《对一个跨国婚姻的采访》中提到中国和德国在生活习惯的差异,比如是否主动认错道歉的问题、对节日的重视程度以及做事是否按计划进行的问题等;《广告亦当入乡随俗》提出国际广告将国内外连接起来,交流的对象涉及异国的传统与文化,教材提出在跨文化交流过程中要入乡随俗,适应异国文化,也表明了中国对于中西文化差异要持有"包容互鉴、尊重差异、求同存异"的态度。

(二)中外友好往来:睦邻友好、和平发展

关于友好往来的文章,《发展汉语·综合》教材主要是关于"睦邻友好"的态度和"和平发展"思想的传播。《旧梦》中讲述的是一位老人跨国而纯真的友谊的故事,表现了老人交友只求真心相待,不论国籍年龄,这种跨国情谊的表达,是我国一直对外奉行的友好往来态度的体现;《中国的来信改变了我的生活》描述的是一位中国女孩通过电子邮件用一对微妙的表情包解决了外国男孩心中的疑虑,也改变了他的生活;还有《笔友》中描述的是不同国家,不同母语,不同年龄,不同性别从没见过面的笔友,多年以后才知道是一位善良而可爱的老人,是充满平淡而温馨的故事,即使遥隔千里,也阻挡不了文化的交流;《司徒雷登》介绍了美国人司徒雷登在中国的政治、文化、教育等领域以及国内外交流方面做出的巨大贡献。一个个鲜明的故事,表明中西友好交流越来越频繁,中国也一直都保持"亲仁善邻、友好共处"的态度。

《发展汉语·综合》教材中也大力提倡"反对战争、爱好和平"的思想。《跨越时空的相见》中描写了叙利亚战争后,美国上校看到了一张年幼无知、战火中十分无助痛苦的小女孩照片之后,内心痛苦不堪、满满的罪恶感,为自己所作所为悔恨和道歉,表达了他对战争的痛恨及对未来不再有战争的愿望,并呼吁世界和平,不要让历史重演;《永别了,武器》中讲述亨利和凯瑟琳在战争中感情升温,却最终因为战争,一直不能相见,几经磨难相见时,凯瑟琳因难产去世,文章的主旨也是反对战争,倡导和平。这两篇文章都折射出中国倡导的"反对战争、和平发展"的理念。

综上所述,中国在中外文化交流方面一直秉持"友好亲善、包容互鉴、和平发展"的态度,彰显大国风范;在文化差异方面,注重"和而不同、互相理解、互相包容";在中外交往方面,倡导"睦邻友好、和平发展"。中国在世界文化交流中扮演着非常重要的角色,也一直致力于中外文化交流,教材通过选取对外往来中的故事,向世界展示我国促进国际文化交流与发展的决心和信心。

五 文化形象建构的特点与不足

将零散的文化片段、文化内容组织成完整、具体的文化物象,会让教材中的文化内容活起来,使学习者充分记忆中国文化。该教材在建构文化形象的过程中,集合更多视角和层面,将中国文化形象塑造得立体、形象、多元化,但也存在一些问题。

(一) 文化形象建构的特点

在文化形象的主要内容上,关系中国人的形象,以及每一群体身上所具有的价值理念、传统美德等文化元素之间具有紧密的关系,更多地把视角从普通基层工作者、农民、青少年等小人物的形象描述,扩大到明星、历史文化名人等这些有代表性的人身上,展现中国最真实的普通大众的形象,传播中国传统历史文化名人事迹,发扬传统文化的精髓。也关系中国家庭层面的形象，更多关注的是家庭教育、父爱母爱、故土情谊、婚姻爱情、家庭关系等与家庭生活相关的要素，多层面地展示中国家庭内部文化传统与现代的传承与转换。也关系中国社会层面的形象，大多是与日常生活相关的要素，没有过多展示饮食、服饰等内容，而是将重点转移到社会人际关系以及城市人文景观方面，观看中国真实的社会交际模式，传播中国传统的历史文化遗产，展现中国现代科技下人们的生活方式与生活模式。更关系中国对外交往的文化形象，在文化交流中，塑造的是中国对外交往中一直秉承的"和而不同、包容互鉴、睦邻友好、和平发展"等形象。总之，该教材一步一步将中国文化形象完整化，将塑造的中国人、事、物更立体化。

(二) 文化形象建构的不足

通过细致归纳与分析，该教材在塑造中国文化形象的主要内容的时候，也存在一些不足。

首先，初级、中级、高级内容衔接不充分，并没有形成一条线。分开来看文化形象的构成分散、没有目标；有的每一册都有提及，有的并未涉猎，有的到了中高级，并没有做内容上的提升，与初级教材表达的内容差不多。

其次，形象细节刻画不明显，如每一群体的外貌特征、人物与人物对话内容，行为举止描写得甚少。使形象不标新立异，也不吸引读者，这些内容的缺失会使刻画的形象不丰富，只是凭借主题内容来猜测，如果不深入理解，形象是模糊的；如家庭形象中，主题分类很多，包括家庭教育、父爱母爱、故土情谊、婚姻爱情、家庭关系等的文章，但缺乏某一主题下细节的刻画，如爸爸妈妈与孩子相处时交流的细致过程描写，以及父母教育过程中所运用的教育方式、方法等小细节的刻画，而不只是给出一个结果，一个思维模式，而需要进行细节的刻画，让读者自然而然就能感受到中国家庭内部的情感表达。由于该教材某些文化话题的缺乏，使得中国文化形象在某些方面建构不是很完善；例如：中国人实事求是、明礼守法、从容就义、文明诚信、集体主义等文化形象刻画得不明显，有的文章有所涉及，但文章主题并不突出，会使得学生不够重视，也不会关注于思考这些方面的文化内涵。在该教材中"尊师"等传统美德并未提及，如《张良拜师》《程门立雪》等经典故事并未选取；还有"天人合一"的自然观塑造得也是微乎其微，并不是太明显，所提到的文章也是很少；还有尊老爱幼、长幼有序等家庭文化形象也体现不足，缺乏有关和父母、长辈、亲戚以及邻里的关系的文章，或者父母陪孩子出游、参加各种社会活动等文章。《我在民族风情村当新郎》是该教材中唯一一篇关于民族文化的文章，涉及民族文化的文章过少，这样会导致汉语学习者接收到的中国文化信息是片面和残缺的，影响其对中国形象全面而完整的认识，从而不利于中国文化形象完整的展现。

再次，该教材也存在课文主旨过多的现象，增加了学生学习的难度。例如《再平凡也可以活成一座丰碑》中退休老人照顾千千万万只红嘴鸥，他的个人行为为学生树立了一位心地善良的工人形象。但教材在某些角度，也表达了老人热爱自然，热爱生命，倡导人与自然、动物的和谐共处的思想。这位平凡而伟大老人身上将中华文化"天人合一"的思想观念落到实处，深深影响着其他人，但这种传统价值观对于外国学习者来说，可能是难以理解的，学生在学习的过程中就很难深入思考文章所传达的这方面的思想。如果文章的主题太多，会使学生建构的形象更复杂，也会扰乱学生的思维。但还有的文章内容浅尝辄止，停留表面，不做深层的引导，这样也不利于中国文化形象的传播。如《长城有八千八百五十多公里》中只是提到八达岭长城在北京的西北部，离市区大概有八十公里，去长城可以坐火车、汽车，也可以旅游车，是不是也可以稍微提高一些层次，长城之所以伟大，不仅体现在物质文化层面，更体现在精神文化层面。即使是在初级文章中，也不能忘记长城自古以来是中华民族古老文明的象征，它体现了中国历代劳动人民的勤劳勇敢和伟大的创造精神，同时在抵御侵略、反抗外敌、保卫和平等方面具有伟大意义。

最后，教材建构了一些消极、不良的文化形象。初级教材中列举了一些反面例子：《被自己淘汰》中一位名牌大学毕业生参加公司总裁助理的竞选，因不能耐心等待，结果被淘汰，文章用这个故事也是警醒人们如果缺乏耐心、不能理性处理问题、不能自我控制、没有原则，就会被自己淘汰。在现代社会，很多年轻人社会压力大，造成的心浮气躁现象非常严重，这个故事就容易让留学生对中国学生建构"心浮气躁"的形象。还有《儿子要回家》明显地透露出中国家庭对孩子的溺爱，"父母对子女过度呵护"这一现象可能是造成子女在精神上、经济上的难以独立是一个重要原因，尤其是生活条件越来越好，独生子女多，孩子的培养以及孩子的独立精神很是缺乏，孩子依靠父母的现象比较多，这样的内容容易让留学生对中国学生、孩子留下"独立性差"的印象，对中国父母留下"溺爱"的形象，这样不利于建构良好的中国文化形象。还有《孤独的晚餐》中展现的是现代人忙工作、忙应酬、忙交友，内心却空虚与孤单的心理状态，这样的内容容易让留学生对中国社会现状存在误解。教材中也选取了一些讽刺性的神话和寓言故事，从反面警戒愚蠢的人物表现，还有一些不良的社会现状和社会问题的存在，如"气候冷、暖气没修好、自行车丢了、房价高、人们精神空虚"等。这些消极形象的存在，不利于在留学生心中建构良好的文化形象，也会使国外的汉语学习者，对中国文化形象留下刻板印象，对中国形成错误的认知。

综上，对外汉语教材不仅是为了建构自身文化形象，更扮演着文化传播者的形象。既展现自身美好形象，又传达自身的文化态度。让中国文化走出国门，走向世界，为世界文化交流尽一份绵薄之力。

第五节　国际中文教育视域下文化形象的建构与引导策略

通过对《发展汉语·综合》教材中文化形象的呈现和建构分析，我们意识到文化内容的丰富性、话题的多样性、话语态度的真实性以及形象的多元性在教材中的分布存在一定的不足；由调查问卷，我们发现学生对文化内容的理解程度与形象建构能够保持一致，可见教材文化内容的选取影响学生形象建构的效果，教材文化内容影响学习效果和接受程度；通过教师访谈，我们也发现课堂教学中教师引导和学生的主动性的重要性；因此本小节从教材编写、教师引导和学生接受等方面提出解决策略及建议，希望能够为汉语文化教学工作提供借鉴，为中国文化形象的传播做出一点贡献。

一　从教材编写角度提出解决策略及建议

《发展汉语·综合》教材在塑造中国文化形象方面有得有失，在传播中国传统价值和现当代价值理念、传播中国文化的亲和力等方面都值得借鉴和思考，但也存在一些问题，本书本着"取其精华，去其糟粕"改良创新的态度，提出一些有利于对外汉语教材在中国文化形象建构和传播方面的建议，以更好地适应我国文化推广与传播的要求。

（一）加强中国文化形象的日常化挖掘，传播多元文化形象

中国文化丰富而深邃，借助教材文本来传播中国文化形象令人耳目一新。如果进一步结合时代加以完善教材内容将会使中国当代新形象别具一格。细致来看，教材对于中国文化形象的描述，在某些问题上还是缺乏关注，需要加大对中国文化的日常化挖掘。

1. 传播"绿色开放、和谐高雅"的饮食文化

《发展汉语·综合》教材中只是简单地提及饮食文化符号，略微提到春节吃水饺、中秋吃月饼、快餐的传入等内容，较为单一。由此，本书认为，教材需要详细介绍中国传统和现代饮食习惯，增加一些关于中国饮食养生、节日饮食习俗以及中国饮食走向世界等类似的文章。这样有利于加强留学生对中国饮食文化的了解，充分发挥饮食文化对塑造中国文化形象的积极作用。

其中要传播"绿色开放"的饮食文化。外国人对中国文化的认知，一般也是从饮食开始的。随着中外文化的交流，越来越多的"西餐"进入中国市场，如麦当劳、可口可乐、肯德基。教材中也适当地加入这些文化因素，多一些《西餐的融入》《唐人街的中国美食》等文章的介绍，会让留学生真切地感受到中国文化开放包容的态度。

教材中也要传播"和谐高雅"的饮食文化。如"餐桌文化"讲究"团团圆圆、合家幸福、其乐融融"；过年过节习俗中"饺子""汤圆""粽子"等饮食文化；中国的"茶文化"等，都无不承载着中国"和谐高雅"的思想观念。另外，教材可以选择一篇或一个栏目专门介绍"舌尖上中国"，让留学生了解中国人饮食的方方面面，发挥饮食文化对提高中国文化形象的积极作用。

2. 传播"民族特色、典雅时尚"的服饰文化

少数民族服饰是中国服饰的一大特色。"旗袍"就是在满族服饰的基础上进一步改进的，由此，相互吸收融合不同民族的文化元素，传承和接受专属中国的服饰文化元素，让世界更多的人了解中国服饰文化的内涵，才是对外汉语教材传播文化的重点。

《发展汉语·综合》教材中没有一篇关于描述中国服饰文化的文章，而且关于民族文化的文章只有一篇，讲述的只是结婚习俗相关的内容，没有提到民族服饰。因此，本书建议对外汉语教材要增加对中国汉

服、旗袍、中山装、盛唐服饰、龙袍及少数民族服饰的介绍，对中国人的穿着、审美情趣、色彩爱好及种种文化心态进行详细的描述，向留学生展示中国不同时期、不同民族的服饰，了解中国历史上中国服饰的演变和发展，让他们感知中国服饰所蕴含的象征意义和文化内涵。

中国现代的服饰大多是在传统民族文化元素与现代元素结合的基础上，打造出符合时代潮流，又不失"典雅时尚"的民族品牌。对外汉语教材不仅要展示传统民族服饰，还要加强对当代服饰的介绍，让留学生对中国现当代服饰有一个全新的改观，中国服饰也不失流行元素，传播中国文化不断吸收进取、创新的精神。

3. 传播"历史悠久、形神兼美"的建筑文化

《发展汉语·综合》教材中也缺乏对中国建筑文化的传播，仅仅只有一篇介绍世界文化遗产——"白鹤梁题刻"，讲述它在科学、历史和艺术方面的价值。让留学生感受中国文化的博大精深和中国思想文化的艺术价值，这一点是非常成功的，值得借鉴和思考。

要想传播中国传统建筑的"历史悠久、形神兼美"，对外汉语教材要增加一些科普类的文章，适当地、多角度地介绍中国的名胜古迹、大河山川。如故宫、鸟巢、天坛、长城、四合院、苏州园林、云冈石窟等建筑，讲述它们的历史和文化内涵，尤其是中国传统建筑的艺术风格、装饰艺术等。中国建筑不仅供人欣赏，给人以美的享受，还带有民族文化气息，置身于此，既能重温历史，又能感受它的宏伟壮观和人文内涵。对外汉语教材可以利用图片或者文字将一座座建筑展示出来，这样会让留学生肃然起敬、为之称赞，留下"历史悠久、形神兼美"的中国建筑文化印象，增强留学生为之前往的兴趣和动力。

（二）选择合理的话语态度，建构积极向上的文化形象

《发展汉语·综合》教材中存在一些消极的、不良的文化内容，会直接或间接地影响学习者对教材内容的认知和理解情况，不利于传播良

好的中国文化形象。因此，汉语教材的编写要多选择积极的话语倾向，传播中国文化积极向上、热情友好的一面，允许批评性话语的合理存在，展现最真实的当代中国风貌。

尤其是初级汉语学生者受教材话语态度倾向的影响比较大，但不一定呈正比，随着学习者学习和经验的增加，他们会形成自己对中国文化的初始印象。由于这些初学者处于懵懂的认知阶段，所以初始印象尤为重要。为了避免对中国形象造成误解，初级教材的编写要充分考虑话语态度的表达，既不能一味地夸赞和炫耀中国文化，也不能贬低中国文化，要以适宜的方式与平等的对话态度，客观平实地解说中国文化中优秀的部分，初级教材尽量避免选取一些消极、讽刺性的故事。此外，教材中要多表达一些客观中肯的态度，不要一直美化中国文化，对现实生活中确实存在的消极文化因素给予适当的介绍，秉持客观公正的态度，这样有利于学习者接受，更有利于展现中国最真实的文化形象。

总之，在未来，对外汉语教材也好，孔子学院也好，都应该树立积极向上、平和、包容、多元、真实的中国文化形象，可以标新立异，但不能一味地夸耀与吹捧；在追求多元文化的同时，树立求同存异的良好心态，积极进行中国文化的传播，让更多的外国人从本质上改变不良形象的影响，对中国文化建构一个全新、包容、开放的良好文化形象。

(三) 注重文化主题的串联，强化文化形象的系统化建构

任何教材都要求其内在系统的统一性，要求各个部分之间存在联系，不能是分散的、无组织的。

《发展汉语·综合》教材中没有明确提出将中国文化形象的传播列为教材教学的目标之一，也没有形成传播中国文化形象的整体构架。因此，本书认为，需要进行教材文化的整合，包括教材目录、体例、话题等。合理分配文化主题，注重课文内容的系统化，将相同的文化主题，根据学习阶段，有比例、有主线地分配在不同的课文、练习和阅读中。

每一套教材都应该有一条主线，可以是明线，也可以是暗线，将文化主题串联在一起，使表面上看来是个别的、互不相干的文化现象联系起来。由浅入深，由点到面，让文化传播的内容更明确，有目的地去引导学习者一步一步地学习和理解中国文化内涵，逐步增强对中国文化的认知。不要让学习者留下众多互不相干的文化片段，而应该是一幅完整的中国文化图卷。正如中国家庭文化形象的建构，初级教材需要选取一些家庭对话场景，将父母与孩子沟通的方式、交流的内容，以及各种举止行为给以简单的刻画和描述，给学习者留有中国家庭相亲相爱、和睦大家庭的初步文化印象；中级教材则需要进一步深化这种关系，需要选取一些家庭事例，深入中国的教育思想、家庭观念等较高层次的内容；高级教材则应立足于中国整体家庭文化，上升到中国婚姻观念、爱情思想、教育思想等内容的传播。这样从初级到高级，一步一步从表层文化到深层文化的传播，有目的有系统地让学生慢慢接受和深化对中国家庭文化的理解。

（四）重视中国文化形象的核心价值观与民族精神的传播

中华文化是我国的思想宝库，是中华民族的根和魂。在教材中加入和传播一些传承至今的民族精神和价值观，是对外汉语教材对外传播的核心内容。只有让汉语学习者真正理解和接受中国文化最核心的部分，才能实现文化传播的目的。由此，对外汉语教材要积极传播传统和现代精神文明价值观，让中国文化内容真正深入人心。

1. 传播"以善为美、以德立人"的重德精神

中国传统文化强调"以善为美"，尤其注重道德美。首先，《发展汉语·综合》教材中大量选取中国人"仁者爱人"的事迹，塑造中国追求以善为美的心理，这一点是值得赞扬的。例如教材中刻画的一些中国人的形象特点，像出租车司机那样的暖心；像农村医生、记者那样的热心；像志愿者那样富有爱心；像明星李连杰、桑兰那样拥有慈心；像

现代的青少年一样拥有一颗纯真的爱心。他们用一颗温暖、善良的心去温暖别人，温暖社会。他们是美丽的象征，处处行善，热心助人，用高尚的美德，用自己的行为传递中国传统文化"仁"的伟大思想。

其次，《发展汉语·综合》教材中也选取了一些青少年的故事，强调个人修养以及"以德立人"的重要性。例如教材中刻画的重礼貌、善良、富有爱心的面试者；拾金不昧的出租车司机；宽以待人的记者等。还有重视家庭教育，重视培育孩子个人品性和处事理念的故事；重视教育孩子俭以养德、吃苦耐劳、有责任心等品格的养成的文章。

由此，传播"以善为美、以德立人"的重德精神是对外汉语教材的首选。今后在编写教材时需要着重选取中国古代经典传承道德的故事，刻画中国人的个人修养；也要选取一些更具朴实、接地气的现代人传承中国道德的文化故事，让留学生感受中国传统道德精神的深远影响。

2. 传播"刚健有为、自强不息"的进取精神

中华民族的伟大复兴离不开中华儿女的浴血奋战和拼搏奋斗。正是因为这种"刚健有为、自强不息"的进取精神，中华民族才屹立不倒。对外汉语教材中要积极传播这种民族精神，让留学生感受中国文化的繁荣强大，感受中华民族精神的伟大。

《发展汉语·综合》教材中在传播这种进取精神时，主要选取一些农民的奋斗史，表现了他们在贫穷的现实面前，依然保持对生活的无限热爱和对美好生活的向往；还有"愚公移山"表现的不放弃不抛弃精神；还有初出茅庐的实习生为了工作，默默努力拼搏的干劲；还有像桑兰这样的体育明星，勇敢与病魔做斗争，表现的永不服输乐观向上的精神。留学生在这一教材的学习中，学习效果反映良好，大多数已建构相应的文化形象，这为其他汉语教材的编写提供思路与方法。

因此，对外汉语教材中文化精神的传播离不开文章故事的选取，离

不开形象的塑造。今后对外汉语教材编写可以选取类似"精卫填海""大禹治水""卧薪尝胆"等历史故事；也可以选取普通大众"坚韧不拔、顽强拼搏"的光荣事迹；还可以选取"史家之绝唱，无韵之离骚"等至理名言，让留学生在阅读和学习中国故事的过程中，能够深入思考中国的文化价值观与文化精神。

3. 传播"革故鼎新、自由平等"的时代精神

《发展汉语·综合》教材中选取一些关于日新月异、利弊共存的科技生活的文章，意在说明中国的进步与创新，中国跟随时代的潮流，不断地向前发展。向外国学生呈现的不再是中国旧时的社会，而是新时代背景下中国崭新的生活与思维模式；所以教材也选取了一些体现中国家庭教育以及中国思想观念的转变的文章，呈现出婚恋上的大胆直白，以及一些新的民主、平等、自由、独立思想等富有新时代精神的元素。

时代在进步，思想观念在改变，教材也要及时更新，实时传播现代中国人的文化思维。今后对外汉语教材在编写时，要时刻关注中国近几年的发展变化，包括城市建设、国家政策、网络发展、科技发明以及国际形势等。尤其是最近中国要打响"科技强国"的战略号召，科学技术的研发，中国时代精神的创新，无论是社会生活方面还是人类思想方面，都悄然发生着翻天覆地的变化。对外汉语教材要全面呈现中国"革故鼎新、创新领先"的时代精神；传播中国"平等自由"的时代观念的转变，让留学生看到不仅在科技生活方面，还有在思想教育方面的进步及长远的发展前景。

4. 传播"和而不同、亲仁善邻"的和谐精神

中华民族历来崇尚和谐、爱好和平，主张"和而不同"的思想。不仅倡导中国社会内部和谐发展，还倡导世界和平发展、和谐相处、合作共赢的国际观。

首先，今后对外汉语教材文章的选取需要站在留学生的角度。尤其

是初级教材，选取一些日常对话，如外国人在中国的真实体验以及对中国无限热爱等文章，让他们感同身受，为在中国的生活做好充分的准备。

其次，中西文化的融合不仅体现在休闲娱乐、服饰方面，体现在美食方面，也体现在体育、音乐等方面，对外汉语教材中如果能丰富中外文化交流等故事，会大大增加学生学习的乐趣，给国外学生留下深刻而美好的中国印象，展现中国热情好客、亲仁善邻的一面。如教材可以多加入一些"郑和下西洋""玄奘西游天竺""鉴真东渡日本""马可波罗来华"，以及"一带一路"倡议等中外交流的历史故事及国家政策。

最后，教材在情感态度表达上，要注重适当、友好。虽然在跨文化交流中，无论是词汇的学习上，还是文化习俗上都会存在一定的差异，但教材主题不能偏离传播方向，依然要倡导各国要包容互鉴、求同存异，倡导全球一体化，世界是一个大家庭的思想。

二 从教师引导角度提出解决策略及建议

对外汉语教师肩负着传播中国文化的使命，在对外汉语教学中是文化传播的引导者，他们运用各种教学法指引汉语学习者更好地理解和接受中国文化。通过调查问卷发现教师引导影响着学生的接受情况，教师访谈也发现教师在课堂引导过程中存在一定问题。教材即使编得再好，学生受跨文化交际因素的影响也易产生文化疲倦，对文化的理解也会存在一定的误解，由此，教师的引导就显得至关重要。

（一）合理分配语言和文化教学内容，做好文化需求反馈

通过教师访谈，本书意识到课程安排和文化需求的重要性，统筹好语言和文化教学时间，做好文化需求反馈，可以使教学更有效率。《发展汉语·综合》教材注重"结构—功能—文化"相结合，但对外汉语教师在教学过程中普遍按照以语言知识为主的教学模式，很多都忽视了

文化知识、文化背景的介绍和引导，也忽视了课上课下文化需求反馈。

　　由此，本书认为，对外汉语教师在进行教学时，一方面要注意合理分配语言和文化教学。首先，做好文化背景介绍和文化导入工作。如初级可采取汉字文化教学，将纯汉字教学与文化联系起来，初步感知文字的文化内涵。汉语课文阅读和学习时，可以将本课的文化背景简单介绍，或者做好课堂文化的导入教学，可采用视频、音乐、图片、录像或者真人演练、动手操作等途径导入要学习的课文内容，让留学生在有文化的氛围下，学习语言知识，感受中国文化的魅力，也能增强学生学习的积极性。其次，可以根据课文内容和课程目标合理安排时间，既能完成语言知识学习目标，又能向留学生灌输和传播相关的文化知识，这样的课堂教学方式会大大提高教学的有效性。

　　另一方面，学习者的需求和反馈尤为重要。目前对外汉语课堂依然贯彻传统教学模式，以教师讲解为主，学生参与课堂的机会很少，新时代下文化的传播教学需要打破传统教学模式。对外汉语教师在课堂上应多与学生交流互动，了解他们感兴趣的文化内容，对症下药进行教学，才能取得事半功倍的效果。课堂上活跃的气氛，能带动留学生积极性，教师要善于引导他们说话，允许多种声音存在，让留学生无后顾之忧，敢于发言，敢于提出问题，敢于说出自己的想法，敢于质疑。教师可以营造多边互动的教学环境，通过一些课堂文化小活动，激发留学生的主动性和探索性，师生在课上平等交流，不同观点碰撞交融，课下也要以朋友的身份主动听取他们的意见，了解他们对中国文化的不同的看法，站在外国人的视角，多听取他们的声音，允许多种声音的存在，这样才更有利于中国文化的传播。

　　（二）重视汉语课堂的文化整合，进行动态性文化资源的阐释

　　首先，留学生大部分上的时间还是课堂学习时间，利用教材学习最为普遍，所以，文化内容应该通过汉语课的课文来呈现，这样才能对留

学生起到耳濡目染的影响。由于对外汉语教材中文化因素的分布是零散的，留学生掌握的文化知识也是分散的，对中国文化的认知也不会很完整，这个时候，教师就应该根据课程的需要，适当地整合和补充文化因素，帮助留学生建构对中国文化的"图式结构"，进而提高学生的整体文化认知。

其次，在课堂教学中，教师可将文化因素融入其中，不但要教授表层文化，还要讲解深层文化内涵，深度挖掘语言文化系统的"一致模式"，将看似毫不相干的文化现象整合起来，找到文化传播的核心内涵，提升留学生对中国文化现象的理解程度。最关键的是，教师在教学过程中要选取典型的文化因素将其重点标记出来，加以强调和重视，并在授课时作为重点铺展开来，学生自然而然就会注意记忆，从而加深学生对这些文化元素的认识和理解。

最后，现在的对外汉语教材与教材中的文化内容更新较缓慢，需要汉语教师对那些动态化文化资源进行补充阐释，以免留学生对中国文化产生刻板印象，尤其是一些传统文化的理解问题，容易让人产生误解，刻板印象一旦形成就很难改变，所以汉语教师一方面要进行文化因素的整合教学，另一方面还需要对现当代文化、主流文化、网络文化等动态性文化新资源进行更新教学。

（三）善于讲好中国故事，也要引导留学生讲好中国故事

文化传播离不开有趣的故事，只有有趣、新鲜的故事才会引起留学生的注意，由之而来的好奇心会促使他们想要探索中国文化的奥秘。

对外汉语教师在讲中国文化故事的时候，一方面要选取与教材文化主题相一致的文化故事，还要根据课文内容合理选择文化背景、文化故事进行延伸与扩展。讲解的过程中要注意语言态度，既不能自娱自乐、孤芳自赏，也不能无的放矢、漫无目的，更不能一味地灌输，不考虑师生间平等性，不考虑学生的接受心理和文化适应过程。

另一方面，对外汉语教师在讲好中国故事的同时，也要引导留学生讲好中国故事。留学生作为独特的文化传播者，将自己在中国的所学所感，从他者建构的角度，用国外听得懂、愿意接受的方式讲述中国故事，更有说服力和公信力。尤其是对于中国文化整体传播，更需要充分利用好留学生这个传播渠道，留学生的形象认知与培养就显得格外重要。对外汉语教师要积极引导留学生建构良好、真实的中国文化形象，挖掘留学生讲述故事的深度，适当地开展类似"故事会"的活动，锻炼他们主动讲和愿意讲的能力，引导他们正确把握中国现当代文化的趋势以及传统文化深刻的价值取向。

三　从学生接受角度提出解决策略及建议

从学习者、接受者角度深入思考中国文化形象的塑造，是检验中国文化形象传播效果的唯一途径。通过问卷调查，我们分析得出，留学生对《发展汉语·综合》教材中的文化内容和文化形象接受效果不容乐观，教师访谈也谈到学生课堂学习存在的问题，认为学生在关于文化学习的主动性、文化实践活动的参与性、文化态度等方面都有待加强。因此，本书从学生作为接受者的角度，提出更有利于留学生建构完整的中国文化形象的建议。

（一）培养学习的主动性，建构自身文化知识体系

学生对中国文化的态度取决于自身对接收的文化信息的理解程度，而理解程度又受自身知识丰富性的影响。由此，为了增加文化内容的丰富，需要学生主动通过各种途径完善文化知识体系。只有让留学生主动投入文化形象的学习，才能激发他们学习的兴趣，带着目的去探索未知的中国文化，随着文化知识的累积，他们对文化理解也会相应地提高，中国文化形象建构得才会更加完整。

学习是学生自己建构知识的过程，学生不是简单被动地接收信息，

而是主动地建构知识的意义。① 留学生在学习过程中，一定要变"被动"为"主动"，主动培养自己对中国文化的兴趣，平时多阅读相关的文章，增加对文化知识的了解，提高自己对汉语教材中提到的文化现象、文化行为的理解，保持一颗好奇心，主动去探索自己不懂的文化现象，完善自己头脑中的文化经验，对自己接收到的文化信息，予以理解和思考，从而主动建构属于自己的文化知识体系，形成中国文化的他者印象，建构自己理解下的中国文化形象。最重要的是，学生要学会不耻下问，不要怕被别人嘲笑就不敢问，对于自己难以理解的文化现象一定要主动寻求老师的帮助，让老师帮忙解答，这样才会提升自己的文化理解力，才不会让自己困扰，更不会出现交际障碍。

（二）参加文化训练与实践，提升自身文化理解力

文化实践活动的参与性因素也会影响留学生对中国文化的理解，只有深入其中，在文化氛围、文化环境的影响下，学生才可以更贴近地感知中国文化，培养跨文化交际意识。

为了提升自身文化的理解力，首先，留学生要经常参加文化训练与实践，主动报名参加夏令营，参观博物馆、展览会等可以实地参观学习的文化活动；或主动计划去中国各地旅游，游览一些历史名胜古迹和人文景点，尝试与本地人交流，了解各地的历史文化和风俗传统，感受中国博大精深的文化。其次，留学生要学以致用，用教材中学到的文化知识应用于日常的交际中，让中国文化形象更具体化，而不只是一种抽象的文化符号。在实践过程中，某些真实的体验会和教材中学过的文化内容相呼应，让留学生体会和理解教材中所描述的感觉，增强文化记忆力，加深对中国文化的印象。最后，还要学会主动思考保持好奇心，保持一颗探索的心，探寻中国文化的奥秘；做到不懂就问，一步一步解决

---

① 《建构主义学习理论》，https：//baike.baidu.com/item/，2021年8月6日。

自己心中的疑问，打开文化知识的大门，进入浩瀚如烟的中国文化精神世界，形成对中国的正确认识，构建良好的中国文化形象。

（三）尊重和接受文化差异，提高跨文化交际能力

通过问卷调查，我们发现有41.7%留学生表示非常不理解中外语言和文化习俗的差异，还显示留学生对于中国"拾金不昧"的行为、"家、故乡对于中国人意义""中国的寒暄语和问候语"等方面都很难理解。这些都是文化差异的表现。留学生在面对这些差异时，首先，要树立"相互尊重、相互包容"的跨文化交际观，能够冷静地面对文化差异，不要逃避，也不要用异样的眼光去审视文化差异；可以与自身文化相对比，探寻文化差异的原因，渐渐理解和接受文化差异，以达到最后的文化整合。其次，要了解中外文化背景，包括一些传统文化观念，文化价值观念等。最后，要保持良好心态，接受文化落差；可以通过各种途径了解中国文化，如多看一些关于中国传统文化的著作或视频，慢慢消化与理解文化差异，在心理上做好准备，以达到交际时能平等对话。

中国的文化形象包含一些从古至今传承下来的文化精髓，和西方文化一定会存在很大的差异，让留学生从心里去接受另一个文化是非常困难的，这个过程是漫长而曲折的，学习者需要摆正文化心态，不断磨合，才能攻克文化差异这个难关。

第六节 本章小结

对外汉语教材是传播和塑造中国文化形象的重要载体，汉语教材通过文本的形式润物细无声地传播中国文化，潜移默化地影响汉语学习者对中国文化的认知。它在文化形象的塑造和传播中起着积极的作用，不仅提供了一个向世界介绍中国文化的窗口，讲述了传统与现代相结合的

中国故事，激发了学生对中国文化的二次传播，还是学习者提高汉语文化意识的助力器。中国文化形象与对外汉语教材的结合，实现了文化传播与对外汉语教学的无缝链接，为汉语学习者建构了一个完整的中国文化图式，使汉语学习者在阅读汉语教材、学习汉语知识、掌握语言技能和感受中华文化的过程中，通过文字、图形等外在的表达方式组建新的知识体系，使文化要素相互关联和相互作用，进而建构个人的文化图式，快速增强对中国文化的敏感度与整体性，提高了语言文化学习效率，培养了汉语学习者的语言综合运用能力。

对外汉语教材中的话题选择、话语态度倾向以及具体形象内容的文化整合，在一定程度上会影响学习者对中国文化认知与评价，文化点的选取构成了中国文化形象的主要内容。《发展汉语·综合》教材关于中国文化形象的话题内容涉及人物事迹、家庭教育、科学艺术、社会生活、城市自然、政治生活、跨文化交流等重要领域，全方位展示了中国文化形象。话语态度以正面、中性为主，除少部分话题带有负面因素外，总体上还是表达了合理的中国文化对外话语态度倾向。教材在塑造中国文化形象的过程中，图表、插画、实物图等非语言形式也起到了很大的作用。具体、生动、形象的表达，激活了汉语学习者的感性认知点，激活了学习兴趣，缩短了文化差异的距离感，在一定程度上为理解课文内容、传播中国文化形象也起到了意想不到的作用。

《发展汉语·综合》教材在文化整合方面，注重文化形象的多元化，注重个体、家庭、社会、对外交往的文化形象的传播与塑造。文化是在人的言行中表现出来的，因此该教材着重描述中国人"乐观豁达、乐善好施、和蔼可亲、教导有方、品学兼优、积极进取、心地善良、爱岗敬业"，以及"热爱生活、吃苦耐劳"的形象，通过这些形象鲜活的人物，真实再现了中国人的内在的性格特征和价值取向；还塑造了"蒙以养正、严慈相济、难舍难离、自由开放、和谐融洽"的家庭形象，这些家庭观念都是中国文化传承下来的思想文化；该教材还着重描述了人与人之间的交往技巧和情感寄托，表现了中国人的"重情重义、和谐融洽"的社会关系；通过描述城市人文景观，表现了人们"形神兼美"的生活环境和"优雅安逸"精神追求。中华民族注重对外交往，注重和平共处，在教材中无处不在塑造中国对外交往中一直秉承的"和而不同、包容互鉴、合作共赢、亲仁善邻、爱好和平"等形象。该教材从"内文化"的传承到"外文化"的传播，向学习者展示了中国"真实、美好、包容、开放"的文化形象。

通过调查问卷分析留学生对《发展汉语·综合》教材中所建构的文化形象的接受情况，本章认为，学生对文化内容的理解程度与形象建构呈正相关，但也存在一定问题：学生对个别文化现象的理解程度不均衡；教材编者建构与学生自我建构存在差异性；文化形象建构不完整，有消极形象的存在；学生文化建构自主能力弱，教师普遍缺乏引导意识等。总之，对外汉语教学中文化形象的塑造问题不容乐观，尤其是学生接受程度并没有取得良好的效果，进而引发了对教材编写、教学过程的思考，要从教材、学生、教师三个视角，进行文化形象全方位的确立与培植，引导学生在跨文化交际的背景下认知和理解这些形象，进而提高汉语学习者的学习效率。

本章还存在一些不足之处。一是对于文化话题的分类主观性比较强，中国文化形象范围广，选取的角度也很广泛，未能挖掘更多典型的形象进行文化内容的细致分析，其丰富性有待完善。二是选取长春高校学习本系列教材的学生和教师进行问卷调查与访谈，不能排除其他因素，如课外读本、音频、日常交际等非可控因素的影响，具体学生的学习过程未进行个案研究或者跟踪调查，使得结果的针对性有些偏颇，数量也存在片面性。三是对外汉语教材中进行文化形象的塑造的研究成果还不够丰富，就如何提升文化教学有效性策略还有待进一步验证。

对于对外汉语教材中的文化形象研究，今后还可以从以下两个方面进行完善与拓展：一是拓宽研究对象，覆盖更多的本土文化语言类教材，利用传播学、形象学等理论，科学、系统、完整地将形象建构模式分析出来，以利于今后教材的编写。二是将调查受众范围缩小，追踪其形象建构的过程性，将教材塑造的虚拟形象和受众的认知形象进行具体对比，找寻多方面具体的影响因素及其原因，更有针对性地提出利于学生接受方面的对策。

第四章　教材中的中国女性形象

对外汉语教材作为连接学习者和中国的桥梁，不仅需要传授知识，也需要传播中国形象。国家形象包含国民形象，国民形象是体现国家形象的重要部分之一，在对外汉语教材中，国民形象主要体现在教材文本中的中国人身上。因此，本章以中国女性为切入点，以《发展汉语》系列教材为研究对象，统计教材中的女性情况，探寻教材建构了怎样的中国女性，为完善教材中的女性形象提出建议。

中国的国家形象，除了经济、文化、政治等因素，更多的是通过中国人形象得以显现。中国女性形象作为中国人形象的代表之一，是学习者了解中国人的重要窗口。对外汉语教材在自我构建中，中国形象自塑的主体应该来自中国本土，以中国人为描写和研究的对象，他们生于本土文化之中，本身蕴含着浓厚的文化，也能够比较真实塑造蕴含中国本土文化的形象。女性作为中国人的代表之一，是值得重点关注的对象。

在中国传统文化中，女性地位低，男尊女卑的观念让很多女性成为男人的陪衬和附庸，女性的价值只存在于家庭中。几千年的封建思想、封建制度，也让外国人对中国女性的印象是刻板僵硬的，是封建懦弱的。但随着中国的不断发展，中国女性也在不断变化与发展，《发展汉语》系列教材里面塑造的女性形象，能够让外国留学生更多地了解中国女性，更多地了解中国。随着全球化的发展，对于女性权利的尊重和保护，也日趋重视。将女性形象作为突破口，塑造良好温和的形象，潜移默化地把中国人的思维方式和行为模式传递出去，从而将中国国家形象塑造得更好，降低文化冲突带来的抵触感。

中国一直致力于在国际中构建良好的国家形象，但中国女性形象在西方媒体报道中，多给他人呈现出负面、刻板的形象。在外国媒体报道中，很多关于中国女性的报道都比较片面，没有将中国现当代女性的真实情况呈现给众人，所报道的女性形象，与中国国内的形象和社会地位大多是不相符的。在国家形象建构过程中，对外汉语教材是最亲和自然的方式之一，教材文本通过塑造各类人物性格，以此通过内容来传达形象，教材中形象塑造得怎样势必会影响到学习者对中国女性的认知。本课题在阐述女性形象、国家形象相关定义和理论的基础之上，采用文本分析和数据统计的方法，对《发展汉语》系列教材中关于女性的基本信息和话题统计、话语分析与补充性材料进行了具体的统计，并从纵向和横向的角度进行了详细的分析。在分析关于中国女性文本内容后，从家庭、社会、国家视角出发去分析教材构建了怎样的中国女性形象，并分析出，这些女性形象存在内在形象负面，外在形象丑陋，角色命名缺失等不足，进一步分析导致这些不足的原因。最后，根据这些女性形象存在的不足，为完善对外汉语教材中的女性形象提出针对性的策略和建议，为传播"真善美、德才兼备、与时俱进"的中国女性形象创造可能条件。

第一节　分析对外汉语教材中中国女性形象的必要性

习近平总书记指出，"要按照立足中国、借鉴国外、挖掘历史、把握当代、关怀人类、面向未来的思路，着力构建中国特色哲学社科学，在指导思想、学科体系、学术体系、话语体系等方面充分体现中国特色、中国风格、中国气派"[1]。我国社会、经济大发展，国际地位和话语权不断扩大，也让中国文化不断向外传播，中国形象也显得日趋重要。中国女性形象作为中国形象的一部分，在"汉语热"的热潮中，也有着十分重要的影响。女性形象的研究，不仅能消除国际对中国女性形象的刻板印象，也对建构良好的中国女性形象有着十分重要的作用。

在国外媒体、外交平台中所呈现的中国女性形象，大都是负面的、单一刻板的。中国媒介、政策下迫切需要自塑中国女性形象，改变国际对中国女性的刻板印象。在对外汉语教材中，选文会不可避免地涉及中国女性形象，在文章内容、字里行间中都会体现中国女性的形象，它是中国形象的传播载体。通过鲜明的"中国故事"平和巧妙地把中国人的价值观念、文化模式等呈现在外国人的面前，通过具体生动的"中国故事"，潜移默化地消除由于文化意识的不同而带来的文化隔阂，提高学生主动学习的兴趣。

一 外在紧迫性

全球经济的不断深入势必带来各地、各国文化之间的冲突与磨合。中国一直致力于建构和传播良好负责任的国家形象，可在外国媒体报道中的女性，却与国内现状不符，通过对外汉语教材传播良好的中国女性形象是非常好的方式之一。

（一）国外媒体中的中国女性形象

随着世界全球化的发展，"一带一路"倡议的实施，中国话语权逐渐扩大，西方国家对中国的关注度也日渐提高。国外媒体的报道影响到

---

[1] 习近平：《在哲学社会科学工作座谈会上的讲话》，人民出版社2016年版，第15页。

国家形象的呈现和传播，而中国女性形象，也是体现中国国家形象的一部分。因而，国外媒体所呈现的中国女性形象影响着国际友人对中国女性的认知，进而影响对中国形象的了解和认知。

潘娜娜对19世纪西方人眼中的中国女性形象进行了解读，发现那时来到中国的西方人曾以各种方式或专门记述他们眼中的中国女性，或在作品中专篇讨论中国妇女。无论作品体裁如何，其中的中国妇女形象都有着惊人的相似性——保守、愚昧的小脚女人形象，无法把握自己的命运，面临着被溺死、贩卖、指嫁的命运，永远是男性家长（父兄、丈夫、儿子）的跟随者和服从者。①

在世界范围内，《纽约时报》《华盛顿邮报》有着较高的影响力。它们关于中国女性的新闻报道，在一定程度上显示了美国一般媒体的认知，反映了对中国女性形象的认知情况。崔淑慧、余云艳通过对《纽约时报》一年多的报道研究，发现该报对中国女性的报道具有浓厚的意识形态色彩，关于中国女性形象的报道数量少，议题虽然广泛但深度不够，在新闻话语的措辞和信源的选择上均以负面报道为主，塑造了软弱、依赖性强、维权意识较差、被动消极的中国女性形象。② 李立新指出，2018年全年的《华盛顿邮报》没有呈现公共领域的女性，媒体展现的并非全体女性的真实生活，该报所呈现的中国女性形象没有真实全面地反映中国女性全貌，正面和多元化的女性角色缺失，对女性形象的呈现和女性问题的反映出现了结构性的偏差。③

此外，一些学者也从传播学的角度对中国的女性进行研究，他们发

---

① 潘娜娜：《十九世纪西方人眼中的中国女性形象解读》，《福建师范大学学报》（哲学社会科学版）2013年第2期。
② 崔淑慧、余云艳：《〈纽约时报〉中国女性报道的批评话语》，《青年记者》2017年第30期。
③ 李立新：《〈华盛顿邮报〉中国女性形象报道的批评话语分析》，《语文学刊》2019年第6期。

现外国媒体选择了中国女性形象中的部分特征，这些中国女性性格软弱，她们是被动、从属，外国媒体笔下的中国女性，是带着受害者的形象，被国外媒体新闻记者抑或评论者施以同情的眼光。

可见，中国女性在外国媒体报道中的形象，与中国现当代女性形象现状极为不符，而西方群众也无意识地接受了国外媒体所呈现的"她者"形象。想要让国外对中国女性形象的负面认知逐渐消散，仍然需要一番努力。通过以上分析，可以发现，通过对外汉语教材来传播中国女性形象，更为润物细无声。因此，在教学过程中，对外汉语教材通过自身优势，能对因国外媒体报道而被建构出来的负面信息进行一番很好的修正。

（二）国家形象传播的需要

党的十九大提出，将"国家形象建构"作为一项重大国家使命，以不断提高国家文化软实力和中国文化的影响力。而建构良好的中国女性形象，是建构中国形象十分重要的一部分，因此，对外汉语教材中塑造良好的中国女性形象，对传播良好形象十分有意义。

为提升我国的国际地位，讲好中国故事、塑造和传播良好负责任的大国形象势在必行。现在我国已经进入了新时代，经济高质量发展，国民素质不断提高，可国际社会对我国仍有刻板认识，"中国威胁论"依旧存在。国家的较量，主要在文化软实力的较量上，我国一直强调"文化强国"，通过文化的力量来向外打造良好形象，从根本上提升我国的国际地位，提升话语权。约瑟夫·奈也认为，国家文化是一国"软实力"的重要组成元素，而"国家形象是国家软权力的最高层次"。[①] 可见国家形象对于国家"软实力"具有十分重要的作用。

中国女性作为中国的组成部分，同样承载着中国五千年的文化，从

---

① 转引自王家福、徐萍《国际战略学》，高等教育出版社2005年版，第106页。

封建礼教制度到如今的男女平等社会，中国女性形象发生了很大的变化。良好的中国女性形象对于塑造中国国家形象有着很重要的作用，国外的传播现状与国内女性地位不符的情况，也为我国提供良好的方向去思考问题。国际上对于女性十分尊重，我们以自己的行动推进性别平等，加强女性形象的全球传播，通过女性故事，让世界更真实客观了解中国社会的女性现状，为传播良好的中国形象助力。

二　内在的必要性

（一）潜移默化的影响与作用

相较于其他媒介，对外汉语教材是汉语学习者最直接的接触媒介。对外汉语教材在帮助学习者认知中国女性形象有着不可替代的作用。通过文本的方式，将中国的文化观念、价值观念等注入女性人物中，通过情节、语言的展示，来让学习者潜移默化地从各方位、全方面了解到中国女性的方方面面，以此来让生动鲜活的女性形象深入到学习者心中。

在编写教材中，除了功能、原则等因素，中国人物形象的引入必不可少，让汉语学习者在学习汉语的同时，也对中国人有了更深的理解。对外汉语教材有着其他教材难以比拟的特殊性，教材中的内容会直接影响留学生的"中国女性印象"。

孟华谈到，大多数人往往不是通过自己的直接接触去感知异国，而是通过阅读作品或其他传媒来感知异国形象。[①] 学习者想要了解中国，最直接的方式，便是从教材出发。语言教学离不开教材，近年来随着"一带一路"的推进和落实，对外汉语教材走向世界，成为外国人了解中国的一扇窗户。达尼埃尔－亨利·巴柔曾说，一切形象都源于"自

[①] 孟华：《比较文学形象学》，北京大学出版社2001年版，第7页。

我"与"他者","本土"与"异域"关系的自觉意识之中。① 中国女性形象对于学习者来说，是"他者"的，是"异域"的，相较于电视、广播、报纸等途径让学习者了解中国女性，对外汉语教材中建构的中国女性形象的方式更为平和，更加生动。对外汉语教材并不是直观地将中国女性形象拿到了学习者的面前，而是通过润物细无声的方式，在传达知识的同时，隐性地将中国女性形象呈现给学生。通过学习教材，学习者经过"他者"形象并完成自我形象的建构。

对外汉语教材潜移默化地把中国的社会文化、政治制度、经济建设等方面传递给学习者，巧妙地处理了因文化意识等不同而造成的逆反心理，对传播中国女性形象有着十分积极的作用。

（二）语言交际能力的提高

好的作品，不仅要能完整地叙述故事，还需要有好的构思，好的场景。想要撰写生动有趣的文本，可以通过生动的故事和性格多样的人物来描述，在传授语言知识的同时，也能用人物来向学习者介绍中国人的性格。教材中的中国女性形象个性鲜明、语言生动、故事情节感人肺腑，这些对于提高学习者的语言交际能力都有一定的作用。对外汉语教材的受众是留学生，文本内容中关于描写中国女性的词语、故事能够让学习者更好地了解中国女性，逐步将教材中的中国女性具象化，让他们加深对中国文化的理解，并在日常交际和课堂学习中，稳步提升学习者的语言交际水平。此外，国际汉语教材中的语言应当极力摆脱口语化、课本语言的情况，力争以生动言语打动人心。② 语言的生动能够提高学习者的学习兴趣，在学习教材时，将中国女性的相关词语融于日常交际中，不断提高语言交际能力。教材之中关于中国女性的文本内容对于学

---

① 转引自孟华《比较文学形象学》，北京大学出版社 2001 年版，第 4 页。
② 李泉、黄政澄、赵燕琬等：《〈新编汉语教程〉的设计、实施及特点》，《语言教学与研究》1996 年第 2 期。

习者来说，除了知识点以外，也能让学习者了解到如何正确使用关于女性的一些用语。

　　文化伴随在语言之中，语言的使用与社会生活环境密切相关，在日常交际中，语言受社会约定的限制，教材之中关于中国女性的场景、文化习俗、个人爱好等非语言因素构成的语言使用规则，都是学习者需要掌握的。由于文化差异的存在，学习者在交际过程中，可能会不自觉地受到母语迁移作用，表示同一种事物的词语因文化差异可能会产生误解，有时候简单的对话便可以看出学习者对于汉语的掌握程度。由此，对外汉语教材之中关于中国女性的语言知识，可以提升交际能力，激发学习者不断输出语言的动力。

　　在交谈过程中，看似随意，却存在着一定的方式和规则。在特定的话题里，有着不成文的约定，有的能说，有的不能说。因此，对外汉语教材中关于中国女性的话题，也有一定的背景或交际场景，如果违背了这些约定俗成的规定，便会发生语言使用不当的现象。所以，研究教材中的中国女性形象，也是十分必要的。学生通过学习一定的语言知识和文化背景知识，并自觉地将其运动到跨文化交际中，潜移默化地不断提高汉语的语言综合运用。

第二节　《发展汉语》系列教材中女性形象的呈现

　　教材中文本内容的选择关系到女性形象的呈现，对相关女性形象内容进行选择，也是塑造女性形象的一部分。本书对《发展汉语》系列教材进行了田野式调查，在统计中国女性的年龄分布、职业分布、角色及话题分类等相关内容基础上进行了数据分析，呈现出中国女性形象。

一　中国女性形象的呈现

关于中国女性形象，需要从多个方面进行分析，女性作为社会群体，社会文化赋予女性的含义远不仅本身所有的，本书统计女性的年龄分布、职业分布、角色分布等多面信息，从女性话题、态度倾向和补充资源等来分析，观察《发展汉语》系列教材中女性形象的呈现，进一步分析呈现的特点，从而为分析如何建构女性形象提供文本基础。

（一）数据信息统计

《发展汉语》系列教材中，涉及中国女性形象的内容主要体现在教材的课文之中，本书将从众多课文中抽取涉及女性形象的文章进行细致分析，并将具体的篇数进行统计，以此来更加直观地感知数据信息，具体篇数分布见表4.1，总体篇数见表4.2。

表 4.1　　　　　　　　教材课文女性形象篇数具体情况

女性形象	级别	课文总篇数	文中涉及女性话题篇数
综合	初级	55	14
综合	中级	30	15
综合	高级	30	12
口语	初级	46	16
口语	中级	30	17
口语	高级	30	6
听力	初级	60	25
听力	中级	60	19
听力	高级	60	20

续 表

女性形象	级别	课文总篇数	文中涉及女性话题篇数
读写	初级	30	1
阅读	中级	30	16
	高级	30	12
写作	中级	30	2
	高级	24	5

表 4.2　　　　　　　　教材课文女性形象篇数总汇

级别	课文总篇数	文中涉及女性话题篇数
初级	191	56
中级	180	69
高级	174	55
总计	545	180

　　从表 4.1 和表 4.2 中可以看出，在《发展汉语》系列教材中，均涉及了中国女性的话题。其中，《发展汉语·综合》教材中，初级为 55 篇，中级是 30 篇，高级也是 30 篇，初级、中级、高级共为 115 篇，关于中国女性形象的篇数，初级、中级、高级分别为 14 篇、15 篇和 12 篇，总篇数为 41 篇，占综合教材的 35.6%。

　　《发展汉语·口语》教材中，初级、中级、高级各上下两册，分别是 46 篇、30 篇、30 篇，总共 106 课，关于中国女性形象的篇数，初级、中级、高级各为 16 篇、17 篇和 6 篇，总篇数为 39 篇，占口语教材的 36.7%。

　　《发展汉语·听力》教材中，初级、中级、高级课文篇数，均为 60 篇，总数为 180 篇，关于中国女性形象的篇数，初级、中级、高级各为

25 篇、19 篇和 20 篇，总篇数为 64 篇，占听力教材的 35.5%。

《发展汉语·写作》教材中，中级、高级课文篇数，中级为 30 篇，高级为 24 篇，总数为 54 篇，关于中国女性形象的篇数，中级、高级各为 2 篇和 5 篇，总篇数为 7 篇，占写作教材的 12.9%。

《发展汉语·阅读》教材中，中级和高级的课文篇数分别是 30 篇、30 篇，总数为 60 篇，关于中国女性形象的篇数，中级、高级分别为 16 篇、12，总篇数为 28 篇，占阅读教材的 46.6%。

根据以上统计，进一步统计《发展汉语》系列教材中，中国女性的年龄分布、职业分布、角色分布的情况。通过对这些个体基本信息的统计，系统地研究整套教材之中女性的整体情况，以此来更加全面具体地分析教材之中的女性形象。

1. 女性的年龄分布

中国女性形象年龄分布情况，见表 4.3。

表 4.3　　　　中国女性形象年龄分布情况　　　　（人/%）

年龄	初级	中级	高级	总计
0—18 岁	6/15.4	7/10.9	6/9.8	19/11.5
19—40 岁	16/41	29/45.3	26/42.6	71/43.3
41—60 岁	5/12.8	5/7.8	7/11.5	17/10.4
60 岁以上	2/5.1	3/4.7	5/8.2	10/6.1
不确定	10/25.6	20/31.3	17/27.9	47/28.
总计	39/23.8	64/39	61/37.2	164/100

社会的发展离不开人力，青年在社会发展过程中承担着重要的作用，是不可缺少的部分。《发展汉语》系列教材中，关于中国女性的年

纪，大多分布在青年阶段，也包含少量其余阶段的女性。

从横向角度来看，在19—40岁这个年龄阶段的女性最多，总体占43.3%；而教材中年龄不确定的女性所占比重其次，为28.7%；年龄段为0—18岁的少年，在教材中所占比重为11.5%；年龄阶段在40—60岁的中年人，所占比例为10.4%；而60岁以上的老年人所占比例最小，仅有6.1%。从纵向角度来看，初级教材、中级教材和高级教材均是青年较多，其中以中级教材中的青年女性最多，占了45.3%。可见，在整套教材中，青年所占比例最多，但教材中很多女性年龄不确定，也占了不少。

2. 女性的职业分布

中国女性形象职业分布情况，见表4.4。

表4.4　　　　　　　　中国女性形象职业分布情况

统　计		人数(人)	占比(%)
学生	中小学生	9	5.5
	大学生	21	12.8
职业女性	教师	10	6.1
	知名人物	6	3.7
	技术人员、记者	9	5.5
	服务人员	30	18.3
	企业员工	9	5.5
	医生、护士	4	2.4
	志愿者	2	1.2
	不详	57	34.8
无业女性	家庭主妇、退休老人等	7	4.2

在现代社会发展过程中，职业也发生了变化，职业从事人员也和往日有所不同，在社会中，职业是体现社会角色的重要方面。女性作为社会中的一个群体，本身便在社会之中，从职业角度可以看出女性在社会分工中的地位和差别，也可以看出女性在社会职场中的地位。

在教材之中，女性职业角色主要分布在教师、学生和服务人员中，其中也涉及了企业员工、家庭主妇、技术人员、记者等工作。但依旧有很大一部分的女性在教材之中职业不明，且职业的分布并不广泛，没有涉及全社会的各行各业。

3. 女性的角色分布

中国女性形象角色分布情况，见表4.5。

表4.5　　　　　　　中国女性形象角色分布情况　　　　　　（人/%）

女性形象角色	初级	中级	高级	总计
私人角色	16/39	27/44.3	25/40.3	68/41.2
社会角色	23/56.1	31/51.7	32/51.6	86/53.1
不确定	2/4.9	3/4.9	5/7.4	10/5.7
总计	41/25	61/37.2	62/37.8	164/100

社会关系是一张关系网，而个人则是节点，每个节点就是一个角色。一定的角色就有一定的价值，也体现着在社会中的存在形式，角色的产生往往会由于社会具体情况发生变化，女性从事什么样的角色，在社会和生活中，都有重要的价值和影响。从横向上来看，关于中国女性角色分布，总体上社会角色占比最多，为53.1%；私人角色比重也不少，有41.4%；角色不明确最少，仅有6.1%。

（二）话题呈现

《发展汉语》系列教材中，共545篇课文，包括听、说、读、写等方面，加之分为初、高、中三个层次，是一套非常完整的配套教材。教材在编写理念、编写原则等的指导下，由少到多、由简单到复杂，不断提高学习者的汉语能力，也不断拓展和深化学习者对中国的了解。

本书主要是从横向、纵向角度出发，考察和分析教材中的女性形象话题呈现情况，参考国家汉办出版的《国际汉语教学通用课程大纲》的"汉语教学话题及内容建议表"中列举的二十二大类话题[①]，以及苏新春关于国际汉语教材课文的话题分类[②]，以此对中国女性形象的话题进行分类，见表4.6。

表 4.6　　　　　　　中国女性形象的话题分类

话题	内容说明
01. 个人信息	指姓名、家人、爱好、外表特征等信息
02. 家庭生活	指婚姻、家庭结构、家庭琐事、孝顺、养老等
03. 性格特征	指表现人物对世界和现实态度的个性心理特征
04. 学习与工作	指与学习和工作有关的话题，如找工作、校园生活等
05. 社会交往	约会、交友、拜访、询问等
06. 价值观念	各种思想观念等的表现，如家庭观、职业观、金钱观、爱情与婚恋观等
07. 跨文化交际	指教材中的女性与外国人的交流

通过统计教材中出现的话题次数，来反映教材建构关于中国女性话题的比重。由于一篇课文中可能出现多个话题，本书选择统计话题的次

[①] 国家汉语国际推广领导小组办公室编：《国际汉语教学通用课程大纲》，外语教学与研究出版社2008年版，第3页。

[②] 苏新春、唐师瑶、周娟等：《话题分析模块及七套海外汉语教材的话题分析》，《江西科技师范学院学报》2011年第6期。

数,以此来更清晰观察教材在建构中国女性形象会从那些话题入口。《发展汉语》系列教材的中国女性话题主要有个人信息、家庭生活、价值观念、性格特征等,其中具体分布,见表4.7。

表 4.7　　　　　中国女性形象话题数量统计　　　　　（次/%）

话题	初级	中级	高级	总计
个人信息	9/12.5	13/10.5	10/12.9	32/11.7
家庭生活	8/11.1	30/21.2	13/16.8	51/18.7
价值观念	6/8.3	21/16.9	27/35.1	54/19.8
性格特征	0/0	7/5.6	7/9.1	14/5.1
社会交往	14/19.4	17/13.7	11/14.2	42/15.4
学习与工作	3/4.1	11/8.8	9/11.6	23/8.4
跨文化交际	32/44.4	25/20.1	0/0	57/20.9
总计	72/26.4	124/45.4	77/28.2	273/100

1. 教材横向女性形象的话题分布及分析

在《发展汉语》系列教材中,关于中国女性形象的话题,主要集中在以上七个方面,教材从多个方面呈现了中国女性形象。从数据分析来看,教材中通过对中国女性形象的呈现,通过展示女性形象的思想观念和行为模式,来突出中国女性的特征,体现中国女性身上的思维方式和价值观念,呈现出客观真实的中国女性形象。

从表4.7中可以得出,跨文化交流最多,比重占20.9%,对外汉语教材对象是外国留学生,让学习者学习语言知识文化时,能够感知他国文化差异,让学习者能够体会跨文化交际的不同,这有利于语言教学的进行,且能够让学习者了解中国女性和外国女性的异同点,有利于宣扬中国女性的良好品质。

价值观念和家庭生活所占比重仅次于跨文化交际，分别占 19.8% 和 18.7%。中国向来重视家庭教育和价值观念的培养，通过将中国女性的婚姻爱情观、家庭教育观等融入教材，让学习者从多角度来了解中国女性的家庭及家庭情况。对外汉语教材的学习者主要是留学生，通过教材呈现出真实、朴素的家庭文化，让学习者对中国和中国的发展有了新的认识，特别是中国女性随着中国的发展变化，在婚姻、家庭、社会等多角度地改变，有助于留学生学业有成后，向其家人、朋友传递现当代中国女性的现状，有助于改变国际上对中国女性形象的刻板印象。

社会交往和个人信息所占比重也不少，分别有 15.4% 和 11.7%。社会交往是生活中不可缺少的一部分，中国社会也十分注重社会交往。教材涵盖了邀请、沟通、询问、感谢、约会等内容，将中国人的热情好客、善于帮助、热心体贴等优点融入教材，不仅让学习者从书中感受到中国女性的个人魅力，更能够向学习者传递中国在国际上对待一切人和事的态度，塑造出良好的国民形象和国家形象。如果教材将中国女性的爱好、外貌等相关情况引入到教材，可以展现中国女性的精神面貌。

学习与工作和性格特征分别占 8.4% 和 5.1%，将学习与工作引入到教材，可以让学习者了解到热爱学习、认真工作的中国女性形象，在一定程度上反映了中国人对待学习与工作认真严谨的态度。除了学习和工作的话题，教材还选取了不同性格的女性，从他们身上能够看出中国人各有各的特点，属于每个人独特的个性特征，性格特征同样也是表现中国女性形象的重要组成部分。

综上所述，教材在呈现中国女性形象时，选取了不同的话题，包含了很多内容，多方面、多角度地塑造中国女性形象。根据本节统计分析，为接下来中国女性形象的建构分析提供信息。

2. 教材纵向女性形象的话题分布及分析

从纵向角度看，在《发展汉语》系列教材中，中国女性形象在初级、中级、高级均有涉及，但话题比重各所偏重。

初级教材中，跨文化交流所占的比重最多，这主要是为了学习者着想，让对方在初始阶段了解与中国相关的知识，在日后的学习中，拥有跨文化交际的意识，有利于学习者学习汉语。

中级教材关于家庭生活和社会交往的比重不少。跨文化交流也有涉及，主要体现在中级口语教材中。家庭和社会，在中国女性生活中同样占据了很大的一部分，教材中所呈现的不仅是中国女性的家庭生活和社会交往，同样也反映了当代中国女性的现实生活，便于学习者了解中国女性的现状，改变往日对中国女性的刻板印象。家庭生活类的文章，可以让学习者更深入地了解中国女性对待家庭生活的观念，更体现了中国人的家庭价值观。社会交往中类的文章，反映了中国女性在社会交往中的境况，体现了中国女性在社会中的地位，有利于学习者改变对中国女性社会地位低下这一刻板印象。

高级教材更偏向于中国的价值观念，虽说仍然是家庭生活和社会交往所占比重大，但相较于初级和中级，高级教材关于价值观念话题的文章也较多。在中国女性形象的呈现上，多以传递中国人的价值观念为主，表现了中国人的价值理念。

（三）话语态度

话语态度是话语分析的一个重要手段，语言是符号系统，通过遣词造句，来向听话人描绘信息和表达自己的态度。对外汉语教材在描写中国女性形象的时候，遣词造句中必然会隐含着作者的态度，为了探究教材编写者是如何传达自己的态度，本书运用评价理论中的态度系统，探讨教材编写者在呈现中国女性形象中，向学生传达了怎样的情感态度倾向。

1. 理论基础

本书的理论基础为评价理论。该理论是在 1985 年由马丁博士提出，是一种研究语篇语义的系统——评价系统，又名评价理论。该理论关注的是表达态度的情感、判断和鉴赏的语言以及一系列把语篇的命题和主张人际化的资源。① 在评价系统当中，有态度、介入和级差三种。态度系统主要关注表达态度的情感反应、价值判断和美学鉴赏。根据话语态度的积极性分为正面态度和负面态度。正面态度指的是在文本内容的情感、对品格行为和社会现象的批判属于积极的态度，负面态度则相反。

在学习者学习汉语中，也能了解到中国文化，也能体会到编写者对一些事物或现象的立场和态度倾向，教材编写者或通过课文中的对话者来体现，或通过一些含有评价性的语言来表达自己的态度和评价。这些含有评价性的语言能够让教材更加的生动，赋予人灵动性，让学习者觉得教材里的人物并不死板僵硬。同时，也能让学习者了解到文章中人物事物的情感倾向。态度意义的实现方式可以通过一些富有感情色彩的语言直接明确地表达，也可以通过间接、隐含的方式来表达。本节探讨的是整篇文章所要表达的态度，根据分析表达意义是否积极来判断正负态度，目的在于考察教材编写者表达了怎样的态度倾向，这种话语编排是否合理、是否客观地呈现了中国女性形象，为下文建构女性形象分析以及提出建议提供基础，能够进一步探析教材中的女性形象。

2. 态度倾向的评判标准

为更好探析教材中关于女性形象的态度倾向，如第三章仍然采取魏然总结的一套关于态度倾向的计算方法，见表 3.2。

---

① 温雪梅、杨晓军：《国内语言教学评价理论研究的回顾与展望》，《湖南师范大学教育科报》2011 年第 6 期。

这种态度倾向的计算方法有正、负、中三种情况。在句子或段落上，根据文章的观点和使用的评价性词语来分析作者的态度倾向。带有正向性评价的词语为正，带有消极负面评价的词语为负，陈述客观事实没有个人态度、论点又不带个人偏好的情况则为中性。针对通篇文章，首先看整体话语态度，再看正负篇幅的比例，大体带有积极态度的为正，带有消极态度、呈现缺点的文章为负。其次看语句的表达方式，是否只强调一方，比如带有关联词"虽然……但是……"的句式，重点看"但是"后的话语，判断根据以该部分为主。

考察语篇内容的态度倾向，考察在《发展汉语》系列教材中，建构中国女性形象时是否有失偏颇。总之，判定教材编写者的态度倾向，仅就教材文本所呈现的内容进行正、负、中的判断，在设计衡量篇幅时，应遵循少数服从多数的原则。

3. 话语态度统计及分析

根据上文的话语态度的理论基础，以及评判话语态度倾向的标准，来对《发展汉语》系列教材中，涉及的中国女性形象的话语态度进行细致的统计，从而更好地分析教材中关于中国女性形象的话语态度、具体的篇数。话语态度统计数据，见表4.8。

表4.8　　　　　教材话语态度统计情况　　　　　（篇/%）

态度倾向	初级	中级	高级	合计
正	32/57.1	50/72.5	40/72.7	122/67.8
负	1/1.8	3/4.3	4/7.3	8/4.4
中	23/41.1	16/23.2	11/20	50/27.8
合计	56/31.1	69/38.3	55/30.6	180/100

从横向角度来看，正面态度倾向的文章所占比例最多，有122篇，占比达到了67.8%；负面态度倾向的文章仅有8篇，占比最小，为4.4%；态度倾向为中的文章有50篇，占总篇数的27.8%。从纵向角度来看，在初级、中级、高级的教材中，正面倾向文章都是最多的，其次是中性倾向的文章，最少的则是具有负面倾向的文章。

关于中国女性话题，在教材中所涉及的文章，大部分以正面态度和中性态度倾向为主，以及含有少量的负面态度倾向。在《发展汉语》系列教材中，关于中国女性形象，教材给学习者呈现的多是积极正面的中国女性形象，也呈现了一个积极的中国人形象和中国形象，引导学习者对中国的正面认知。

（四）补充性材料

在《发展汉语》系列教材中，通过课文文本的内容来呈现中国女性形象占大多数，还有极少数是通过课后的补充性阅读和教材中的插画来呈现的，通过对补充性阅读和插画的研究来更全面地分析教材之中的女性形象。

1. 课后阅读中的女性话题统计及分析

在《发展汉语》系列教材中，课文后会有一个补充阅读，通过分析补充阅读中的女性形象文本，进一步分析教材中呈现的中国女性形象，课后阅读关于女性话题的具体分布见表4.9。

表4.9　　　　　　　课后阅读女性话题统计情况　　　　　　（次/%）

话题	初级	中级	高级	总计
个人信息	3/33.3	1/20	1/9.1	5/20
家庭生活	3/33.3	0/0	2/18.2	5/20
价值观念	1/11.2	1/20	6/54.5	8/32

续 表

话题	初级	中级	高级	总计
性格特征	0/0	1/20	0/0	1/4
社会交往	2/22.2	2/50	2/18.2	6/24
总计	9/36	5/20	11/44	25/100

从表4.9可以看出，在课后阅读方面，关于中国女性话题的文章并不是很多，但也是组成中国女性形象的一部分，对课文中的女性形象进行一个补充，可以更加充实中国女性形象。

从横向角度来看，在补充性阅读中，价值观念的比例较多，性格特征的比例最少，学习与工作以及跨文化交流在补充性阅读中并不存在。从纵向角度来看，在初、中、高三级教材中，高级教材中补充性阅读谈及中国女性形象的较多。

2. 教材中女性话题的插图统计及分析

在教学中，教材插图有着很重要的辅助作用，它能与教材的内容相辅相成，加深学习者对课堂所学知识的理解，帮助其形成完整的中国女性形象认知。

《发展汉语》系列教材中的插图简洁明了、图画清晰，能对文字有着非常好的辅助作用，它能通过图片让学习者直观明了地对应教材中的话语，帮助他们理解知识点；也能帮助他们加深对中国女性的印象；还能吸引他们的兴趣，提高学习动力。

根据插图的分类：以人物类为主，主要包括简笔画人物和照片人物。本书只选取与中国女性有关的插图进行统计，具体内容见表4.10。

4.10　　　　　　　　教材中关于女性的插图统计情况

级别	总课数	插图 简笔画	插图 照片	插图总数	平均插图数
初级综合	55	3	6	9	每课平均约为0.16幅图
初级口语	46	3	2	5	每课平均约为0.11幅图
初级听力	60	1	0	1	每课平均约为0.02幅图
中级综合	30	2	4	6	每课平均约为0.2幅图
中级口语	30	2	5	7	每课平均约为0.23幅图
高级口语	30	0	6	6	每课平均约为0.2幅图
高级阅读	30	0	2	2	每课平均约为0.07幅图
总数	281	11	25	36	每课平均约为0.13幅图

从上面的统计可以看出，在《发展汉语》系列教材中，关于中国女性形象的插图很少，且并不是每册教材中均含有关于女性的插图。且每册所含关于女性的插图都特别的少，平均每课占不上一幅图。

从横向角度来看，在上述统计中，初级综合中关于中国女性的插图最多，初级听力的插图最少，其中高级口语和高级阅读中并没有简笔画，初级听力中没有照片，但每课平均数量都极少。从纵向角度来看，在上述几册教材中，其中以照片形式存在的插图，多于以简笔画方式存在的插图。

二　教材中女性形象呈现的特点和不足

从上面的分析来看，《发展汉语》系列教材中的中国女性具有一定的分布特征，除了重视女性形象、年龄、职业和角色的划分，也重视关于女性话题的分布,通过与文本内容结合的方式,将中国女性形象融入教材的文本内容,但也存在一些问题。

(一) 呈现的特点

在《发展汉语》系列教材中,通过中国女性的年龄、职业、角色等基本信息,可以看出教材中女性的具体情况,同时教材还通过家庭生活、学习与工作、价值观念等话题与中国女性相融,全方面、多领域地向学习者展示了中国女性形象。教材所选择的文本内容、情节背景等都是贴近社会生活,符合普通人的真实生活,通过文本中普通女性的生活场景,让学习者能够真实全面地了解中国女性,了解朴实、真诚的中国人。教材从家庭生活、价值观念到社会工作等不同的角度出发,展示了中国女性身上的教育观、文化观、工作观等,进一步让教材中的中国女性更加鲜活、真实,更贴近社会生活。中国女性便是中国人的代表,她们身上凝集着中国的家庭文化、中国的价值观念,能够传播中国最朴素、最深处的家庭伦理观念,同时也传达着中国平和亲切的态度。

教材十分注重语言修辞性。在塑造中国女性的同时,也注重话语态度。通过文本内容的倾向来表达作者对中国女性的话语态度。总体来看,在《发展汉语》系列教材的文本内容中,关于女性的话语态度大部分以正面、中性为主,仅存在少量负面形象,总体上表达了积极向上、客观真实的中国女性形象,充分表达出教材编写者所要呈现给学习者的中国女性积极向上的形象,从而引导学习者建构积极乐观的中国女性形象。

教材还注重补充资源对女性形象的进一步补充。补充阅读以一种小短文的形式,来对课文中提及或未涉及的女性形象进行拓展,作为课文的一种补充形式,不仅能让学习者了解更多的知识,也能让学习者对中国女性形象有更深的认知。此外,教材还用非语言形式塑造中国女性形象。在教学时,通过插图的方式,可以让学习者以更加直观明了的方式来感知中国女性，在一定程度上传播中国女性形象，能够让学习者从外表有一个最初的认识，也能加深他们对中国女性的认识。如初级口语、初级综合等课文中所呈现的中国女性的照片和简笔画，教材编写者通过这些与教材文本息息相关的图片，来帮助学习者以快捷简明的方式理解知识点，加深他们对中国女性的印象，有利于在平时的交际生活中学以致用，帮助初学者尽快地适应中国的新生活。这些补充阅读和插图的形式可以让教材更具趣味，更丰富多彩，增加学习乐趣，以轻松的氛围让学生沉浸在教学中，加深对知识的理解。

（二）呈现的不足

在《发展汉语》系列教材中，女性形象的呈现是多角度的，但同样存在一些问题。从女性形象的基本信息来看，关于女性形象的基本信息呈现并不全面，中国女性的年龄、职业等都存在问题。很多女性年龄、职业和角色不明确，造成一种女性人物形象在教材中模糊不清的现象，同时关于女性的话题也不多，女性背后蕴含的文化观念介绍得较少。

从话语态度角度来看，也存在着消极负面的形象，这些多多少少会影响到学习者对于中国女性形象的认知。从传播形象的角度来看，为了降低学生受刻板印象、文化差异的影响，本书认为，教材在塑造女性形象时，更多应以积极正面的形象呈现给学习者，尽量减少不良形象，以防止学习者降低学习兴趣，不利于女性形象传播。

从教材的补充性资源来看，教材中的课后阅读以及插图数量较少，课后阅读的文本可以给学习者拓展更多的女性形象；而教材中的插图不仅少，且与现实女性不大贴切，如简笔画的女性太过抽象，不利于学习者更好地认知中国女性；同时这些资源也缺少丰富的女性文化知识。这些在一定程度上会影响到学习者的兴趣，使得女性形象的刻画不够生动形象。

第三节 《发展汉语》系列教材中女性形象的建构

在历史发展洪流中，中国女性的身份地位、价值观念、行为方式等都发生了历史性变化，这些转变，让人们感受到了中国女性的角色、地位有了很大的进步。《发展汉语》系列教材建构了怎样的中国女性形象，这是一个值得深思的问题。诚然，在教材中建构的中国女性形象，与女性所在的家庭、社会和国家是紧密相关的。

一 家庭视角下的中国女性形象

在《发展汉语》系列教材中，出现了很多母亲、妻子、女儿形象，她们作为家庭中的一员，见证了中国家庭的发展变迁，也体现出一个家庭的价值观念，同样也是一个社会的代表。从个人—家庭—社会—国家这样递进来看，从小小的家庭中，可以折射出社会上千千万万个家庭的真实形态。在教材中，关于家庭相关的课文具体见表4.11。

表 4.11　　　　　　　　　与家庭相关的样本统计

分类	人物
母亲	朋友(《中级综合》Ⅰ《租房只有一个条件》) 王一凡妈妈(《中级听力》Ⅱ《在家上学行不行》) 两位母亲(《中级听力》Ⅱ《关于望子成龙》) 母亲(《中级听力》Ⅱ《母亲不在家的日子》) 母亲(《中级阅读》Ⅰ《一生的职业》) 文文妈妈(《高级口语》Ⅱ《在家上学的孩子》) 妈妈(《高级听力》Ⅱ《人生故事》)

续 表

分类	人物
妻子	妻子(《中级综合》Ⅰ《人生最重要的三件事》) 燕子(《中级综合》Ⅱ《燕子买房记》) 贾俊的妻子(《中级综合》Ⅱ《乖乖回家之路》) 妻子(《中级听力》Ⅰ《拐杖》) 妻子(《中级听力》Ⅰ《德国丈夫中国妻》) 妻子(《中级阅读》Ⅰ《买牙膏》) 妻子(《中级阅读》Ⅱ《第八棵馒头柳》) 秀春(《高级阅读》Ⅰ《爱,让记忆复活》)
女儿	我(《中级阅读》Ⅰ《我和父亲的"战争"》) 佳佳(《高级听力》Ⅰ《爸妈,你们好吗》)

根据女性角色的不同,将与家庭有关的女性分为母亲、妻子和女儿,从家庭角度将女性与家庭有关的教育理念、爱情婚姻等形象一一进行具体分析,探析教材建构了怎样的家庭女性形象。

(一) 母亲形象

"母亲"对于家庭来说,是不可或缺的存在,没有母亲的家庭是不完整的家庭,而母亲对于子女的影响,也是非常深远的。《发展汉语》系列教材中的课文中谈及的母亲不少,总体上建构了一种重视教育、为子女为家庭肯于付出的母亲形象。

1. 重视教育的母亲

母亲在家庭中,是非常重要的存在。母亲价值观念,往往会影响孩子人格的形成。从古代的"书中自有黄金屋",到现代的"知识改变命运",中国在教育上十分重视家庭教育,而母亲的教育观直接会影响到孩子的思想。教材中的母亲对子女的教育十分重视,不仅重视学校和家庭教育,而且也非常重视课外教育。

《中级综合》Ⅰ《租房只有一个条件》中，讲述的是一个母亲，在租房子时，不是选择靠近超市抑或是医院等，而是选择靠近图书馆或书店。她认为自己在加班工作时，孩子可以去图书馆或书店看书。这位母亲认为，周围的环境对孩子的教育有着很重要的作用。在《高级口语》Ⅱ《在家上学的孩子》中，文文妈妈十分重视对孩子的教育，从小便给女儿文文定好了目标，成为琴棋书画样样精通的才女，且特别重视传统文化的教育。

在《中级听力》Ⅱ《在家上学行不行》中，和文文一样，七岁的小女孩王一凡在家中上学，母亲指导她学习，除了语数外等科目，还会学习京剧、钢琴等。从王一凡妈妈身上可以看出，母亲十分重视教育，在培养女儿学识方面下了不少功夫。《中级听力》Ⅱ《关于望子成龙》中，两位母亲关于在孩子教育上面的对话，都希望子成龙、女成凤。

这几位母亲十分重视孩子的教育，不拘泥于教育方式与教育场所，勇于承担起了对子女教育的工作，为子女的教育耗费了不少的心血。随着社会的发展，当今时代，知识改变命运，教育改变未来的观念被许多母亲所认同。从某种意义上讲，母亲对子女的教育观体现出了当代中国青少年的教育现状与青少年的精神风貌，母亲在塑造一个民族的未来，母亲的形象代表着国家未来的形象。

2. 为孩子付出的母亲

孩子永远是母亲的牵挂。儿行千里母担忧，母亲对孩子总是关怀备至，从衣食住行到工作生活，总担心着孩子的方方面面。

在《中级听力》Ⅱ中《母亲不在家的日子》，讲述的是父母去旅游，却对家里的孩子放心不下。时不时地打个电话，对家里的孩子耐心叮咛，从身边细节处处为孩子着想，担心孩子有没有受冻挨饿，担心孩子有没有吃饱穿暖。故事很小，但道理却很深，母爱伟大，值得每个人的尊敬。《高级听力》Ⅱ《人生故事》中，女主人公患癌去世，而她的女儿只有一岁半，为了让女儿能幸福生活，她写了很多封信。这些信都是从"国外"寄来，让女儿以为妈妈在国外，直到她的丈夫找到一个能代替她照顾孩子的人。这位伟大的母亲，在病榻上为女儿安排好了一切，对女儿的爱远远胜出了病痛对她的折磨。

《中级阅读》I《一生的职业》描述了女主角婚前是一名律师，婚后因孩子得了怪病便放弃了工作，回家照顾儿子。她的很多同事都成名了，很多人认为她放弃了成为当律师也很可惜，可她却说作为母亲，任何工作都只是暂时，只有爱孩子那才是一生的"职业"，孩子的健康，比什么都重要。文中刻画的女主角为了自己的孩子做出牺牲，人物朴素真实，情感真挚。在母亲的面前，什么都是比不过孩子，孩子是母亲最宝贵的财富。

总之，教材着力塑造了中国母亲爱子女，愿意为孩子做奉献的母爱形象，这也是中国千万家庭中母亲形象的真实写照。女性在有了孩子以后，便天然有了一种母性，成为自己孩子最坚强的后盾。母亲的价值观念、思维方式对孩子的成长有着至关重要的影响。在母亲的关怀教育之下，孩子茁壮成长，最终成长为能扛起责任的人。留学生可以充分认识和了解中国母亲的形象，也能从中感受到母爱的伟大，感受到中国母亲充满仁爱、和蔼的形象，引起他们关于母爱的共鸣。

（二）妻子形象

在《发展汉语》系列教材中，妻子这一角色并不少见，女性结婚后，她便是妻子这一角色。女性作为妻子，呈现出的角色形象，也是中国女性中的一部分。教材中的妻子的角色形象可以展示出家庭的情况，展示妻子与丈夫的关系。妻子和丈夫，这是两个共生的概念，是相互映照的。根据教材中对中国妻子的呈现，可以发现与现实中的相应性和相异性。

1. 深爱丈夫的妻子

婚姻是两个人爱情的象征，一个家庭的组成，少不了爱的支撑。爱让人心生无限勇气和希望，爱有时候会产生很多奇迹。在《发展汉语》系列教材中，也呈现了不少妻子对丈夫的爱意，让人感动。

在《中级综合》Ⅰ《人生最重要的三件事》中，主人公因工作原因生了病需要做手术，妻子给他的纸条上写着"亲爱的，别担心，我愿意永远做你的耳朵"，让主人公十分地感动，妻子的字条是主人公人生中最重要的三件事之一，妻子的爱，让他饱含勇气。《中级阅读》Ⅱ《第八棵馒头柳》讲述了丈夫经常出差，每次出门，妻子便立马站在阳台，盯着马路旁的第八棵馒头柳，等待对方身影的出现。而有一次，当她习惯性地去了阳台，却久久未看见丈夫的身影，担心对方上班出事情，心中忐忑不安，直到得知丈夫平安无事，才安心。文中的她，习惯了每日在丈夫出门后，看着对方上班的身影。一件小事，体现了她对丈夫的爱，让人为之动容。

在《高级阅读》Ⅰ《爱，让记忆复活》一文中，莫光为救学生出车祸导致失忆。他的妻子秀春虽伤心难过，却没有放弃。为了让丈夫早点恢复记忆，恢复身体，她教丈夫吃饭、穿衣，白日里自学课本，晚上给丈夫讲故事，每日鼓励莫光多看书、多锻炼，最后莫光重拾记忆，再一次站在了讲台上。文中刻画了一位对丈夫有爱且坚毅的妻子形象，是她对丈夫的爱创造了奇迹，同时也表现了他们甜蜜的夫妻关系，展示了很好的家庭关系。

教材中刻画的妻子，对丈夫的情意很深，她们对丈夫的爱，让人感动，也让人羡慕。通过妻子对于丈夫的爱，可以看出中国家庭中男女双方的感情倾向，只有爱情，才可以让整个家庭沐浴在温馨的氛围之中。

2. 照顾家人的妻子

在中国家庭当中，妻子身上肩负着很多事情，从收拾家务到洗衣做饭，从照顾家人到教养子女。现当代家庭中，妻子的地位和过去有了很大的差距。在封建社会中，妻子是整个家庭附庸的存在，主要负责服侍丈夫，教养子女，并没有什么实质性的地位。但随着不断开放，社会提倡男女平等思想观念，让现在很多家庭都是妻子在当家做主，在《发展汉语》系列教材中，也有一些关于妻子当家做主的故事。

在《中级综合》Ⅱ《燕子买房记》中，讲述了燕子和她丈夫买房子的事情。在选择房型、位置等事情上，她丈夫都让燕子做主，家中事情也全由燕子拿主意，这让燕子既感动又高兴。文中的燕子，在家庭之中，是处处拿主意的那个人，丈夫不仅不生气，反而很高兴，有时候让妻子当家做主，更容易促进家庭的和谐。

在《中级阅读》Ⅰ《买牙膏》中，开篇第一句便是"一般都是我妻子为全家买牙膏"，直至"我"去买牙膏中被询问了很多的问题，从牙膏的价格、品牌等方面，"我"十分地纠结，最终没有买成牙膏。文中侧面刻画了一个为全家操劳的妻子，买牙膏只是一件小事，以小见大，可见妻子为家庭付出了很多。《中级听力》Ⅰ《拐杖》一文中，以旁观者的身份描述了他母亲对待他父亲的一些事情。作为妻子，作者的母亲性格固执，可在父亲摔伤了腿后，脾气就小了很多，每日里照顾自己的丈夫，陪对方聊天，宽慰对方，陪着对方去散步。通过点滴柔情和耐心，化解丈夫心中的痛苦。这样形象的妻子，是很多中国妻子的缩影，她们每天照顾着家人，愿意为家人付出自己的精力，她们都深爱着自己的家人。

3. 其他类型的妻子

在《中级听力》Ⅰ《德国丈夫中国妻》中，妻子和丈夫属于不同文化圈的人，在生活中难免会有些思想观念上的不同，丈夫认为妻子对家人从不道歉，而妻子认为面对亲人没有必要道歉，这两种观念的不同，归根结底是思想价值观念的不同。

在《中级综合》Ⅱ《乖乖回家之路》中，男主人将一条狗带回了家，他的妻子十分生气，和他大吵了一架，抱着孩子离家而去。因为妻子曾经被狗咬过，也担心狗会咬孩子，所以她不容许家里有个大狗。文中的妻子没有听丈夫的话，而是选了个吵架的方式，显得脾气略微急躁了些。而这也是一些家庭的写照，夫妻间吵架的点有时候微不足道，吵架容易让夫妻间的情感有裂痕，同时不利于子女的教育。《中级阅读》Ⅱ《阅读与思考》一文中，妻子在厨房炒菜，丈夫在她旁边一直说话，她十分生气地回了一句。有时候生活的繁杂容易让妻子心情烦躁，脾气控制不好也是情理之中，但也侧面刻画了夫妻之间所存在的一些问题。

总之，教材中刻画了丰富的妻子形象，她们深爱着自己的丈夫，同时也操心着家庭的一切，她们偶尔闹些小脾气，但依旧爱着整个家庭。中国女性成为妻子后，她们有着各种各样的性格，教材中选取了具有代表性的一部分，让留学生对中国女性有了初步的了解。

（三）女儿形象

在《发展汉语》系列教材中刻画各式各样的女儿形象。《中级阅读》Ⅰ《我和父亲的"战争"》中，讲述了"我"从小时候到长大都有些叛逆，会和父亲有"战争"，从五岁闹着换名字、十六岁不想上高中、十九岁拒绝就近上学而选择了外地的大学等事情，都体现出女儿的形象。虽然主人公有些叛逆，但心底依旧善良，每次吵完架都会和父亲道歉。文中刻画的女儿形象，虽有些叛逆，却也很可爱。孩子与父母的冲突，这也是现实生活中存在的。女儿的叛逆虽然父亲气愤，可心底依旧爱着对方。这篇课文真实地反映了现当代一些家庭父母与子女关系的现状。

很多孩子从小依偎在父母身旁，但随着求学和工作，很多时候都会离开父母的保护，向着社会展翅。在《高级听力》Ⅰ《爸妈，你们好吗》中，女儿佳佳在外求学，因思念父母而哭泣，想念家里的爸妈，想念爸妈做的美食，想念在家中的一切。文中的佳佳，是一个恋家的形象,这也是中国许多女孩儿在外求学时的投影。都说女孩是天使,在教材中也有这样的表现。在《高级写作》Ⅰ《我是个"小馋猫"》中描述了"我"是一个小馋猫,喜欢美食,十分的可爱。

教材中关于女儿的篇幅不多,却贴近生活,真实客观。随着年龄的增长,不同年龄阶段的孩子都有着自己的性格,小时候的纯真可爱,长大后倔强叛逆,却终究善良。

二 社会视角下的中国女性形象

不同社会有着不同的特征,女性作为有别于男性的社会群体,考察在社会背景之下的身份、地位、角色很有必要。在分析中国女性形象的同时,不能只从家庭视角出发,而是要关注到她们在社会中的地位和角色,甚至还要将视野放宽到国家层面,考察教材中的中国女性在社会发展中的角色与地位是否发生了变化。本书从社会角度出发,以职业为分类标准,整合了教材中关于社会中女性的文章,具体见表4.12。

表4.12　　　　　　　　　与社会相关的样本统计

分类	人物
教师	李老师(《初级综合》Ⅱ《爱的教育》) 小莉、方老师(《高级听力》Ⅱ《80后老师,看上去很美》) 魏敏芝(《高级写作》Ⅱ《谈谈电影〈一个都不能少〉》)
学生	中学生(《中级口语》Ⅱ《一个中学生的休息时间表》) 学生(《中级听力》Ⅱ《关于望子成龙》) 吴虹飞(《中级阅读》Ⅱ《"做一只音乐虫子"——校园歌手》) 谭乐诗、志愿者女孩(《高级综合》Ⅰ《一辆自行车》) 小姑娘(《高级听力》Ⅱ《一朵花的快乐》、《初级综合》Ⅱ《书本里的蚂蚁》) 秦月(《高级阅读》Ⅰ《苦差事中有商机》) 梅梅(《高级写作》Ⅰ《个人大事记》)

续表

分类	人　物
明星	桑兰(《中级综合》Ⅱ《桑兰的微笑》) 邓丽君(《中级口语》Ⅱ《月亮代表我的心》)
其他职业	记者:程洁(《高级综合》Ⅰ《走上自首之路》) 赤、青、绿(《高级综合》Ⅱ《三个丽友》) 工人:清新、朋友(《中级综合》Ⅰ《绿色屋顶》《减法生活》) 田芳(《中级口语》Ⅱ《需要的话,我们给你打电话》) 护林员:谢定淑(《高级听力》Ⅱ《撒播绿色的老人》) 作家:三毛(《高级综合》Ⅰ《沙漠中的饭店》)

现今中国的女性在社会中承担着多种角色。《发展汉语》系列教材中的女性主要从教师、学生、明星和其他职业的形象出发,从社会角度分析教材中构建了怎么样的中国女性形象。

(一) 教师形象

自古以来,教师便是一个受人尊敬的工作。教师的品德关系到学生的成长,高尚的师德对学生如芝兰,给予他们利于身心的熏陶。对外汉语教材面向的主体是国外的汉语学习者,其中女性教师是体现中国女性形象非常好的代表之一。在教学过程中,教师对于学习者也影响颇深,好的教师形象,更有利于师生相处,让文化交流更加顺畅。

在教材中,教师形象对于学习者有着很大的影响,这不仅关系他们对中国人的印象,更关系对整个国际中文教育界的印象。在《高级写作》Ⅱ《谈谈电影〈一个都不能少〉》中,描述了魏敏芝作为老师对学生的关心与爱护,以及承担老师责任的故事。文中刻画的魏敏芝,是一个善良、坚持、守承诺的女性,为学生付出了很多。课文建构的教师形象,栩栩如生,真实而富有情感,温暖而有力量。《初级综合》Ⅱ《爱

· 217 ·

的教育》一文中，刻画了漂亮的李老师，通过做游戏来教育学生，让学生刘文辉在收到特殊礼物时，也能牢记教师教导，让对方终生难忘，并且改变了一生。在《高级听力》Ⅱ《80后老师，看上去很美》一文中，讲述了三位80后的老师，其中小莉老师是一年级的老师，特别青春阳光，和蔼可亲，没两天就和孩子们打成了一片。还有一位方老师，是三年级老师，她和孩子们斗智斗勇，让自己变得"笨笨"的，让学生变得聪明，成为动手能力很强的人，成功获得孩子和家长的喜爱。

教材中列举的故事都展示了中国良好的师德在传承和发扬中，始终如一的女性教师的形象，是中国女性形象的内涵之一。教材中的老师和蔼可亲，德才兼备，关爱学生，她们用不同的教学方式教导学生。教材刻画了教师品德高尚、教学有方的形象。教材通过刻画老师的形象，让学习者感受到中国老师的温柔与负责任，更容易引起他们对授课老师的尊重，激发他们学习汉语的热情。

（二）学生形象

学生作为社会和国家最新鲜的力量，汲取优秀传统文化的力量，成为民族和国家未来兴盛发展的希望。《发展汉语》系列教材中的学生，不仅有和留学生年龄相仿的大学生，也有中、小学生的形象。他们是中国不同年龄段学生的代表，可以让留学生了解到中国学生最真实、最朴素的一面。

1. 中小学生形象

《发展汉语》系列教材中的小学生都是天真可爱的，他们天真的举动往往能够带给人感动和欢喜。《高级听力》Ⅱ《一朵花的快乐》中7岁小姑娘，就算是在音乐剧中出现一朵不说话的小花，她也会表现得十分快乐孩子的烂漫可爱让人觉得生活十分美好，温暖了主人公的心。《初级综合》Ⅱ《书本里的蚂蚁》中的小女孩爱读书、稚嫩可爱，每一个汉字在她眼中都是一个个小蚂蚁，小蚂蚁在书中走动形成不同的排序，这样她就每天都可以读上一个新故事。

在现今的社会，不仅仅是成年人有着很多压力，中学生也有，他们每天在知识的海洋中徜徉。《中级口语》Ⅱ《一个中学生的休息时间表》中，一个女孩坐在桌子前面学习，时间表上可以看出，中学生的时间特别紧张，时间安排得十分紧密，连休息玩耍的时间都很难空出来。在《中级听力》Ⅱ《关于望子成龙》一文中，两位母亲讲述自己给孩子报了一些辅导班，孩子放学后和星期天都会去辅导班上课，学习钢琴、书法、绘画等业余知识，根本没有玩的时间。这些文章说明现当下的中小学生学业繁重，父母对他们寄予了很大的希望，希望他们能取得好成绩。

教材所选取的故事，真实地反映了现下中小学生的现状，他们的生活除了学习，便是各种各样的辅导班，压力可谓不小。也许，适当地放松调节学习的压力，更有利于他们的身心健康。

2. 大学生形象

在《发展汉语》系列教材中，有很多的大学生形象，《初级综合》中的朱云、《初级口语》中的李雪，《中级口语》中的王丽、王楠，《高级教材》中的佳佳、梅梅等。她们乐于助人，勤奋好学，有知识，懂礼貌，是当代青年人的代表，是祖国和未来的希望。

教材中女大学生们和善温柔，赋有亲和力，是当代中国女孩最真实的写照。《初级综合》Ⅱ《一辆自行车》中，作者刻画了一位宽容、和善又有点小幽默的女孩。她在学校里遇到了偷自己自行车的人，并没有生气，而是原谅了对方，她利用语言的智慧，巧妙地将尴尬的气氛变得幽默，不仅赢得了对方的尊敬，也令他人留下了一个很好的形象。在《初级综合》Ⅰ《听电影》讲述了几个大学生做志愿者，用充满真诚和爱的话语，让盲人能够身临其境般感知电影故事，传达了爱和善。《中级阅读》Ⅱ《夜半惊魂》刻画了一个节约用电的女孩子形象。《"做一只音乐虫子"——校园歌手》中的吴虹飞是一个清秀、骄小的姑娘,她有些文静害羞,可她却有着三年的摇滚演出经验,让人十分佩服。

除了关于女孩们在性格方面的建构,还提到了女大学生在工作上面的问题。朱云在学习期间就去当家教,勤工俭学。《高级阅读》Ⅰ《苦差事中有商机》中的大四学生秦月自主创业,面对来自家人和外界的争议,依旧坚持自己的选择,克服困难,有理想,有决心,展现了当今大学生在面对就业时脚踏实地,从基础做起,不畏艰难,有理想有信念的女性形象。《高级写作》Ⅰ《个人大事记》中梅梅在大一的时候当志愿者去农村当义务代课老师,她明白教育的可贵,坚定自己的道路,不断向着未来前进。教材中的女大学生,性格坚毅执着,为学习和生活努力奋斗,哪怕有挫折也一直勇往直前。

教材中关于中国学生的文本内容,不仅可以让学习者对中国的学生有一个大体的认知,更能够引起他们对同龄中国学生的兴趣,主动在现实生活中和中国学生交流,既能提高他们的语言交际能力,也能促使他们在生活中感知中国学生的精彩生活。

总之,《发展汉语》系列教材里的中国学生,多是十分好学上进,且自立自强,热爱劳动,他们是中国学生的代表,是当今社会中客观真实存在的。教材通过对学生形象的塑造,能让学习者更好地了解中国人。

(三)明星形象

明星作为公众人物,在中国社会中,也是代表着中国形象的一员。如今科技发达,明星可以通过各种各样的途径来展示自己的个人形象,除了个人性格以及角色形象的传播,更多的是要担任起社会责任,传播良好积极的正面形象。他们的事迹很容易感染人们,也能得到很好地反响。在众多科技手段加持下,明星的社会影响力甚至超越了国界,因而在《发展汉语》系列教材中选取的女性明星,也能向世界展示中国女性良好正面的形象。

　　教材的女性明星不多，主要是体育明星桑兰和歌星邓丽君。她们处于不同的领域内，人生阅历也大不相同，但她们都有着美好的品质和让人钦佩的人格。

　　《中级综合》Ⅱ的课文《桑兰的微笑》，鲜明地刻画出桑兰热爱生命、乐观豁达、坚持不放弃的坚韧形象。桑兰是十分坚强的一个人，并未因为疾病而自怨自艾，相反，她通过自己的努力向社会传达爱心，不断为体育事业、残疾人士贡献自己的力量、传达自己的爱心。通过学习，能让学习者感知到她"性格坚韧、富有爱心和奉献精神"的伟大形象，文中刻画的桑兰，就像一棵青松一样坚韧不拔，有着超乎常人的韧劲，她身上所具有的精神是中华民族历来所推崇的，这样的精神值得所有人尊敬和学习。

　　《中级口语》Ⅱ《月亮代表我的心》一文中，讲述了歌手邓丽君的故事。邓丽君在中国乐坛上有着很高的地位，也极具影响力，她是20世纪后半期最有名的华语和日语女歌手之一。邓丽君的演唱让人印象深刻，她充满自信、自然，又从容不迫，她的歌声能够让人们的内心世界感到平静、亲切、温馨。文中刻画的邓丽君，有着迷人的气质、甜美的歌声，她亲切、成熟的形象让人喜欢，中国流行乐坛历史上，邓丽君的地位很高，她的歌曲一直流行到现在，可以说，邓丽君是一个时代的记忆，是无数人心中最美好的明星。

　　总之，《发展汉语》系列教材中的女明星，是现代中国女性的代表，她们有着坚韧的性格、大爱的精神，通过自身努力向社会困难人群提供帮助和勇气。她们让学习者认识到，中国的女性，是有着让人敬佩和值得点赞的精神的。

　　（四）其他职业形象

　　中国女性在工作中勤奋刻苦，用自己的智慧和勤劳赢得成功的机会，提升了女性在社会结构中的地位。这些人有着很好的工作，有着深爱着的家人，幸福快乐，生活美满，但也会遇到一些挫折和挑战，在职场和生活中挣扎。她们可能会因为小细节而失去工作，也可能会因为个人生活而影响职业生涯，抑或是身体健康、精神状态出现问题。但他们并没有因失败而丧失信心，她们凭借着自己的努力，不断地向上拼搏。在这个奋发图强的过程中，自立又自信，勇敢且聪明，让她们散发着一种迷人的光彩。

教材中有的女性是公司职员，她们在职场中奋斗，经历挫折与挑战，不断提升自我能力。刚进入职场的女性，她们也许有很多不足，可他们积累经验、奋发努力，都成为让自己满意的人。她们有着勇敢、坚强、知错能改、顽强拼搏的精神。《初级综合》Ⅱ《把表拨快三分钟》中，讲述了主人公因迟到后吸取教训，将手表拨快三分钟，至此从未迟到过，赢得了领导和客户的信任。文中的她能够吸取教训、积累经验，这些恰恰反映了刚进入职场的女性的一面。《中级口语》Ⅱ《需要的话，我们给你打电话》一文中，讲述了田芳毕业，打算去报社应聘采访记者，报社主管对田芳进行了考察，发现田芳是个很独立的人，写作能力也十分不错，文章中的田芳，努力大胆，虽然学的是工商管理，但她敢于尝试，哪怕可能会失败，也绝对不放弃任何一个机会。《电梯的1分27秒》讲述了一位不断成长、树立自信、不断改变自己、努力超越自我、最终实现自我进步的实习生。从她的身上，让我们看到了新时代青年人永不放弃、敢于拼搏、顽强奋斗的精神。

在《发展汉语》系列教材中，有些女性的职业是记者，她们负责任、有思想，是众多记者的代表。《高级综合》Ⅰ《走上自首之路》中描述了记者程洁劝一个曾经持枪抢劫的人自首的过程。在文中的程洁，既聪明又负责任，既坚强又勇敢，她知道自己所说的每一句话都将改变对方的一生，哪怕潜伏着危险，程洁依旧不放弃一丝让对方自首的希望。这篇文章刻画了一个既聪明又勇敢，又有担当的女性形象，是值得很多人学习的对象。《高级综合》Ⅱ《三个丽友》的赤是报社记者，她跟随领导去慰问养路工，那些养路工很好，只是很孤独。当有个青年想拥抱一下赤，赤纠结了一会，便答应了，她能感受到那青年靠在她肩上时身体颤抖，勇敢的行为让很多养路工都流泪了，也慰藉了大伙的心，让他们觉得温暖。在这些女性身上有着勇敢正直品质，她们的行为不仅让自己感动，也同样温暖了别人，具有人性之美；她们敢于面对问题的勇气，丝毫不比男性差，当真配得上"女中豪杰"这四个字。

绿水青山离不开护林员的勤劳，把沙漠变绿洲，将荒山覆盖植被，这是多少护林员日日夜夜、不辞辛苦才有的结果。他们是可爱的人，因为有他们的存在，绿色大地也渐渐多了起来。《高级听力》Ⅱ《播撒绿色的老人》描述了70岁的老人谢定淑二十年如一日，在荒山上种树，播撒绿色，收获希望的故事。文中刻画了谢定淑为了提高树的成活率，经过多次实验观察，将自己发明的方法交给了林业部门，向全国推广自己的种树经验。这样的一位老人，为了中国的绿色奉献了一辈子，为解决水土流失问题贡献了力量；这样的一位老人，值得我们的尊敬。

作为知名作家，三毛是我们家喻户晓的名人。她那潇洒的性格与笔下精妙的文章，都是让世人惊叹的。在《高级综合》Ⅰ《沙漠中的饭店》中，讲述了她和丈夫荷西在沙漠中的生活。结婚后，三毛依旧没有变化，人格独立、内心自由，有着独特的个性，荷西也不愿意她失去了自己的个性和风格。文中的三毛幽默、活泼，和丈夫荷西相处得十分融洽，小细节处满是温馨，让人看了不由得会心一笑。文中的三毛，不仅幽默，还很聪明，荷西的老板来家里吃晚饭，想吃笋片炒冬菇，三毛用自己的聪明才智让对方十分满意。三毛热爱自由，性格幽默，也很有自己的个性，她作为中国知名作家的代表，可以让学习者了解到中国女性作家的幽默与风趣，还能够吸引学习者去了解三毛的文学作品。

综上分析，在《发展汉语》系列教材中，社会中的女性职业是多样的，覆盖了教师、学生、明星、作家等。教材中塑造的人物丰富多彩，性格多样。不论是和蔼可亲、德才兼备的教师，抑或是积极进取、努力奋斗的学生，还是家喻户晓、乐观向上、赋有爱心的明星，都能让人们感受到她们的性格特征，以及背后的价值观念。她们身上体现着中国的传统文化，同样也是社会各界人士的代表。教材选取了社会上的普通人，真实客观地塑造了现当代中国普通女性的情况，展示了中国最本土、最真实的普通人民的道德品质和性格特征，传播了中国最真实的普通人事迹，塑造了包含中国文化意蕴、客观真实的女性形象。

三 国家视角下的中国女性形象

在《发展汉语》系列教材中，也谈及了国家视角下的女性，她们有的是旧社会制度下的女性，也有中华人民共和国成立后的女性，她们都是当时社会中具有代表性的女性。本书将国家视角下的女性分为被压迫的女性形象和被解放的女性形象，并依次分析，相关统计见表4.13。

表4.13　　　　　与国家相关的中国女性的样本统计

分类	人　物
被压迫的女性形象	祝英台（《高级综合》Ⅱ《琴弦上的"蝴蝶"》） 祥林嫂（《高级写作》Ⅰ《我能不能帮助可怜的祥林嫂——〈祝福〉读后感》） 林黛玉（《读〈红楼梦〉笔记》）

续表

分类	人　物
被解放的女性形象	女性(《中级阅读》Ⅰ《女女不一样》) 全职太太(《中级听力》Ⅱ《全职太太》) 新娘(《中级阅读》Ⅱ《美女与流行》《"蔬""菜"的婚礼》) 女性(《高级听力》Ⅱ《该谁回家》) 《高级综合》Ⅱ《中国婚姻60年之嬗变》

（一）被压迫的女性形象

中国以前的封建社会中，腐朽的制度和礼教制约着女性的发展，对女性有着很深的迫害。妇女社会地位低下，在生活中受到限制，成为被压迫的人，她们没有和男性一样的地位，担负着各种各样的压力。封建礼教的政治制度将她们紧紧地禁锢起来。她们处在社会的边缘，相较于男性而言，她们是一种地位低下的"她者"，被当时的社会压制、束缚。

1. 被禁锢的思想

在封建制度下的社会，女性的思想是被禁锢的，她们遵守着一辈一辈传承下来的封建思想，被困在腐朽牢笼下生存，祥林嫂是非常典型的代表，她的遭遇非常值得同情。在《高级写作》Ⅰ《我能不能帮助可怜的祥林嫂——〈祝福〉读后感》一文中，作者在读了《祝福》后，充分表达了对祥林嫂一生的同情与怜悯。祥林嫂是被封建礼教迫害的代表女性人物之一，丈夫死后，她被婆婆强迫嫁人，她没有自由，不能自主，只能被迫害、被贩卖。文中刻画的祥林嫂是个典型的质朴、顽强的劳动妇女形象，却在那个吃人的社会中，被性别制度压制，被不完善的社会保障体制深深地伤害，最终悲惨死去。由于受封建思想的禁锢，祥林嫂顺从于被别人贩卖，不愿反抗。当时的女性思想紧紧地被封建制度禁锢，衍生出可悲可泣的诸多可怜事件。

2. 强制的婚姻

在中国古代，婚姻大事皆由父母做主，讲究的是"父母之命媒妁之言"。实现婚恋自由在封建社会是概率很小的事情，男尊女卑的制度让女性深受压迫，女性往往成为封建礼教的牺牲者，成为家族联络情感的交易品。

在《读〈红楼梦〉笔记》中，主要是作者在读《红楼梦》时的一些笔记和感想。作为其中的主角，林黛玉和薛宝钗没有婚姻自由，都是封建制度下的牺牲品。她们的婚姻有太多因素，自由恋爱得不到贵族大家庭的认可。林黛玉的婚姻、薛宝钗的婚姻，一切都建立在以家族的利益、地位为上。故事中的两位女孩子，她们的婚姻皆由别人做主，封建礼教让她们一个香消玉殒，一个孤独守寡，让人同情。《高级综合》Ⅱ《琴弦上的"蝴蝶"》一文，讲述的是《梁山伯与祝英台》的故事。《梁祝》是中国一个民间故事，感人而凄美。祝英台被父亲强制许配给他人，无法与爱人成亲，最终两个人化作一对彩蝶形影不离。凄美的爱情故事让众人为之动容，祝英台对爱情的坚贞不渝，让众人为之感动。造成梁山伯与祝英台悲剧结局的，便是那封建制度下的婚姻。

在封建礼教社会下的女性，她们被禁锢着一切，思想和婚姻都被束缚，面对封建礼教下的女性的诸多不幸，对比现在社会中女性地位提高、婚恋自由的情况，也让汉语学习者了解到中国在不断地发展进步，社会中女性地位的改变和提高，恰好是中国在更好发展的见证。

(二) 被解放的女性形象

1. 思想的解放

相较于封建社会的女性，现代社会下的女性是幸福的。在《中级听力》Ⅱ《全职太太》一文中，几个人对做全职太太发表了自己的意见。然而，女性是否想做全职太太，都看每个人自己的想法，现在的社会不同了，每个人都有选择的权利，不论是在家照顾家人的全职太太，还是在外打拼的职业女性，都是值得尊敬的。在《中级阅读》Ⅰ《女女不一样》中，表达了时代不同了，女性的思想观念也随之变化。有些不愿意出来工作的，也可以在家里做家庭主妇。想在社会中努力工作的，可以成为经济独立的女人。有愿意站在男人背后的，帮助做事情的女人，也有愿意成为领导男人的女人。每个人都有每个人的选择，在现代社会下的女性，有着选择的权利，她们都是自由的。《高级听力》Ⅱ《该谁回家》中，谈论了关于女性要不要回家的问题，每个人的观念各有不同。"女性是否回家"是女性的一种权利，而在社会工作，寻求经济独立，也是女性的一种权利。

面对不同选择，女性有着自己的想法，她们不再一味地按照封建标准那般，只相夫教子。她们可以在外打拼，去为自己的理想而奋斗。而发生在女性身上的发展变化，思想的解放，人格的解放，都是由国家所赋予她们的。因此，教材中被解放的女性，恰恰说明了中国的发展，他们所体现的女性形象也是国家形象发展变化中的一个部分。学习者了解现当代女性的现状，便能对中国社会的现状有一个大致的了解，有思想、肯奋斗的女性形象也有利于传播良好的中国形象。

2. 婚姻的解放

婚育文化是人类在社会发展过程中形成的关于结婚和孕育方面的风俗习惯、道德观念等，它随着人类社会产生和发展而变化。在中国社会主义制度下，女性的婚育不仅关系到个人的生活与婚姻，也是社会文化下不可分割的一部分。中国女性的婚育观并不是一成不变，它伴随着社会历史的变迁而不断变化。当今制度下的婚育文化，既有着传统文化的遗留，也有着社会主义婚姻文化的新元素。婚姻观的发展演变让婚姻模式发生了诸多变化，中国人对待婚姻的态度发生了极大地变化。

《高级综合》Ⅱ《中国婚姻 60 年之嬗变》一文中，讲述了关于不同时代婚姻的嬗变。从由父母做主的包办婚姻，到女性可以自由恋爱、自由选择是否要结婚再到自由选择愿意结婚的对象。种种迹象能看出，女性从被动的婚姻中走出来，对婚姻有了自主权。改革开放后，女性的婚姻又发生了观念上的变化。21世纪后，《中华人民共和国婚姻法》有了修正案，社会对婚姻更加宽容了，女性在婚姻上，也有了更多自由，自己的婚姻，自己可以做主。在《中级阅读》Ⅱ《"蔬""菜"的婚礼》一文中，新娘对自己的婚礼有着十足的自主权，将传统的婚礼改变成了一种以蔬菜为主的婚礼，邀请厨师做了特别的设计，用最简单的感情，守护最幸福美满的婚姻。

《发展汉语》系列教材在体现女性在婚姻中得到解放的同时，也体现了整个国家在婚育观念的改变，现代社会中婚育观较旧社会都有着很大的改变，这些改变在女性身上尤为明显，在一定程度上也体现了当时的国家现状。

3. 审美的解放

在《发展汉语》系列教材中，有一部分女性形象，是以跨时代为背景，不同年代的女性，有着不同年代的特征。在《中级阅读》Ⅱ《美女与流行》一文中，讲述了不同年代的美女，有着什么样的风格特征。20世纪三四十年代的美女穿旗袍的多，体现了国色天香的美感。50年代的女性喜欢穿苏联式的衣服，样子朴实，青春热情。60年代的女性爱穿草绿色的军装，也爱穿劳动布的工作服和红色毛衣。改革开放后，女性有了新标准，80年代对女性的评价也变了，比如可爱、清丽等词，都可以用来描述女性的美。到90年代后，对女性美的标准也有了新的变化，不但注重外表，也看重气质。

不同时代的女性有着不同的特征，教材呈现了不同时代下对女性的审美标准，而这些不同的女性特征均是由当时国家背景所给予的，国家的发展变化能够清晰地体现在女性的身上，从她们身上也可以反映当时国家的状况和价值观念。

总之，《发展汉语》系列教材中国家视角下的女性，在不同时代有着不同的特征，在封建制度下的女性，是被压迫的；再到现在的社会，女性思想和婚姻都十分自由，这些都是国家在不同历史阶段下女性的现状。中国女性在社会地位、价值观念等的改变，也从侧面映射了国家在这么多年不断发展、进步。学习者从教材中感知女性形象的发展变化，能够更好地了解中国社会历史变迁的历程，也能吸引学习者自主去了解中国历史的发展，了解中国文化。

四　教材中女性形象建构的特点

《发展汉语》系列教材中的女性形象，从基本信息到价值观念都有涉及，教材从普通女性出发，谈及他们的职业、学业、家庭、婚恋和生活等内容，后扩展到知名作家、知名体育运动员、影视明星，甚至也谈及了不同时代下女性的情况，展示了不同角色、不同身份女性的形象。教材将更多的视角放在了普通女性身上，通过文本内容的故事呈现女性在价值观念、家庭教育、婚恋爱情等的思维方式，多层面地展示了中国家庭内部和社会中女性的状况。

教材中的中国女性是全体社会女性的一个代表，折射了中国现当代各个层面女性的精神面貌。教材中的女性形象多是和社会生活相关，注重价值观念、性格特征、社会交际等的塑造，从而展示现当代中国真实的社会人际交往关系，传播中国传统的社会文化，展示当今社会女性在家庭、社会中的生活方式和思维模式。通过教材中的中国女性形象，可以看出女性在历史洪流下一步步地转变，体现了中国女性文化的精髓，更体现了中国在不断地发展变化，体现了中国社会在变迁中不断欣欣向荣的大国形象，一点一滴将女性形象具象化。但是，教材在呈现良好女性形象的同时，在形象建构中，也存在一些不足。

第四节 《发展汉语》系列教材中女性形象建构的不足及成因

教材课文的选编以及话语的建构性使教材在教学过程中伴随着价值观念、社会文化的影响，作者选择了什么样的形象，通过怎样的方式建构形象可以反映出教材是否有倾向性。《发展汉语》系列教材在建构中国女性形象的时候，通过家庭、社会和国家几个角度展开，同时也将中国的价值观念和社会文化注入其中。而由于对外汉语教材本身具有的独特性，导致在建构中国女性形象时，考虑的因素很多，既要考虑教材是以语言教学为主，又要思量导入中国优秀文化，因此在中国女性形象的建构上，显得有些不足。本节将基于这些不足，探寻教材选择这样呈现中国女性形象的原因，为接下来的建议提供参考。

一 女性形象建构的不足

教材的受众是学习者，教材中所呈现出来的中国女性形象，会直接影响到学生对中国女性的印象。在教材中，大部分的女性具有积极正面、乐观向上的性格，给学生呈现的也是一种正面良好的印象。但在建构的中国女性形象中，也有一些问题。

（一）不适当的负面形象

《发展汉语》系列教材总体建构了良好、正面的中国女性形象，但还是存在一些不足，其中教材中负面形象的选择有些不适当。正面向上的女性形象会让学习者对中国女性形象有一个好的印象，负面的女性形象则会影响他们对中国女性形象的认知。该教材对中国女性形象的呈现有正面、有负面也有中性的，整体上做到了一个公正的态度，但呈现的负面女性形象，却还需要仔细斟酌。中国是一个以仁为本的大国，中国人民给他人的认知是和善、亲切的形象,可在高级阅读Ⅱ的课文《人肉搜索》中举了一个例子,这个例子讲述的是一个时髦的中年女子微笑着将小猫放在地上,用尖尖的高跟鞋鞋跟将小猫踩死,这名女子虐待、伤害动物的行为传播到了互联网上,让众人十分生气,从而引起了人们对她的人肉搜索。课文主题是表达关于人肉搜索的事情,可例子却特别不恰当,它所呈现的女性,性格、手段都极其残忍,这会让教材中的中国女性的形象大打折扣,甚至会严重影响到学习者对中国女性的认知。

想要表现课文的主旨,有若干种方法,而不是选择这种对女性容易产生极大误解的例子。中国女性大多善良有爱,很多女性对小动物都十分的喜欢,这种虐猫的事情,在现实中很少发生。将这种事情引进对外汉语教材中,这极大地扭曲了中国女性的形象,严重影响了中国女性形象在外国留学生心中的印象,不利于传播良好的中国女性形象,更不利于建构人性本善的大国形象。这样的负面形象,已经将中国女性的"刻板印象"上升到了道德、人品等层面,会显得中国女性性格偏激残忍,甚至会上升到中国人残忍刻薄的层面。

在《高级听力》Ⅱ《最好的爱》一文中,刻画了一个深爱着妻子的丈夫,而妻子在婚内出轨后发现丈夫依然深爱着她,十分感动,由此两个人和好如初。这篇课文主旨的初心很好,讲述丈夫对妻子感情深厚,然而婚内出轨这种事情,不论男女,都是违背道德、为人所不齿的事情。想要表达丈夫对妻子的爱,可以从很多事情表现,而教材恰恰选了不适当的一种。且对外汉语教材所面对的学习者各个年龄阶段都有,文本内容并不适合出现这种婚内出轨的女性形象,不仅影响中国女性的整体形象,还会让学习者对中国女性产生误解。

《发展汉语》系列教材中的女性形象有正有负,可见教材做到了公允的态度。然而什么样的负面形象可以引入教材,这还需要细细斟酌,不适当的负面女性形象,不仅影响学习者对女性的初始认知,更影响中国的大国形象。

(二) 参政女性形象的缺失

职业的多样性更能显示当今社会背景下女性的多元化,而教材中大部分女性是老师、服务员和学生,其余的社会职业并不多。当今社会,女性越来越受到重视,女性的能力并不比男性的差,所以职业角色也越来越多样。而中国现在有很多参政议政的女性,她们是中国女性形象的代表。

社会的进步,离不开人类。女性作为促进社会发展的力量之一,同样有着无可替代的作用。在社会发展进程中,妇女发展的状况,已经和国家发展水平和国际形象脱不开关系。女性参政是体现女性发展的重要方面之一,也是女性解放的高级形式。女性广泛享有充分的民主和自由,参与国家和社会事务管理,是一个国家和社会进步的重要标志。

女性参政是现代社会的法律赋予每一个女性公民的基本权利,女性是否享有参政权是女性地位的基本标志。[①] 女性参政议政是当今社会主义现代化建设的重要一环,可见,妇女参政是体现女性地位提升、女性事业发展的重要形式之一。

然而在《发展汉语》系列教材中,并没有谈及女性参政议政,教材中的女性,职业多元,涉及了社会职场中的方方面面,却完全没有上升到国家层面,参政女性形象丝毫没有提及。如今,越来越多国家和地区的妇女,都能参与政治和社会生活,就世界和平、发展、环境及妇女自身的利益进行广泛的讨论,发挥积极的作用。教材中参政女性的缺失,很可能会让学习者误以为中国的女性没有参政议政的权利,这对于我们塑造大国形象,反映我国妇女解放事业发展具有不利影响。

(三) 角色命名的缺少

在教材之中,很多短小的对话体课文中,都出现了代号角色,用

---

① 俞湛明、罗萍:《社会性别与女性发展》,武汉大学出版社2010年版,第68页。

"A/B、男/女"来作为课文对话者。这样的设计虽然简练，可学习者却无法从"A/B、男/女"中挖掘更多关于他们的个人化内容，如果没有插图进行辅佐，甚至无法了解到他们的年龄、国别等基本信息。用字母或者男女作为角色代号，会显得前后课文没有关联性，零散无序，前一篇课文中出现的"男"并不一定和后面课文出现的"男"是同一个人。这种代号人物的指代作用很容易被我们忽略，非常不利于学习者了解课文中的人物。除了以代号出现的人物，教材中很多女性都是无名无姓的存在，她们的背景没有提及，单单只有一个职业，这十分不利于学习者认知中国女性形象。中国有百家姓、千字文，承载着中国的优秀传统文化，很多汉字都带着特殊的意味，给教材中的中国女性人物命名，不仅仅有文化价值，还有教学价值。

在中国，名字具有很重要的意义，它是长辈对于晚辈最殷切的期望，包含着美好的含义，一个人的名字不仅仅是一个人的代号，更包含着浓浓的情意。对教材中的女性形象进行命名，不仅能通过汉字的文化内涵来引起学习者对中国文化的兴趣，也能让学习者明白姓名在中国文化中的重要性，更能让学习者多了解汉字存在的意义，引起学习者学习和书写汉字的兴趣，提高汉字使用水平。教材中很多女性没有名字，只用"女"作为角色代号，并没有什么文化价值。在教材中，女性的名字都具有一定的语言教学价值，教材中女性的名字一般都较为简单，比如《发展汉语》中的"朱云""王丽""李青"等，都是一些简单的汉字，没有什么比较难的生僻字，这能让学生通过认识人物名字来强化学习这些简单的汉字，更能够引发学习者去主动学习中国的百家姓，从而给自己起中文名字，更好地理解中国的姓名文化。

（四）外在形象的缺陷

与文字符号相比，图片等符号更有直观性，教材中的一些女性人物插画，在女性形象塑造过程中有着重要的作用。对外国学习者来说，在拿到教材的时候，最吸引对方的应该就是教材中的插图，教材中插入中国女性人物，不仅有教学价值，也能让学习者了解中国的女性。因此，在选择插图的时候，在人物外观上尽量还原真实生活中人物的面貌和衣着，多用色彩，更能够吸引学习者的注意。在《发展汉语》系列教材中，纵观全套教材，大部分中国女性人物的插画都显得单调、对真实人物的还原度很低，人物插画更是以简笔线条画为主，这种与黑白插图几乎没有太大差别。这样的人物外观不利于学习者通过插图来对中国女性的外观形象有一个整体的认知，插图作为视觉符号的具象化体现，应该让学习者更清晰明了地感知形象，在没有学习之前，学习者对于教材中的插图，会有很直观的初始印象。

但是在《发展汉语》系列教材中，中国女性形象的插图不仅少，而且简笔画类的图片不够真实。简体线条类的人物插图对教材编写者在编写教材中有一定的优势，但这并不利于学习者学习汉语。一些年龄较低的学习者，他们对于人物外观更是敏感。赏心悦目的外在形象可以增强学习者对于女性形象的印象，也可以引起学习者去主动探索女性形象。

（五）内在性格不丰满

从《发展汉语》系列教材中的插图来看，教材中的女性人物外在形象都过于简单，线条画的插画虽简单，却不够形象深刻，缺乏美感，学习者无法从插画看出女性人物的外在特点，看上去呆板无趣。生动的形象不仅要靠精心设计的性格特征、思想观念来体现，也需要设计丰富多样的人物外形。个性特征是独属于个体自己的，每个人都有着属于自己的个性特点。生长于不同环境下的人，在个体成长过程中，会伴随着当时的家庭环境、社会环境等因素，都会塑造不同的人物个性，且随着个人的成长，性格特点也会有所改变。在教材中，编写者可以赋予文本人物以不同的个性特征，不同的人物个性在文本中的构架中发挥着不同的作用，《发展汉语》系列教材中有很多女性，有的一带而过，有的着重描写，但总体而言，这些女性形象的个性塑造并不丰满，教材之中有按照对话形式"男""女"为代号，通过课文的梳理，只能看出性别，而性格内涵却并不明显，人物的个性特点也不鲜明。

二 原因探析

《发展汉语》系列教材中呈现出来的中国女性形象，存在女性形象不合理、内在性格不丰满等不足，而出现这些不足的背后是有一定原因的。

（一）形象不够系统深入

由于大部分的对外汉语教材在编写时主要考虑的是方便语言教学，目的在于让学习者更快更好地学会汉语。因此在教材编写过程中，编写者可能会优先考虑教材的语言教学功能，而不是去考虑中国形象或中国人形象的传播功能，但语言本身承载了一个国家的历史和文化，教材中不可避免地会从多种角度呈现各种形象。从本质上来说，对外汉语教材为对外汉语教学服务，让学习者学习汉语的工具，并不是专为建构和传播国家形象而设置的，因此，编写者在编写教材时，并不会刻意去塑造女性形象。

教材编写本就不是一件容易的事情，他们需要从多角度多方面给学习者呈现一个完善的教材，难免会有顾此失彼的现象，并不是教材编写者故意去忽视抑或是随意塑造女性形象，只是他们在编写中会更偏向于考虑语言教学的目的。因而，在《发展汉语》系列教材中，中国女性形象有些零散，教材在编写中并没有系统去塑造女性形象，只是根据课文内容来单个地塑造形象，因而会显得形象浮于表面。在对女性的基本信息、个人品格、价值观念等方面的描述也是零散的、碎片化的，因此这套教材无法呈现一个完整多样、全面深入的中国女性形象。

（二）文化惯性的驱使

社会的进步，历史的发展，现在的中国已经步入了新时代，有了新发展。但由于中国经历了较长的封建统治时期，封建制度下的文化惯性成为极其隐性的存在，仍对教材中的女性形象有所影响。文化惯性是经过长时间的文化积淀形成的，是一种十分隐性的力量。

随着时代的发展，中国崇尚自由民主，人们的思维模式和价值观念已然升华。但事实上，我们依旧可以感受到这种隐性的"价值观"，封建社会中的性别歧视、男性优于女性等观念，依旧会若隐似现地潜藏在社会之中，《高级阅读》Ⅱ中有关于女性在职场中受到性别歧视，便是过去所存在的文化惯性作用于现在社会。教材中女性形象所书写的文化，在一定层面上，显示了社会的现状，女性角色的转变、社会职业的多元化，依旧会对女性有一定的影响，也是当时社会影响到了教材编写的内容。教材中女性的"善良""温柔""贤惠"在得到美化的同时，也无意间强化了对女性应该"善解人意""贤良淑德"的期待，体现了社会中对于传统落后、性别歧视等诸多方面的隐性承袭。

同样，在《发展汉语》系列教材中，中国女性的数量看似不少，可实际上，他们在文本中所处的多为次要角色，只是为了衬托主角，抑或是推动故事情节的发展而存在，处于隐性的弱势地位。在教材中，有对"剩女"的讨论。"剩女"即是高学历、高收入、高职位的一群在婚姻中未能得到理想归宿的大龄女性青年。[①] 这是当今对大龄女性的一种调侃，但也包含着一些贬损的意味。在传统的择偶观念中，男生选择配偶，往往会选择那些社会地位比自己低的女性，女性被迫找那些地位比自己高的男人。随着观念的改变，女性越来越优秀，择偶条件也会高一些，可供选择的对象少了，慢慢就自己"剩"下来。其实，"剩女"并真的剩下来，而是自己不想嫁，他们有着高学历高知识，不愿意在婚姻家庭中处于从属地位。"剩女""女博士"等都是主流社会命名出来，这种语言的命名具有很大的威力，来无影去无踪，这些都是文化惯性所造成的。

---

① 俞湛明、罗萍：《社会性别与女性发展》，武汉大学出版社2010年版，第140页。

在《发展汉语》系列教材中，也有关于就业中性别歧视的问题，而这种社会给女性带来的不利地位，依旧是文化的问题，社会上存留的保守落后的观念依旧影响着女性的就业。现在已经进入了新时代，虽然我国自古形成的男尊女卑等封建思想已经不存在，但由于受到惯性思想的影响，再加上女性与男性生理上的差异，有些用人单位在招聘人才时，往往会考虑女性在这些职业中受到性别、家庭等方面的影响，从而拒绝录用女性或是给女性不平等的待遇，为女性就业竖起了一道墙。

第五节 完善对外汉语教材中中国女性形象的策略与建议

通过对教材中女性形象的呈现和建构分析，我们意识到教材中女性的形象选择、角色命名、外在形象和内在性格上存在一些不足，因此本小节从教材编写、教师教导两个角度出发，对于完善女性形象提出一些策略和建议，希望能够为对外汉语教材编写和教学工作提供借鉴，为传播良好的中国女性形象做出一点贡献。

一 从教材编写角度提出策略和建议

《发展汉语》系列教材中塑造的中国女性形象，大部分是积极向上，客观真实的，虽然存在一些问题，但总体趋向是好的。为了能够进一步完善教材中的中国女性形象，可以从多个方面来对教材中的女性进行完善，让女性形象更加真实客观，更加多姿多彩。

（一）选择合理多样的中国女性形象

在教材中出现的中国女性，要成为中国女性的代表，遵循自然真实、贴近生活的原则。这里的女性，不是凭空捏造、随意虚构的，而是有迹可循、有可参照的，她们大多来自中国最普通的女性，立足于现实生活中最真实的社会。面对多样的中国女性，选择多样的中国女性形象，既可以引起学习者的兴趣，又能丰富教材，提高教学效率，这是非常重要的。

1. 兼顾全面性和典型性

中国地大物博，女性作为庞大的群体存在，受经济、文化、教育、时代背景等影响，造就了中国女性各有千秋，形象多样。要想向学习者传递客观真实的中国女性形象，就要考虑女性的全面性，不能只选择一种类型或一种职业的女性，而是要从多方面考虑，比如塑造女性时，可以选取多样的职业，添加少数民族群体等方式。让教材展现的中国女性形象的风貌更加多彩，那就不能只局限于几个女性人物，尽量做到全面性，多设计一些人物。在选择这些女性形象时，同一种类型的女性就要选择具有代表性、典型性的人物，这些女性作为一种群体内部的代表人物，身上体现着绝大多数人的特点，比如教材中的秦月大学毕业选择创业，虽然辛苦却依旧坚持理想信念，不畏艰苦，勇往直前，她是女大学生创业的代表，体现着女性大学生不怕艰苦、不畏艰辛、不怕困难的精神。教材中的女性兼顾了全面性和典型性，才能突出中国女性的特点，形象也会更加丰满。

2. 兼顾时代性和传承性

社会在不断变迁与进步，对外汉语教材在保持原有教学的基本功能以外，还需要紧跟时代，推陈出新，教材中的女性作为历史洪流中最为特殊的一类群体，更要体现时代性，展示当下中国女性的新风貌。通过在教材中体现当今时代女性的特点，让女性形象更加客观真实，也能让学习者从教材中认知现当代中国女性的现状。不可否认，中国女性的地位、角色等发生了很大的变化，但她们身上承载的优秀文化没有变，中国女性的自强不息、热爱劳动等精神并没有随着时代变化而消失，它们依旧可以在现当代女性的身上找到。因此在选择中国女性形象时，既要考虑时代变迁所带来的影响,也不要忘记初心,体现出从历史中继承的优秀文化传统。传统精神的继承,能让学习者了解到中华文化的深厚,而具有时代性的女性也让学习者知道中国在朝着好的方向发展变化。这样能让学习者在学习中,更贴近真实的中国社会,更好地了解中国女性。

3. 兼顾真实性和积极性

对外汉语教材作为学习者了解中国的一扇窗户,教材之中的文本内容需要积极向上,客观真实地向学习者展示中国的情况。而《发展汉语》系列教材中的负面形象,会直接或间接地影响到学习者对于中国女性甚至中国人的理解和认知,不利于传播良好的中国国家形象。因此,为塑造客观真实、积极向上的女性形象,教材编写时需选择好对象,可以存在合理的批评话语,但更多的应是通过正面向上的信息,展示现当代中国最真实的风貌。

《发展汉语》系列教材中的中国女性,他们有的是老师,有的是记者,有的是家庭主妇,这些都是现实生活中最普遍常见的人。在描写这些女性形象时,也要如实地刻画她们的特点,比如有的人爱打球,有的人爱看书,有的人喜欢猫,有的人喜欢玩游戏,不仅仅有热情、乐于助人、充满上进心的,也有腼腆、粗心的,客观真实地刻画了这些女性形象,让学习者从中找到共鸣,从而引起对课文人物的兴趣,提高了学习动力。

对学习者来说,教材能够向他们呈现中国的风土人情、社会习俗、价值观念等东西,特别是初级学习者,他们刚刚接触到汉语教材,处于懵懵懂懂的状态,受到教材中话语态度倾向的影响比较大。科学客观地向学习者传递中国优秀的传统文化,尽量避免负面的话语态度影响学习者对中国女性的认知。随着学习的深入,学习者对中国女性形象有了一定的了解,可以适当增添关于女性价值观的内容,在教学过程中也适当地讲解女性文化，传播好中国女性形象。

在对外汉语教材中，我们要塑造客观真实、积极进取、不断奋斗、敢于拼搏的中国女性形象，不是一味地夸赞或是贬低。在建构良好女性形象的同时，也要树立正确的话语态度，传播中国女性背后的文化，让更多的外国人了解到中国女性是积极乐观、活出真我、勇敢自信的。

（二）注重中国女性形象的角色命名

中华文化博大精深，姓名文化是其中的一部分。中国人在取名字时，似乎只是字符组合，但在名字中蕴藏着浓浓的文化意蕴。通过给教材中女性人物命名的方式，不仅能让学习者从语音、字形中学习汉语，更能够让学习者了解中国的姓名文化，宣传和弘扬了中华民族的优秀传统文化。

名字不仅仅是教材中人物的代号，每个字符都包含语言知识和文化知识。随着人物的对话、文本故事的发展，在学习者面前呈现活灵活现的中国女性形象，也让学习者了解中国人，从而了解中国。例如综合教材中的朱云，她是一名大学生，在她的身上，有着大学生的刻苦学习、性格善良、乐于助人等性格，同时她还兼为留学生介绍学校、中国文化、风土人情等功能。还有桑兰，她作为中国知名运动员，不仅性格坚强、顽强拼搏，还做慈善事业，是中国女性运动员的杰出代表，是中国体育界的代表，更将中国人在面对不幸命运时的坚忍顽强、不服输的劲儿体现出来。至于教材中采用角色 A/B、角色男/女这样模糊的设定，从他们身上并不能看出什么信息，只能充分发挥好教学功能。

除了设计对学生有用的女性人物，也要设计符合教学功能的人物命名。除了教材中所带来的知识，还可以让学生探寻中国的姓名文化。中国人取名很有趣，名字带着一定的含义，值得学习者去探寻。中国的取名文化是中华文化的一个重要组成部分，看似是简单的文字组合，但却包含文化知识，一个人的名字，甚至可以反映地理文化、价值观念等意蕴。通过给教材中女性人物命名的方式，可以让留学生从侧面了解中国的姓名文化，同时也宣传和弘扬了中华民族的优秀传统文化。但教材中的人物名字一般较为简单，在一定程度上方便学习者认识汉字，但通过名字传播中国文化的效果甚小。因此，在人物角色的命名上可以多花点功夫，通过音、形、义的结合，展示汉语的优美和中国传统文化的魅力，让学习者爱上汉语，主动学习汉语。除此之外，可以尽量多选择姓氏，丰富教材人物名字，让教材内容更加丰富多彩。纵观《发展汉语》系列教材中的人物命名一般都较为简单普通，但也有符合人物性格和角色的，比如"清新"这个名字，不仅仅是人名，还与女主人公的事业有关系。可见，教材人物的名字的入手，也是丰满人物形象的一部分。可以成为中国女性名字的姓氏和字很多，挑选适合教材中女性人物的名字，也能从名字中体现人物性格特征，增强实用性和趣味性。

（三）加强外在形象与内在性格的塑造

1. 注重外在形象的多样性

从《发展汉语》系列教材中的插图来看，教材中的女性人物外在形象都过于简单，形象不够深刻，缺乏美感，学习者无法从插画看出女性人物的外在特点，看上去呆板无趣。生动的形象不仅要靠精心设计的性格特征、思想观念来体现，也需要设计丰富多样的人物外形。

重视女性人物外在形象的设计，有利于增强学习者的阅读审美体验，更有利于建构生动丰富的女性人物形象，使得整体教材更加完善。中国地域辽阔，文化背景千差万别，有各种形形色色的中国女性，有城市的也有农村的，有现代的也有传统的，有北京人也有云南人。不同地域的女性各有特点，编写者可以通过选取多个地域约女性，让学习者感受不同地域女性各具特色约文化和性格，从而引起学习者对不同地域文化约兴趣，提高汉语能力。

中国有五十六个民族，少数民族的女性在外观上多多少少会有些不同，且少数民族的服装搭配也各具特色，背后都具有不同的文化。教材在设计女性人物时，不妨选取多民族的女性，通过服装搭配的多样化来体现不同的特点，由此引出不同民族背后的民族文化，提高学习者的学习兴趣，吸引他们主动去了解中国的民族文化。

2. 注重内在性格的鲜明性

教材中塑造的人物，如果平淡无奇、毫无闪光点，那势必不会引起学习者的注意。如果文本中塑造的人物，有着独特的人格魅力、有着鲜明的性格特征，不仅能够吸引学习者兴趣，还能加深对教材中人物的印象，激发主动学习的动力。在中国变迁过程中，不同时代背景下的人物，均有特色，生活阅历及价值观念的不同，势必会让性格特征有所差异。

在注重女性人物系统关系的同时，在女性人物设计上也要多下功夫。《发展汉语》系列教材中涉及了听说读写，教材之中的中国女性人物，在设计时可以更加深入。女性人物作为教材之中不可或缺的一部分，在设计时需要有主有次、有浅有深、有繁有简。从纵向角度来看，从初级、中级到高级的整套教材之中的人物要递进有序、层次有序。从横向来看，等级相同的教材在设计中国女性形象时，人物的角色、职业、年龄等要前后一致，不能张冠李戴，人物的形象随着教材逐步的深入而丰富，逐步培养学习者对教材人物由浅入深的了解。教材中的文本故事也要随着教材的深入而拓展，讲好文章的故事内容，引起学生共情。由此，在编写教材时，教材中的女性人物要符合客观事实、贴近社会生活，不要凭空捏造、凭空虚构，要设计符合学习者学习能力的人物。

（四）重视中国女性形象的核心价值观

中国女性作为社会的一分子，其身上蕴藏着优秀的中国文化。中国文化作为中华民族的根，是我国社会历史发展的灵魂。对外汉语教材作为汉语传播的核心内容，承载着中国优秀的民族精神和民族文化。只有让学习者理解和接受女性背后的文化价值，才能让他们真正地了解中国女性，了解中国人。由此，对外汉语教材要重视中国女性形象核心价值观念的传播，重视教材中女性的德才兼备、紧跟时代、自强不息的精神。

1. 塑造"以仁为本，以德树人"的重德精神

中国文化强调仁爱，注重以仁为本的精神，看重以德树人的理念。在《发展汉语》系列教材中选取的女性之中，有着很多"仁者爱人"的事迹，她们对子女、对学生、对客人等的仁爱之心，值得尊敬。教材之中刻画的都是真实平凡的女性，她们身上有着仁爱之心，像桑兰那样身残志坚，拥有慈心的人，像普普通通的服务人员对客人的责任心，像医生、志愿者那样富有爱心的人，她们用自己的行动去传播大爱精神，她们拥有一颗仁爱之心，乐于助兴、处处行善，她们用自己的行为在传递着中国优秀的"仁爱"文化思想。此外，在教材之中，也选取了一些优秀的青少年的故事，强调个人修养和道德精神的重要性，刻画了善良、宽以待人的记者，敢奋斗、有理想的青年创业者；从她们的身上可以看出以德立人的道德精神。可见，中国女性身上的仁爱精神、高尚的品德是教材编写的首选，也是今后需要着重加强传播的一部分，传播"以仁为本、以德树人"的精神是表现女性形象个人修养中十分重要的一面，在形象建构时也应选取更多朴实、真实的女性文化故事，让学习者感受中国女性身上的仁爱、尚德精神。

2. 塑造"以德为先、以才服人"的重才精神

中国讲究德才兼备的精神，但德为先，而后以才服人，中国女性的内在美主要是通过品德和才华来表现出来。在现实生活中不乏德才兼备的女子，她们不仅有着高尚的品德，也有着非凡的才华。《发展汉语》系列教材中的女性，在"才华"方面的描写并不深刻，但也存在才智

非凡的女性，比如有才有德、立志创业的清新，家喻户晓、才华出众的三毛；她们的身上有着让人钦佩的才华，她们是女性中德才兼备的代表者。对外汉语教材应该多选取这样的形象，让学习者了解到中国女性并不虚有其表，反而腹有诗书，内外兼修。

3. 传播"刚健有为、自强不息"的进取精神

在中国社会历史发展过程之中，中华儿女自立自强，顽强拼搏，正是这种刚健有为、浴血奋战的精神，方才有今天的伟大复兴之路。对外汉语作为留学生直接接触的媒介，要让他们从教材之中汲取这种民族精神，让他们感受到浓郁的中华优秀文化，感受中华民族精神。在《发展汉语》系列教材中，中国女性也在传播这种刚健有为、自强不息的精神，她们有不断奋斗、提升本领的实习生，有绝不服输、勇于创业的毕业生，还有像桑兰这样的不惧病痛、顽强拼搏的运动员。从她们的身上，可以折射出中国社会中千千万万的女性。对外汉语教材就应该多选取含有以上精神的中国女性的文本内容，建构顽强拼搏、自强不息的女性精神。教材编写可以选取自强不息、感人肺腑的历史故事，也可以选取小爱为家、大爱为国的感人事迹；从这些小故事中，可以让学习者了解到性格多样、精神丰富的中国女性。

4. 塑造"自由平等、与时俱进"的时代精神

随着时代的发展，我国的科学技术日新月异，中国在不断进步和创新。现在的中国早已不是旧时代的中国，自中华人民共和国成立以来，我国一直坚持自由平等的思想。对外汉语教材作为传播中国形象的窗口，文本内容塑造的中国女性，要体现男女平等这一思想原则。新社会下的女性不是旧社会下的女性，她们紧跟时代潮流，不断向前发展，与时俱进地改变思维模式和价值观念。由此，对外汉语教材应该向学习者呈现当代社会中贴近社会现实的新时代女性，多编写她们所受的家庭教育和思想观念改变的文章，呈现给学习者一种与时俱进、开拓创新的新

时代女性形象。时代在进步,社会在发展,教材也要紧跟时代步伐,体现当下社会的中国女性形象。在教材编写时要时刻关注中国的变化发展,也要全面客观地呈现中国女性的时代精神,这也体现了中国的伟大精神,向学习者传播中国文化观念,传播良好的中国形象。

二 从教师引导角度提出策略和建议

教师在学习者学习汉语过程中起着非常重要的作用。在教学过程中,教师不仅需要承担起教学的作用,还肩负着传播中国形象的作用,教师通过运用各种教学方法来引导学习者更好地理解和接受中国女性。在跨文化交际中,学习者对于外来文化可能会产生一定的文化抵触,那么教师便要选择合适的方法来引导学习者。

(一)合理分配和讲解文化内容

《发展汉语》系列教材注重"结构—功能—文化"相结合,教会学习者能够又好又快学会汉语的同时,也不能忽略了教材中蕴含的中国文化。优秀中华文化能够吸引外国学习者主动学习,在课堂教学时,要注重对文化知识、文化背景的介绍和引导。

《发展汉语》系列教材中的女性人物众多,她们身上蕴含的文化也是值得探究的。由此汉语教师在进行教学时,在注重语言教学的同时,也要合理分配文化内容的时间,让学习者了解中国女性的同时,更多地也要知晓背后蕴含的文化。首先,要做好文化背景介绍和文化导入工作。比如教材中关于封建古代女性的故事,在讲解之前,适当地通过视频、图片等方式来让学生了解文本背景,让学习者能够明白不同背景下女性的不同,避免产生误解。其次,要安排好语言和文化点内容,既要完成课堂语言教学的目标,也要让学习者传播中国文化,以提高课堂教学的有效性。

此外,学习者的需求也尤为重要。教学过程中,教师根据教材来进行讲解内容的同时,也要去注意学习者的学习需求。汉语教师在教学中要多与学生互动沟通,通过了解他们的需求,有针对性进行教学,提高教学效率和学习效率。同时,教师也要引导气氛,轻松活跃的氛围能够让学习者更好参与课堂教学,引导他们勇于回答问题。通过一些文化小活动,激发学习者主动探索的求知欲,让他们在课后能够通过各种平台去主动了解中国女性背后的文化。同时也要多听听他们的想法意见,多了解他们对中国女性文化的需求和看法,这样才更有利于中国女性形象的传播。

(二)重视教学资源的整合

在当前的对外汉语教学过程中,教师在课堂中仍以纸质的教材为主。可随着时代的发展,信息科技的进步,对外汉语教材中也涌现了很多教学资源,比如图片、教学课件等,也涌现了网络孔子学院、国学网站等教学网站,由此,对外汉语教学中也开始利用科学技术设备。虽然新的教学思想和理论不断出现,但是教学资源依然稀少,诸如种类和数量不多、针对性不强、重教不重学等问题出现,再加上有些教学资源并非共享,可使用的教学资源不多。因而,在对外汉语教学过程中,教师要充分利用自身的引导作用,整合教学过程中所需要的资源,以更好地提高教学效率,同时也能便于学习者学习。

一方面,要对教材内容系统化整合。就目前的状况而言,汉语学习资源比较零散且不易获得。鉴于学习者大部分时间还是课堂学习,可以通过课文来呈现文化,由于教材中的女性文化较为分散,教师可以通过对教材的内容进行系统梳理和整合,以此来让中国女性形象更为明晰。比如教材之中的女性人物,可以按照年代的不同,来对她们进行整合,通过课程的需要,适当地补充背后的文化内涵,帮助学习者去建构对中国女性的思维图,进而提高学生对整体女性的认知。此外,在课堂教学中,教师可以引导学生自我去建构相关结构图,通过由浅到深来循序渐进地讲解中国女性蕴含的文化内涵，整合文化内容，以此帮助学习者加深理解。

另一方面，要补充动态化教学资源。现代教材内容变化不大，需要教师在教学过程更新资源，跟得上时代的步伐。针对教材中的内容，进行补充扩展，仔细、深入地进行讲解，防止文化抵触心理的产生。

在教学过程中，教师可以充分利用现代技术，引导学生利用碎片化的时间，通过学习网站、微信公众号等途径学习。不仅能让学生随时随地利用网络科技学习，也让学习者通过学习课外知识，丰富对中国文化的了解。

（三）讲好中国女性故事，引导再传播

中国文化的传播离不开生动有趣的中国故事，中国女性形象的传播也必然少不了生动感人的中国女性故事。只有故事生动有趣、人物鲜活有个性，才能引起学习者的注意，才能促使他们主动去了解中国女性。

对外汉语教师在讲解中国女性故事的时候，一方面要对教材中关于中国女性文本做好细致的讲解，同时也要根据课文内容来选择合理、恰当的女性故事进行延伸和扩展，让学习者更多地了解中国女性。在讲故事的过程中，要注意语言态度，客观全面地去描述和表达女性形象；在考虑文化差异的影响下，有的放矢去进行阐述，同时也需要考虑学生的接受和吸收知识的能力。

另一方面，对外汉语教师在讲好中国女性故事的同时，也要引导学习者讲好中国女性故事。教师通过讲述精彩的中国女性故事，向学习者传达了优秀的中国文化，呈现了良好的中国女性形象，给学习者心中留下了属于中国女性的印记。当学习者学有所成时，将自己的所学所感，用亲和生动的方式去讲述中国女性故事，会更具有亲和力和说服力，不会引起他人的反感，从而消除一些外国人恐惧汉语走出去所带来的抵触情绪问题。因此，汉语教师要积极引导学习者建构良好、真实的中国女性形象，引导他们正确地把握现当代中国女性文化的价值取向，由此也能让他们从学习者转变为中国女性形象的传播者。

第六节 本章小结

对外汉语教材无疑是传播中国形象的重要载体，相较于其他媒介，对外汉语教材最直接最亲和。对外汉语教材在帮助学习者认知中国女性形象时，有着不可替代的作用。通过文本方式讲述中国女性故事，将中国女性的思维模式、价值观念等注入教材中，以润物细无声的方式来影响学习者对中国女性的认知。教材对于中国女性的塑造和传播有着重要作用，且建构良好的中国女性形象，不仅具有内在必要性，还有着外在迫切性，它向世界提供了一个可以了解中国女性的窗口，讲述着社会历史发展变迁下的女性故事，激发着学习者的学习兴趣。对外汉语教材并不是直观地将中国女性形象拿到了学习者的面前，而是潜移默化地将中国女性的价值观念、思维方式等方面传递给学习者，巧妙地处理了因文化意识等不同而造成的逆反心理。国际对中国女性的刻板印象并未消除，培养学习者成为中国女性的传播者，通过中国文化的长期影响力，可以逐渐改变国际对中国女性的刻板印象，将真实全面的中国女性形象呈现在外国人的面前，为塑造良好的大国形象助力。

本章对对外汉语教材中的中国女性形象，从数据和内容两个方面分析，探讨教材中的中国女性是怎么样的一种形象，从整体上把握教材编写的情况。在对外汉语教材中，研究女性形象的并不多，通过本书的研究，希望能给其他研究中国女性形象的著作提供一些参考。本章的创新之处，主要有以下两点。

一是分析对外汉语教材中文本语言中所反映的女性形象，从女性的信息、话题、话语态度等方面试图建构《发展汉语》系列教材中的女性形象，并分析教材在呈现女性形象时的特点和不足；还对关于女性的插图、补充性材料进行分析，使得研究结果更加全面可靠，为中国女性形象的传播提供新的思路和方法。

二是以《发展汉语》系列教材作为研究对象，从口语、听力、综合等多方面去研究，使得女性形象研究更具有针对性，也更具有全面性。从横向和纵向两个角度出发分析女性呈现的状态，再从家庭、社会、国家视角由浅入深地分析教材中的中国女性形象，使得女性形象的呈现和建构分析更具整体性和系统性。

在《发展汉语》系列教材中，注重女性和文本内容融合，注重多样性，注重从多角度来塑造和传播女性形象。中国文化体现在中国人的一言一行之中，教材着重描写了中国女性乐于助人、品学兼优、积极进取、热爱生活、德才兼备等形象，这些女性形象鲜明、贴近生活、真实客观，符合当代现状的中国女性。除了塑造女性的性格特征，教材还呈现了重视教育、深爱丈夫的家庭女性形象，这些家庭观念都是中国人传承下来的中国文化，体现了中国古往今来优秀的家庭价值观。教材还注重描写人与人之间的社会交往，描写中国女性在与他人相处时的状况，建构了温暖的友情、温馨的亲情和感人的爱情，通过潜移默化的方式将教材中的文化传播给学习者，让他们了解真实、鲜活的中国女性形象。教材还注重社会交往、和谐共处；同时中国女性背后的文化也体现了中国自由平等、与时俱进的精神，体现了中国和而不同、爱好和平的理念。

通过对《发展汉语》系列教材中女性形象的建构分析来看，女性形象的建构存在一些不足，教材中不适当的负面形象，影响着学习者对中国女性的认知；中国女性人物角色命名的缺失、外在形象和内在形象的不丰满、参政女性的缺失等形象建构的不足，都显得教材中女性形象不够深刻，而造成这些不足的原因主要是形象不够系统深入、文化惯性等，这些都影响编写者对中国女性形象的建构，从而影响到整体女性形象。经过分析不足，有针对性地对教材编写和教师引导提出一些策略和建议，选择合理多样的中国女性、注重女性的角色命名、加强外在形象和内在性格的塑造，还要重视中国女性形象的核心价值观，以完善教材中的女性形象。同时教师也要合理分配和讲解文化内容、重视教学资源的整合、讲好中国女性故事，引导再传播，从而给学习者呈现具有真善美、德才兼备、与时俱进、积极进取的女性形象。

本章还存在一些不足，关于女性形象的话题和形象分类存在一定的主观性，且因客观原因无法进一步去了解学习者对于中国女性形象的认知情况。在教材中进行女性形象塑造的研究成果也不够丰富，没有形成完善的理论体系，因此，如何在教材中呈现中国女性形象的塑造和传播还需进一步的验证。

对外汉语教材对中国女性形象的研究，可以从两方面进一步完善：一是增加研究对象，不仅要选择本土教材也要选择国外教材，探究国外汉语教材塑造了怎样的女性形象。二是选择学生做调查问卷，考察其在学习期间对女性形象的认知情况，进一步对国内外汉语教材进行对比研究，寻找影响学习者在女性形象认知方面的原因，更有针对性地对教材提出一些建议。

第五章　国际中文教育中的现代教育技术应用

随着计算机技术的普及与"互联网+"新业态的出现,为国际中文教育提供了历史机遇和广阔的发展空间。网络化、数字化、信息化等现代技术手段为提高汉语教学效率提供了网络交流平台和教学技术支持,网络教学、自主学习、交流互动等汉语课后语言实践活动也逐渐成为提高对外汉语教学效率的重要因素。本章以此为切入点,研究如何利用现代教育技术与互联网平台提高对外汉语课后语言实践教学的有效性。MOOC是指大规模的开放式的在线课程,是由主讲教师负责的,通过互联网开放,支持大规模人群参与的,以讲课短视频、作业练习、论坛活动、通告邮件、测验考试等要素交织,有一定时长的教学过程。MOOC包括以行为主义为基础的xMOOC和以关联主义为基础的cMOOC两种模式,而cMOOC模式引起了国内外学者的高度关注与极大的研究热情。

本书以长春两所高校开设的外国留学生课后语言实践课程——cMOOC模式下的对外汉语教学课程为研究视角,采用文献分析、问卷调查、访谈和观察等研究方法,对教学实践进行了为期一年的跟踪。在全面阐释cMOOC模式、关联主义、教学有效性等相关理论基础上,又结合cMOOC教学案例,探讨了cMOOC模式下的对外汉语教学的流程及特点，并提出了 cMOOC 模式下的对外汉语教学有效性的标准。通过对留学生的调查问卷、教师访谈记录、cMOOC 教学实践进行研究分析，厘清了包括教师、学习者、学习环境、教学模式等影响教学有效性的诸多因素，并有针对性地提出了相关对策，为 cMOOC 模式下的对外汉语教学的推广与实施提供了可操作性的建议，实现了对外汉语教学与网络化、信息化的有机结合，为提高国际中文教育质量与效率，实现汉语课堂教学与课后语言实践教学有效结合提供了参考与借鉴。

第一节　问题的提出

互联网技术的普及，使汉语学习环境发生着翻天覆地的变化，现代技术手段为提高汉语教学效率提供了技术平台的支持。对外汉语教学如果与 cMOOC 等教学新模式、新手段、新技术相结合，一定能更好地满足国际中文教育的发展需求，促进对外汉语教学效率大幅度提高，为汉语推广和文化传播提供新的方法和手段，也为对外汉语教学的发展提供新契机。

一　对外汉语教学现状及存在问题

我国对外汉语教学事业从 20 世纪 50 年代初起步至今，发展一直呈上升趋势。不仅规模逐渐增大，而且理论体系也逐步完善，培养了一大批的汉语学习者。然而，汉语作为世界上最难学习的语言之一，仍然存在汉语学习者中途放弃学习或进步较慢等现象。如何提高汉语教学的效率和质量，达到最佳教学效果，以满足越来越多的汉语学习者的需求，是对外汉语教学界亟待解决的问题。从整体上看，对外汉语教学界发展成果丰硕，出现大批专家、学者致力于探索教学理念、教学方法，但是对外汉语教学内部也同样存在一些问题。

课堂教学模式方面，传统课堂教学以教师为中心，以灌输式教学为主，师生间的互动相对较少。为了更好地活跃课堂氛围，教师常常进行实践练习，但是课堂教学普遍以教师"教"为主，学生"学"为辅，学生在师生互动中常常处于被动地位。

教学方法和手段方面，尽管教师多采用多媒体教学，但是仍然缺少新颖的教学方法，同时，针对不同国别、不同文化背景的学习者，都采用相同的教学方法及教学手段，缺乏针对性。

教学评价系统方面，教学效果的评价标准多以教师的教学行为为基础，而不是以学习者所掌握的汉语知识和语言技能为依据。

课后教学活动方面，教学内容与时间活动结合得不够密切，缺少计划性、系统性与科学性，还没有形成一个与课堂教学活动完整的回环，使得汉语学习者在课堂获得语言知识遗忘率较高，没有将短时记忆变成长时记忆，甚至由于课后分离性教学活动内容设置而导致了尚未内化的汉语言知识与技能信息被覆盖，因而使得对外汉语教学的效率低下，一些教学活动存在低效、无效甚至负效的现象，这是长期困扰国际中文教育发展的顽症。如何提高国际中文教育的有效性，既是令人困惑的现实焦点，也是对外汉语教学学科上的重要理论问题。在网络化、信息化时代的背景下，相对于"硬性学习"的课堂教学活动而言，"柔性学习"的课后语言实践活动有效性逐渐成为对外汉语教学效率提高的重要因素，如何利用现代教育技术与互联网技术，构建教学安排与实施的有效性标准与框架，提高对外汉语课后语言实践教学的有效性问题研究迫在眉睫。

二　适应新时代发展的教学模式出现

在"互联网+"与教育理念日趋融合中，MOOC凭借其在线互动和共享资源的特点，转变着人们获取知识的方法，影响着人与人之间交流和沟通的方式。基于关联主义指导下的 cMOOC 作为开放教育理念与网络学习的一次改革，紧密结合了信息化和大数据的技术优势，通过课后教学互动，加强练习和强化，从而完成知识的学习。课程学习主要以学习者自觉学习为主，而教师的主要任务是提供相关课程阅读资料，并与学员一起开展日常讨论。作为一种不受时间和空间限制，自由选择课程内容的学习模式，完全契合汉语学习的特点，通过师生、生生之间交互练习，转变汉语教学方式，实现运用汉语进行交际的目的。可以说，cMOOC 模式的出现和发展，为汉语的对外推广和传播提供了新的方法和手段，为对外汉语教学的持续发展提供了新机遇。

对外汉语教学领域研究者已经充分意识到研究对外汉语课堂教学有效性的实际价值和重要意义，以对外汉语课堂教学为突破口分析课堂教学活动中的语言要素、语言功能、文化等方面的有效性，提出了具有开拓意义的研究结论。但是，研究者们还没有把对外汉语教学的课堂教学与课后语言实践教学作为一个完整的教学体系看待，还没有把汉语学习看作"是一个连通专门化结点或信息来源的网络形成过程"[1]。对网络化、信息化下第二语言教学与习得的新特点方面考虑得不多。

国内相关研究者对国外新出现的关联主义理论及 cMOOC 模式反映比较迅速，短短的几年时间内，国内很快就出现了中文文本的相关研究论文与著作，但是将 cMOOC 模式应用于教学中的研究比较少。此外，国内很少有人对对外汉语教学"有效性"进行系统研究，而且绝大多数研究者集中于对外汉语课堂过程的观测，而对课后语言教学实践环节有效性的研究成果还不多见，尤其是将 cMOOC 模式与对外汉语教学结合起来的研究成果更是少之又少。网络化、信息化时代背景下，语言教

---

[1] ［加］G. 西蒙斯：《网络时代的知识和学习——走向连通》，詹青龙等译，华东师范大学出版社 2009 年版，第 30 页。

学原理、语言学习理论不断推陈出新，迫切需要新教学模式的配合与改革。汉语声音与意义结合能指与所指的不断增殖，汉字的书写、结构及文化蕴含的特点，比任何一种文字都适合于音频与视频的演示，与任何一种语言教学相比，都具有 MOOC、cMOOC 等模式呈现的优越性、趣味性、能动性与可行性。

"以语言实践为目的的课外活动，被看作是语言教学不可缺少的辅助形式，是语言教学过程的有机组成部分"①，研究对外汉语课外实践教学的有效性将关乎整个教学行为的有效度。如果将以关联主义为理论基础的 cMOOC 模式与对外汉语实践教学相结合，定会实现课堂教学与实践教学的完美统一，实现对外汉语教学第一课堂与第二课堂的连通和网络化，很好地保持与延伸了课堂教学的有效性，并能使其增殖。因此，本书从关联主义理论出发，将 cMOOC 模式与对外汉语实践教学相结合，在国内两所高校推出了外国留学生的语言实践 cMOOC 教学模式，全方位、立体角度探讨该教学模式运用的有效性，在分析影响教学有效性因素的基础上，提出相应提高对外汉语教学有效性的对策与建议，旨在为实现培养国际中文教育总目标——最终具备语言综合运用能力提供参考与借鉴。

第二节　相关概念与理论基础

将 cMOOC 模式引入对外汉语实践教学，从 cMOOC 模式的学理层面、理论基础及应用层面都有其合理因素。而其中的 cMOOC 模式与对外汉语教学的课后语言实践活动的结合，有着来自现代教育理论、关联主义学习理论、教学有效性相关理论支撑。

---

①　刘珣：《对外汉语教育学引论》，北京语言大学出版社 2000 年版，第 344 页。

一　cMOOC 模式

MOOC，即大规模在线开放课程，是以网络信息技术为依托，以开放教育为理念的教学模式，打破学习时空的界限，利用信息技术的优势，完成大规模的优质教育资源的全球共享，最终满足所有人的无障碍学习。随着实践研究的不断深入，MOOC 依据不同的学习理论演变成以行为主义为基础的 xMOOC 和以关联主义为基础的 cMOOC 两种不同的类型。cMOOC 模式重视学习的自组织性和互动性，强调学习者在网络中自主完成知识的创造和共享，换而言之，cMOOC 模式是连接学习者和学习资源的网络，而学习者可以根据自己的进度来安排学习。其主要授课方式是以 Blog、Wiki 等软件为平台进行在线交流。而 xMOOC 模式以他组织为主，更重视视频授课、考核测试等传统学习方法，将录制的 15 分钟左右的课程视频上传到网络供学习者自由学习，并附有随堂测试随时检测知识的掌握情况，然而，学习者仍然是知识的接受者，它追求知识的大范围的传播。如果说，xMOOC 模式类似于传统课堂教学的教学方式，那么 cMOOC 模式就更接近于非正式的学习，它鼓励学习者自主学习、积极参与、交流互动，这是对传统教学方式的突破和发展，更为当前教育理念的改革和创新提供支撑。

（一） cMOOC 模式的发展及其内涵

自 2012 年国内掀起学习和实践 MOOC 的研究后，网络开放教育与 Web 2.0 时代的最新技术充分结合，形成了信息时代的移动学习最新成果。而 cMOOC 模式"是人们在网络非正式学习探究性实践过程中，涌现出来的赋予参与者自主权利的一种体现后现代主义课程范式的课程范例，是关联主义学习理论与开放教育理念在网络学习与非正式学习领域的实践发展"①。

cMOOC 的思潮最早起源于 2007 年，David Wiley（戴维·威利）在 WiKi 上开设了 "Intro to Open Education"（"开放教育入门"）（INST 7150）课程。2008 年，Alec Couros（亚力克·库鲁斯）开设了网络课程 "Media and Open Education"（"媒体与开放教育"）（EC&I 831），使世界各地的学习者都可以共享教学资源，参与学习创新。同年，关联主义两位学者西蒙斯和迪恩斯开设了 "Connectivism and Connective Knowledge"（"关联主义与关联知识"）（CCK08）课程，主要讲授关联主义的基本内容，至此最早的关联主义 cMOOC 发展起来。2011 年，斯坦福大学的巴斯蒂安·图伦受可汗学院创办的为 K12 学生免费提供网络课程的影响，开设了人工智能课程，促使他与大卫·史蒂文斯、迈克·索科尔斯基共同创办在线课程供应平台 Udacity，从而出现了 MOOC 的另一个分支——xMOOC。

当前学界对 cMOOC 模式的概念没有进行统一的界定，西蒙斯将 cMOOC 的核心概括为关联主义、师生协同、分布式多空间交互、知识建构、同步与共鸣、注重创新、学习者自我调节等几个部分。韩锡斌等认为，cMOOC 模式"将学习设计者、教学者、学习者和学习资源构成一个有机的整体，不仅仅关注批量知识传授的浅层次学习，更加关注将网络中不同人的思想进行联系，引发知识迁移和知识创造，使面向批判理解、信息整合、知识构建、迁移运用和问题解决的'深度学习'真正发生"②。樊文强认为，"与传统课堂相比，cMOOC 没有标准化的教学内容，学习者面对的是非结构化的、处于演变中的、具有某种不确定性的课程内容，课程一般以周为时间段安排教学，每

---

① 黄小强、柯清超：《cMOOC 的内涵及其主体观、知识观和学习观》，《远程教育杂志》2014 年第 2 期。

② 韩锡斌、翟文峰、程建钢等：《cMOOC 与 xMOOC 的辩证分析及高等教育生态链整合》，《现代远程教育研究》2013 年第 6 期。

周设置一个主题"①。

本书认为，cMOOC 是一种新型的网络课程，是将教育技术、计算机技术、网络技术合为一体的创新性模式，也是一种新型的网络课程，不仅仅关注知识的传授，更是重视知识的创建和共享。它以动态发展为内容，强调学习者的学习中心地位，根据共同的兴趣和学习目标，将众多学习者联系在一起，构成交往密切、交流频繁的自主学习群体。内容的设置以主题为主，组织者会为每个主题搜索学习视频、文字材料等相关网络资料，而参与者则会在主题互动社区内完成学习和探讨，并实现资源的共享，学习内容也会根据不同参与者的学习需要、学习过程中出现的问题而随时改变。cMOOC 模式在主题无边界化的前提下，加强了参与者与组织者和其他参与者之间的联系，实现了与外部资源建立连接，而建立连接的过程就是学习者构建学习网络的过程。

（二）cMOOC 模式的学习流程

本书以 2011 年美国帝国州立学院的两位研究者 Hurley（赫利）和 Yeager（耶格）开设的"Creativity and Multicultural Communication"（"创造力与多元文化交流"）cMOOC 为例，具体探讨了 cMOOC 模式的学习流程。

该 cMOOC 课程没有统一的授课时间、地点和教学环境，所有教学环节与过程都是在互联网上进行，课程开设时间为两周。课程不要求学习者对课程内容的记忆，而强调学习者参与课程实施的全过程，鼓励他们互动交流，提出新思想、新问题，加强对知识的理解和学习网络的构建，因此每个学习者的学习程度和所学到的知识都各不相同。课程以主题的形式通过提供相关课程资源对学习者的学习给予指导和帮助。总的来说，cMOOC 课程就是要求学习者的广泛参与和互动，并构建个人学

---

① 樊文强：《基于关联主义的大规模网络开放课程（MOOC）及其学习支持》，《远程教育杂志》2012 年第 3 期。

· 258 ·

习网络。

通过对 cMOOC 课程的深入分析，可以看出其学习过程包括了信息获取、信息融合、信息修改、信息再创造四个重要部分，它们依次连接、环环相扣，构成一个循环往复、相互递进的学习流程。

首先，信息获取。这是 cMOOC 学习的开端，是信息资源从无到有的第一步。课程组织者通过推送信息，提供给学习者最新的学习资源，为学习者的知识积累和学习网络的构建奠定基础。组织者会针对当天的课程主题列出阅读材料，这些材料可以是网络上的视频课程、名人讲座，也可以是相关文章、新闻报道，或者是部分学习者的博客信息、网站链接，既包括最新的实时资讯，也包括顶尖的学术研讨。cMOOC 面对如此多的学习内容，学习者不必查看所有资料，也无须阅读全部信息，而可以自主选择自己感兴趣的学习内容，尽管课程会给出特定的主题，但是在何时何地阅读多少资料却是由学习者自己决定。这一步主要侧重培养学习者自主选择信息的能力。

其次，信息融合。这一阶段主要通过 Blog、Wiki、RSS 等网络工具实现，是学习者形成学习网络的关键一步。学习者在经过知识获取的阶段后，根据个人喜好选择了学习材料，并通过阅读对课程主题有了初步认识，因此，可以与平台中其他学习者交换信息、交流思想。当然，cMOOC 的组织者认为，学习者应该有意识地将阅读信息后的观点和看法整理清楚并记录在 Blog、Wiki 等社交网络上，既有助于日后的思考和他人的阅读，又利于积累知识建立学习网络。这部分流程强调知识的碰撞，学习者积极参与到课程在线讨论，在与他人交流中，一方面丰富了个人的知识储备，另一方面也可以及时发现错误和不足，为接下来的信息修改奠定基础。

再次，信息修改。这是学习者本身按照多方面信息自我整合，并建立连接的过程，也是知识的内化过程。在这一阶段，学习者要将融合阶段得到的反馈信息与个人所得知识建立连接，并反思二者之间的不同，从而加深对知识的理解和掌握。

最后，信息再创造。这一步要求学习者重新建立学习网络，与其他学习者建立新的连接，学习新的知识。学习者要充分运用 RSS 功能，使自己的博客内容与 cMOOC 的主博客建立连接，这样当学习者的博客内容完成更新时，组织者会筛选和推送观点新颖、见解独到的内容推送给大家，鼓励大家进一步展开学习。这一阶段，学习者要加强与其他学习者的联系，分享各自的观点，不断扩充每个人的知识储备，并从中学到新的内容。

cMOOC 的整个学习过程是一个首尾相连的环形结构，组织者设立某一主题并向学习者推送信息，学习者则经过阅读和思考将所学记录在社交网络中，并通过与其他学习者的连接及时扩充知识储备，最终建立学习网络。每个节点都代表一个课程参与者，而节点的大小代表着学习者的课堂表现、发言情况、推送信息数量等，节点越大，表示课堂表现越好，发言数量越多。学习网络则是各学习者节点之间彼此连接建立起来的一种互动方式，他们通过频繁的交流，从 cMOOC 的平台中获得大量的信息，通过自我整合和处理，以自己的学习方式和路径制定个人意义上的学习网络。

（三）cMOOC 模式的主要特点

cMOOC 模式"充分利用社交软件，使不同地域、不同种族、不同阶层和不同文化的人愿意使用平台来探索传统课堂教学之外的新型教法"[1]，因其独特之处呈现出了知识建构与创造的学习取向。

1. 自组织性

cMOOC 模式的自组织性主要体现在对 cMOOC 系统本身以及学习者

---

[1] 雷莉：《孔子学院发展的新思路——慕课（MOOCs）教学模式的应用》，《西南民族大学学报》2014 年第 12 期。

的自治性两方面。"cMOOC 作为一个自组织的课程教学系统，能够依赖系统内部的相互作用实现自我生长与演化"①；而学习者的自治性则主要包括选择控制自治性和心理或自我的自治性，选择控制自治性表现为学习的主动权由教师向学习者自身转变，学习者根据个人需求选择学习内容、学习工具，建立符合个人发展的学习网络，并对自己的学习负责；而心理或自我的自治性是对自我评价的认识，学习者要对个人的学习体验和感受认真思考，通过自我表达实现学习的过程。

2. 互动性

教学互动是 cMOOC 模式的核心观点，也是 cMOOC 模式区别于其他网络课程最典型的特点。相比于传统课堂教学教师与学习者的单线交流，cMOOC 模式实现了学习者与学习资源、与组织者、与学习者、与自身之间的多向交互，学习者可以在各个领域内搜索资源，由点向面不断延伸。各成员之间通过对知识的碰撞和讨论，加强了信息的交流和增值，不断拓宽获取知识的渠道，从而实现了个性化知识结构的建立。

3. 参与性

cMOOC 模式的学习过程是要学习者参与到学习方式、学习内容、学习环境的建构过程中。cMOOC 模式满足了学习者个性化学习需求，引导学习者以网络为媒介，自主寻找、获取、修改和再创造资源，提倡以阅读、反思、创作、评价等形式展开自我学习和提升，并通过分享、连接、交流等方式，实现教学互动与对话，促进知识的理解和转化。

二 对外汉语教学有效性

对外汉语教学既是一种第二语言教学，又是一种外语教学，最基本

---

① 黄小强、柯清超：《cMOOC 的内涵及其主体观、知识观和学习观》，《远程教育杂志》2014 年第 2 期。

的目的是培养学习者的汉语交际能力。"汉语作为第二语言教学的基本特点直接影响到'教什么'和'怎么教'的取向"①，因此，对外汉语教学有效性有其特殊的特征。而 cMOOC 模式与对外汉语语言实践的嫁接，又将放大其有效性，当然，如果处理不当，也存在"无效""低效"或"负效"的可能。

（一）对外汉语教学有效性的内涵

有效性是指完成策划的活动和达到策划结果的程度，但是由于教学实践中教师对教学内容的完成情况、教学目标的实现情况和教学设计的把握情况存在差异，因此，当前学界对教学有效性的定义还没有作统一的定论。

孙亚玲指出，"'有效'一词是从英语 effective 翻译而来，是指一件物品或一项活动具有预期所要达到的积极的或肯定的结果程度"②。姚世军等指出，"有效教学法通常是指教师遵循教学活动的客观规律，运用专业化的教学行为，合理设计教学过程，以有限的时间、精力和物力投入，实现教学目标和学生的个性培养与全面发展，取得尽可能多的教学效果"③。

在综合以往研究成果的基础上，本书认为，对外汉语教学有效性就是教师为满足学习者汉语学习的需求，按照汉语作为第二语言教学的教学要求，结合对外汉语教学实际，运用科学的教学方法与手段，用尽可能少的时间和精力，在调动学习者汉语学习积极性和主动性的同时，培养学习者听说读写的技能以及运用汉语进行交际的能力的教学活动。当然，有效的教学不仅要促进学习者的全面发展，也需要促进教师专业的

---

① 赵金铭：《对外汉语教学概论》，商务印书馆 2004 年版，第 96 页。
② 孙亚玲：《课堂教学有效性标准研究》，教育科学出版社 2008 年版，第 5 页。
③ 姚世军、吴善明、郭晓峰等：《关于 MOOC 有效教学的思考》，《时代教育》2016 年第 7 期。

成长和提高。

(二) 对外汉语教学有效性的特征

当前，国内外关于教学有效性的界定主要是从经济学角度进行的，余文森将教学效率和效果作为考量有效性的重要标准，有学者将教学有效性的特点定义为"有效果""有效率"和"有效益"三方面。因此，本书将教学效果、教学效益和教学效率定义为对外汉语教学有效性的三大内涵特征。

有效果是指教师在教学后，学习者要学有所得。要求教学效果要与教学目标相一致，教师在高质量地完成教学内容的同时，学习者的汉语基本知识要有所提高，最终确保学习者将对知识的感性认识上升到理性理解，有效地掌握知识的内在含义，培养其语言运用能力，促使学习者在汉语知识、语言技能、文化理解等方面不断进步和提高，从而提升汉语课堂教学的有效性。

有效益是指汉语教师不仅要完成教学任务，还要推动中华文化的海外传播，促进汉语国际推广的发展。课堂教学要培养学习者自主学习能力和实际交际能力，满足世界各国汉语爱好者对中华文化的学习需求，真正使学习者学会汉语、学懂汉语并爱上汉语，从而扩大中华文化的世界影响力。

有效率是指教师用简洁、科学的方法，利用尽可能少的时间和精力，最大限度地提高学习者的汉语综合运用能力，获得尽可能多的学习成果。教学是一个多变的过程，教师需要随时把握灵活复杂的教学变化，合理安排教学过程中遇到的突发情况，及时调整教学进程，尽量避免出现由于管理学习者课堂表现、维持课堂纪律等原因占用课堂学习时间，减少不必要的资源浪费。教师在教学中要不断吸引学习者的学习积极性，满足学习者学习汉语知识、了解中华文化、掌握听说读写技能的需求，促使学习者完全投入到教学活动之中，提高有效的课堂学习时间，从而保证学习时间的利用率，实现教学的目标。

三 理论支持

本书在了解"cMOOC 模式"和"对外汉语教学有效性"两个概念基础上，充分认识到 cMOOC 模式是基于关联主义学习理论的教学实践，而对外汉语教学有效性研究则主要以语言学及跨文化教学理论为依托。

（一）关联主义学习理论

关联主义学习理论是在当今三大学习理论行为主义、认知理论、建构主义基础上形成的一种与 21 世纪需求相一致的学习理论，是适应网络时代与数字时代发展的重要学习理论观。它强调正规教育不再构成我们学习的主体，非正规学习成为我们学习的重要部分。现在的学习可以采用各种方式——通过各种实践活动、个人网络或通过完成与工作有关的种种任务进行，学习是一个持续的过程，需要持续终身。

1. 关联主义学习理论的含义

西蒙斯在《关联主义：网络创建即学习》一文中介绍了关联主义的基本概念，指出学习是"创建网络的过程"，网络又是由节点和连接两个要素构成。在学习网络中，节点可以是人、书、网站、数据库、组织，也可以是个人的感觉、思想、与他人的互动等任何形式的信息源。因此，学习的过程就是将外部获取到的新信息（节点）与现有的信息（节点）相连接，形成网络的过程。在这一过程中，新信息会被纳入学习网络，而旧信息也会被剔除或者改造成为新信息，为学习过程服务。而连接一旦创建，信息就可以在不同节点之间自由流动。

关联主义认为，信息源是衡量学习网络有效性的重要部分。学习不是将书本上的内容简单地复制粘贴到大脑中，它还将受到其他因素的影响。个人构建的学习网络会融入各种外在工具设施，而外在设施也会将信息反馈给个人，为每个人提供继续学习的机会。同样需要关注的是新获得的节点与现有节点的联系情况,当二者紧密联系时,新知识节点会极为迅速地融入学习网络,而当二者存在差异时,新知识节点将会花费更长的时间融入现有节点,建立起连接。

2. 关联主义学习理论的主要观点

西蒙斯将关联主义学习理论的主要内容总结为八大原理,并概括了关联主义的知识观和学习观。关联主义认为,知识向多元化方向传播,是通过与外界各节点之间建立连接获得的,这对我们的教学实践有重要的意义。

西蒙斯指出:"将知识的类型分为知道关于、知道如何做、知道成为、知道在哪里和知道怎样改变。"[①] 当前,我们的知识大多存在于"是什么"和"怎么做"的阶段,通过系统的知识学习可以比较容易获得,而"知道成为""知道在哪里"以及"知道怎样转变"等内容的获得比较难。关联主义知识观认为,过去的知识往往呈现静止的状态,而如今,知识大多存在于各种信息节点中。网络化时代,知识实时更新、不断变化,我们不可能将所有固化的知识灌输于学习者的大脑,只有适时地分析需要的知识,按照具体的情境,梳理混沌的知识,将学习放入巨大的数字网络中,以网络资源为支撑,创造智能的学习环境,寻求出所需要的知识,进而满足知识的更新速度。

关联主义学习观认为,我们的学习是通过与其他节点创建连接,建立知识网络的过程。当我们与互动社区开始交换信息时,学习就已经发生了。学习是在不断变化的混沌环境中发生的,以往有规律的知识结构,都是按照一定的规则组织起来的,不利于学习者的学习;在混沌的环境中,学习者可以发散思维,创建连接,而主动地寻求知识。同时,学习是多方面的,涉及面很广,每一个节点发生的细微变化,都将影响

---

① [加] G. 西蒙斯:《网络时代的知识和学习——走向连通》,詹青龙等译,华东师范大学出版社2009年版,第13页。

其他网络的变化，进而形成更大的网络体系。

关联主义实践观认为，我们接触到节点，通过连接构成网络，学习者与节点之间的联系是相对脆弱的，为了更好地加强连接，就不能脱离实践，获得知识的最终目的在于将得到的无穷无尽的知识转化为行动。正如西蒙斯所说，"管道比管道里的内容更重要"①，也就是要找到获取知识的方法和途径，并在实践中不断寻求更多的新知识，确保学习的持续性和永久性。

（二）语言学与跨文化交际理论

对外汉语教学作为一门新兴的、交叉的、边缘性学科，受到了语言学、心理学、文化学、教育学等多种学科发展的影响，为对外汉语教学理论与实践的前行提供了最为直接与重要的学理支持。而 cMOOC 模式下的对外汉语教学模式的设计与实施直接的理论来源为现代语言学、语用学和跨文化交际理论。

1. 现代语言学理论

现代语言学之父索绪尔的《普通语言学教程》问世，标志着现代语言学的诞生，其中什么是语言，语言能指与所指的关系，语言是一个声音与意义的结合体，具有符号的任意性、约定俗成性、强制性等特点，启示着我们学习语言知识要重视意义的获得；语言的生成性，要求我们在对外汉语教学中，重视语言规则内化能力的培养；语言是人类最重要的交际工具，要求对外汉语教学要以培养汉语学习者的语言交际能力为根本目标；语言是人类的思维工具，告诉我们在对外汉语教学中，汉语思维能力培养的重要意义与价值；学会语言是人类独有的本领，对外汉语教学必须考虑汉语学习者的心理因素与生理因素。结构主义语言学告诉我们，对外汉语教学首先要从语音、词汇、语法等语言本身结构

---

① [加] G. 西蒙斯：《网络时代的知识和学习——走向连通》，詹青龙等译，华东师范大学出版社2009年版，第31页。

入手进行符号的学习，首先从语言内部结构开始认知与学习。

20世纪60年代，以韩礼德为代表的功能主义语言学派在弗斯的语言环境意义研究基础上，注重研究语言的意义和功能，"把语言看作是一种社会现象，强调研究语言的社会功能"①。功能主义语言学告诉我们，对外汉语教学要培养汉语学习者的语言交际能力，要实现课堂教学过程的交际化。

在乔姆斯基提出的语言能力基础上，海姆斯在20世纪60年代首先提出了"交际能力"的概念，提出了交际能力四个特征——语法性、可接受性、得体性、现实性。美国语言学家卡纳尔于1983年进一步提出了交际能力包括语法能力、社会语言能力、话语能力、策略能力。表明对外汉语教学中，培养汉语学习者语言运用的得体与恰当、语境的适切性、语言结构意义如何转化为功能意义成为重要环节，结构意义与功能意义同等重要。

2. 语用学理论

诞生于20世纪70年代的语用学理论，为第二语言教学提供了极为重要的、可操作性的教学目标。其中的言语行为理论、会话含义理论、话语分析理论进一步厘清与细化了语言的社会功能，也进一步明确了语言交际能力培养的关键点。20世纪50年代末英国哲学家奥斯汀的"言语行为理论"，明确指出"语言做事"的直接行为，并将其具体化为言内行为、言外行为、言后行为。其学生塞尔提出了通过分析语境的间接言语行为理论。因此，我们在对外汉语教学中，要培养学生在不同的语境中，如何析出真正语境意义的能力。20世纪60年代美国哲学家格莱斯的"会话含义理论"，指出人们在语言交际过程中，常常违反合作原则使会话产生含义。因此，在对外汉语教学中，要从"质的准则、量的

---

① 刘珣：《对外汉语教育学引论》，北京语言大学出版社2000年版，第75页。

准则、关系准则、方式准则"违反规律中,培养学生捕捉交际者会话意图,解读会话含义的能力,树立交往以对方为主的现代语言交际观念。

1952年美国语言学家哈里斯提出了"话语分析理论",语言研究要突破以往结构主义的碎片化、结构性特点,要通过完整的自然语言,由结构衔接、语义连贯、排列符合逻辑的句子所构成的语言整体来研究语言的规律;而20世纪70年代的美国社会学家萨克斯又提出了"话论转换"概念。因此,我们在对外汉语教学中,培养学习者的语言交际能力应当注重连贯语句表达能力的培养,培养汉语学习者运用汉语交际的话轮转换、话轮把控、会话修正、话语标记、话语序列等话语能力。

3. 跨文化交际理论

跨文化交际理论兴起于20世纪60年代初的美国,人类学家霍尔开创了该理论的先河。该理论最初指旅居海外的"美国人与当地人之间的交际"[1];现多指"来自不同文化背景的人之间的交际,需要处理的是交际与文化间的关系,解决的是跨文化语境中的问题"[2]。跨文化交际过程中要经历文化接触的蜜月期、文化休克、调整阶段、文化适应等阶段。针对文化的差异与交际障碍,母语文化的思维定式以及对异文化的偏见,要求交际者要端正交际态度,尊重异国文化,站在对方角度考虑文化的优劣,切不可把母语文化模式作为标杆来丈量异国文化,并对其妄加评论,在交际过程中要相互接近,求同存异,从跨文化交际角度出发,走进目的语文化,了解异国文化。在对外汉语教学中,教师本人要具备一定的跨文化交际意识,也要培养汉语学习者的跨文化交际意识与交际能力,要重视汉语言结构意义中的显性文化因素以及暗含在语境、语言行为中的隐性文化因素。汉语学习材料与教学过程中出现的中国人的生活方式、思维方式、交际方式、价值取向等,都会潜移默化地展现

---

[1] 毕继万:《跨文化交际与第二语言教学》,北京语言大学出版社2009年版,第12页。
[2] 毕继万:《跨文化交际与第二语言教学》,北京语言大学出版社2009年版,第8页。

出中华文化的物质形态及精神，为培养汉语学习者的汉语式思维方式与能力、汉语交际能力提供助力。

第三节　cMOOC 模式下的对外汉语教学运行及其有效性标准

在充分研究 cMOOC 模式及教学有效性的基本理论基础上，为了实现对外汉语教学与 cMOOC 模式对接，结合在 A 与 B 两所大学开设的对外汉语微信与 QQ 网络语言实践课程，在深入探讨 cMOOC 模式下的对外汉语教学模式的实践过程及特点的基础上，提出了 cMOOC 模式下的对外汉语教学有效性标准。

一　cMOOC 模式引入对外汉语教学实践

目前，我国 cMOOC 模式下的对外汉语教学实践课堂呈现的主要方式有，其一，以学校为单位的局域网络课程，学校或二级教学机构或教师结合日常的课堂汉语教学内容与教学进度，在课外时间为汉语学习者借助微信、QQ 群聊、Skype、博客、BB 网络平台等开展各类形式的网络语言实践课堂。这类课程的学习与参与无须支付任何费用，凭借在校生身份可以登录系统，参与学习与互动。其二，跨校际 cMOOC 模式下的对外汉语教学实践课程，该课程需要建立一个公用的网络平台，有专人负责与建设，根据校际协作与协商，汉语学习者也可以免费获得注册账号，随时登陆与学习，参与语言实践活动，而面向协议外的汉语学习者也可以付费注册参与学习。当然平台提供课程的质量与有效性无疑是决定 cMOOC 课程生产力的决定因素，这类课程既体现了传统 MOOC 模式的开放性、大规模性、透明化、易获得性、可重复性等特征的同时，带有更加明显的语言实践的参与性、互动性，强调课堂教学的一贯性、连续性、延伸性，注重个人学习网络的建构，体现了以关联主义为理论的学习观。

cMOOC 模式是以主题为中心，通过各节点之间的交流互动建立个性化学习网络来学习知识，这对当前对外汉语教学的发展现状有重要的启发意义。本小结将结合 cMOOC 的教学步骤，简要介绍基于 cMOOC 模式的对外汉语教学的实践过程，为研究 cMOOC 模式下的对外汉语教学有效性提供实践基础。

（一）cMOOC 模式下的对外汉语教学安排

我们主要跟踪研究 A、B 两所高校开设的对外汉语 cMOOC 教学课程。该课程根据《国际汉语教学通用课程大纲》要求，作为《发展汉语·中级综合》课堂教学的延展与语言实践，设计出一系列话题①内容进行教学。

教学对象为具有 1 年以上（包括 1 年）汉语中级水平的留学生。呈现方式主要是把微信与 QQ 群作为网络平台，以话题为中心展开互动，教师和学习者可以根据课程的主话题自主分解成多个子话题进行学习和讨论。

教学目标是使学习者能够独自寻找自己感兴趣的学习资料，并完成对资料的筛选、阅读及讨论等环节，培养学习者的自主学习意识和合作意识；能够使语言知识与社会问题相结合，培养语言交际的能力；能够具有了解中国传统思想文化的愿望，并能够独立思考，具有评价某种观点的想法；能够对当代中国文化有直观的认识，从而融入汉语文化生活。

教学内容上，话题设计按照结构—功能—文化的编排理念，在分析《发展汉语·中级综合》教材的词汇、语法、课文及练习等内容基础

---

① 根据 cMOOC 模式的"主题"推送方式，结合对外汉语教学的特点，cMOOC 模式下的对外汉语教学实践课程的推送内容应以"话题"为中心。

上，根据教材某一个知识点提炼出相关话题。话题按照《国际汉语教学通用课程大纲》的具体分类标准，参照《发展汉语·中级口语》教材的话题分类，结合所研究教材的特点及学习者的学习需求，从人际关系、现实生活、社会热点和人生百态等方面设计了 30 个题目。每一个话题都尽可能地与《发展汉语·中级综合》阅读、口语、听力、写作等教学内容和主旨相契合，符合对外汉语教学的系统性和科学性标准。

教学方法上，根据课堂教学的内容，循序渐进引入话题内容；运用直观手段，推送视频、音频、图片、网页等内容；设计互动问题进行小组活动，展示学习者主体性，鼓励学习者合作学习。

互动方式上，师生在教学互动中处于平等对话的状态，作为学习网络中的两个重要节点，二者都具有话语权，可以在网络中自由交流，并共同参与课程的知识构建。

时间安排上，本课程分为两学期，每学期 15 次课，共计 30 次课。每一个话题用一周的时间进行学习，具体上课时间较为自由，学习者可以随时随地进行学习和互动。

(二) cMOOC 模式下的对外汉语教学实施

本小节将以 cMOOC 教学课程"做一次旅行攻略"为例，具体阐释 cMOOC 模式下的对外汉语教学的实施过程。课程开始前，学习者已经学习了"北京的四季"这一课，并且在初级阶段对中国的交通方式、住房环境等问题有了一定的认识和理解。

1. 课前知识的准备与推送

课前知识准备和推送是学习者掌握话题内容相关信息的阶段，也是与其他知识节点建立连接的重要过程。汉语教师经过精心准备和挑选，通过微信平台向学习者推送与旅行相关的信息。根据"北京的四季"一课，教师推送了比较经典的北京景点，如故宫、北海、南锣鼓巷，以及特色小吃豌豆黄、豆汁儿、冰糖葫芦等内容。推送形式也不局限于简单的文本知识，还包括了介绍城市或景点的视频资源、图片和网页链接，如北京申奥的宣传片，歌曲"北京欢迎你"，故宫中的明清文化，北京话等内容。教师一方面帮助学习者了解北京的自然风光、人文环境、历史典故；另一方面也鼓励学习者发散思维，直观掌握旅行规划的研究角度，为学习者接下来的教学互动做准备。

当然，信息推送的内容也需要教师谨慎选择。首先，要保证推送内容与学习者实际学习水平相匹配，尤其是初期推送内容应与课堂教学保持平行级水平，这样才不会使学习者因为知识太难而放弃学习，随着学习者汉语水平的提高，根据"i+1"输入原则（i代表学生已达到的汉语水平，+1指略高于学生水平的语言输入），输入语言信息可以略高于学习者实际水平，因为，"我们正是通过可懂的输入习得语言的"[1]，这样可以使学习者有存在感与成功感，还可以培养他们汉语的学习兴趣与自学能力，进而加快汉语学习者个人知识—技能—能力学习网络的建构。其次，要充分利用网络教学的优势，为学习者提供最新的、最贴近生活的、最想要掌握的内容，激发其汉语学习的热情。最后，也是最重要的就是鼓励学习者对所阅读的内容不断思考，由于学习者课前对所学内容没有系统的了解，因此教师要鼓励他们通过主动参与和互动寻找学习动机，确保学习目标的实现。

2. 课中教学互动

cMOOC教学与传统课堂教学最大的区别在于，cMOOC教学缺少传统课堂教学面对面交流的机会，但网络教学互动讨论组却为课堂师生之间、生生之间提供了便捷、高效的互动平台。学习者通过教师提供的北京历史风貌后，已初步掌握了与北京相关的语言内容，并结合个人的学

---

[1] 周小兵：《对外汉语教学入门》，中山大学出版社2009年版，第372页。

习情况和生活实际有了自己的思考。因此，互动阶段教师则需要引导学习者针对旅游主题深入思考，寻找话题研究的切入点。比如，可能有的学习者更关注于四川的美食，有的学习者喜欢中国的历史古城西安，有的学习者喜欢四季如春的昆明，那么教师就可以根据不同学习者的选择，从饮食、景点、交通、住宿、环境等多方面引导学习者进行表达，强化学习者和各知识节点的联系，并鼓励大家积极发表个人的观点和认识。

这种互动，既有别于传统课堂的教师导演下的互动，也有别于其他MOOC背景下的任务型互动，它是一种具有后现代主义特征的去中心化的知识消费互动。这里，学习不再是一个过程，而是产品。汉语学习者通过产品的交换——语言交际活动，借助小组讨论、汉语言知识反馈、情景应答与语言游戏等跨越时空的语言消费，获得汉语的综合运用能力，建构自己的汉语学习网络，并与cMOOC硬件平台共同创造新的知识循环。平台上的汉语学习者相互反复与多次互动，将自己新获得的知识与同伴分享，潜移默化中，使他们的知识流动循环进入第二阶段，在循环过程中，通过对话、反思、体验等手段，将沉淀下来的汉语言知识与技能不断内化成带有个性化的语法知识、语感及语言表达习惯，进而形成个性化新的汉语知识。由于平台提供多样性与时代性的汉语言知识信息，会诱导汉语学习者将刚刚形成的个性化的汉语知识再一次运用到语言的实践中，他们试盼通过实施语言实践，验证新的汉语知识循环的能产性与可持续，依据cMOOC模式下学习者的自组织性原理，根据自己新获得的汉语的知识、价值和文化感悟，按照自己的意愿进行交互，实现了汉语学习的个性化与完美化。这个新旧汉语知识流动循环与频繁交流，真正实现了汉语知识的重组、生成与再创造，真正实现了乔姆斯基的有限规则创造无限话语的语言转换与生成理论在第二语言习得中的运用。

3. 课后巩固提升

这是学习者构建学习网络的最重要环节。通过网络课堂教师的引导和互动讨论，学习者对课上关于旅行的知识有不同程度的感悟，对自己感兴趣的城市、景区、环境等内容有了自己的理解，并且对旅行规划有了整体性的认识。因此，巩固阶段教师会引导学习者自己设计一份旅游攻略，并将自己的设计方案上传到 QQ 平台记录下来。QQ 作为师生互动的重要平台，便于对学习内容的保存和修改以及日后的阅读，也可以鼓励学习者分享个人的记录内容。通过对其他学习者学习内容的阅读和理解，学习者可以不断丰富"旅行"这一话题的知识结构，从而建立起与"旅行"相关的学习网络。针对有特点的、典型的内容和观点，教师也会引导学习者针对新观点开展互动讨论，激发他们不断交换思想，提高学习者深入挖掘知识和探索信息能力。通过课后巩固提升环节，强化汉语学习者个人学习网络的稳定性，重视环境对汉语言综合运用能力的重要价值与意义，而对所学知识的记录也可以作为期末评定成绩的重要标准。

二 cMOOC 模式下的对外汉语教学的特点

cMOOC 模式的引入，使得对外汉语教学环节与过程有了一些新的特点，为提高教学效率起到了积极的作用。

（一）学习者自主性增强

以 cMOOC 模式为基础的对外汉语教学鼓励学习者自主进行汉语学习，对于学习者而言，他们可以根据自己的实际情况，决定什么时间、什么地点、以何种方式、用多少精力学习，并自主建立符合个人需求的学习目标。网络平台索引设计、汉语言内容的设置、汉语言知识与信息的拆散与重组、汉语信息的直接性与即时性、学习者个体能力的提升、连通与整合汉语言知识、技能与能力的知识循环等内容，都会对汉语学习者在虚拟的网络语境中，通过碎片化知识信息的积累与重组，形成一个牢固的、逐渐与汉语语感趋同的汉语言交际与综合运用系统，进而促进学习者知识—技能—能力的转化。

（二）呈现内容方式多样

cMOOC 模式下的对外汉语教学课程没有统一教材，教学资源大多是非结构化的、多向的课程内容。对于汉语学习者而言，汉语基本知识的有效性会受到语言、汉语使用环境、中华文化以及中国人的思维方式等因素的影响，仅仅通过课堂教学来掌握一门语言是不可能的。因此，我们不会将语言学习内容局限在教科书中，为其不断填充固化的语言知识，而是针对教科书中的重点内容，总结提炼出具有时代性的新闻话题、具有地方地域特色的文化内容、具有超时空的历史知识，以及不同民族之间风俗习惯、会话方式、价值观念的差异等内容，组织者推送包括视频、图片、音乐等与话题相关资料和阅读材料，注入当代中国最新的文化内涵，从而不断提升学习者的语言实践能力。

（三）获取知识领域宽泛

汉语知识不是静止不变的，它是动态的、发展的，因此，cMOOC 模式下的对外汉语教学课程中的学习方式不应该只是被动地接受，而应以辩证和批判的方式与知识传授者进行互动交流；学习场所也不应局限于像学校、教育机构等传统意义上的面对面课堂，而应向博客、推特等各种社交网络中延伸和转化。每个课程的参与者都有可能成为获得信息的节点，彼此分享汉语学习中遇到的奇闻逸事、心得体会，针对不同学习者多样化的观点和态度，各节点之间创建连接，最终使每一个学习个体都能构成更大、更系统的汉语学习网络。

（四）教师要求标准提高

当前，cMOOC 模式下的对外汉语教学课程由一名主讲教师完成，对教师提出了更高的要求。不仅课堂教学内容的计划和设置、与学习者的互动讨论和解答疑惑都由教师负责，而且网络资源的查找和制作、信息的更新和推送等内容也都由主讲教师完成。因此，学习者如果想要掌握新的语言知识，获得新的语言技能，就需要教师制定一个全面的学习规划，提供一个完善的师生、生生互动的机制，调整 cMOOC 课程的难度，注重学习内容的实用性，从而满足学习者的各种学习需求，真正实现教学相长。

三 cMOOC 模式下的对外汉语教学有效性的标准

cMOOC 教学强调学习不是简单地将知识复制到大脑，而是要学习者主观接受学习内容，促使新的知识节点与现有的知识节点建立连接，最终相互融合进入个人学习网络。可见，有效的 cMOOC 教学要求学习者在不断吸收和内化知识的同时要通过深入的思考构建个人学习网络。因此，cMOOC 模式下的对外汉语教学有效性不应是一个框架性的可以量化的具体数值，而应当是一个具有开放性与增殖性的无限循环场域。

第二语言教学活动是否有效，首先应观测语言教学的人才培养目标。1996 年美国教育界制定了 21 世纪外语学习标准，即 Communication（交际）、Culture（文化）、Connections（连接）、Comparisons（比较）和 Communities（社区）。《欧洲语言学习、教学、评估共同参考框架》将语言学习标准概括为个人的综合能力、语言交际能力、语言活动、领域以及任何语言教学必定以某种方式涉及策略、任务、文本、个人能力、语言交际能力、语言活动和领域等方面，其更强调语言学习者语言交际能力与跨文化交际能力，这与现代语言学由结构主义向功能主义，思维方式由现代主义向后现代主义转变不无关系。

2008 年我国颁布的《国家汉语教学通用课程大纲》参考了《欧洲语言学习、教学、评估共同参考框架》等国际认可的语言能力标准，明确提出，"国际汉语教学课程的总体目标是使学习者在学习汉语言知识和技能的同时，进一步强化学习目的，培养自主学习与合作学习的能力，形成有效的学习策略，最终具备语言综合运用能力"[①]。2021年教育部颁发的《国际中文水平等级标准》明确提出，"将语言能力提升为言语交际能力"[②]，强调语用能力、言语交际能力的教学与应用，注重跨文化交际和交际策略的培养。

国内学者关于课堂教学的有效性标准相关研究成果不少，比如孙亚玲在《课堂教学有效性标准研究》（2008），就课堂教学有效标准的历史与现状学术梳理得非常全面，从教师角度、学生角度、教学模式、教学环境、课堂管理、设备与教材、教学空间、教学媒体、教学改革等诸多方面，对整个教学过程中涉及影响有效性的因素都进行了研究，并围绕教学目标、教学活动、教学能力、教学反馈、教学组织与管理制定了课堂教学有效性标准框架。孙亚玲的研究对象为所有学科的课堂教学，具有普遍的参考与借鉴意义，诚然，为cMOOC模式下的对外汉语教学有效性研究具有一定指导意义。而对外汉语教学界著名学者黄晓颖在《对外汉语有效教学研究》中提出了对外汉语课堂教学的有效性标准为教学内容实用、教学目标达成、学生积极主动、教学活动高效，许多真知灼见为本课题的研究带来直接的指导与借鉴意义。

根据两位专家的研究观点、国际上关于语言学习标准，以及对关联主义cMOOC的分析，结合对外汉语教学实际，本书认为，cMOOC模式下的对外汉语教学有效性标准包括教学目标、教学活动、学习者能力、教学内容及学习反馈五个方面。

---

① 孔子学院总部/国家汉办编：《国际汉语教学通用课程大纲》，北京语言大学出版社2015年版，第Ⅳ页。
② 教育部中外语言交流合作中心编：《国际中文教育中文水平等级标准》，北京语言大学出版社2021年版，代序第4页。

（一）符合汉语学习目标

赵金铭指出："对外汉语教学最基本的语言观是，语言是人类最重要的交际工具；最基本的教学观是，要把语言当作交际工具来教，而不能当作知识体系来教；最基本的目的观是培养学习者的汉语交际能力。"[1] 因此，cMOOC模式下的对外汉语教学的主要目标也要符合学习者的学习要求，培养学习者运用汉语进行跨文化交际的能力，cMOOC教学是否有效，主要看教学活动是否与预期的学习目标相吻合，是否能促进这一教学目标的实现，以及该目标的最终实现程度。结合《国家汉语教学通用课程大纲》与《国际中文教育中文水平等级标准》的目标要求，cMOOC模式下的对外汉语教学的目标应该包括语言技能目标、语言知识目标、策略目标和文化目标四类。其中语言技能目标主要要求针对熟悉的话题进行阅读、分析和理解，并可以组织语言进行交流和讨论；语言知识目标主要掌握语音、词汇、语法和文化内容的基本用法和功能，理解并学习与生活相关的语言材料；策略目标主要要求运用所学知识表达个人感情、完成交际任务、搜索学习资源；文化目标主要要求学习者对中国文化有直观的认识，能够理解中国文化的内涵。"既然语言教学培养的是目的语的言语能力和言语交际能力，所以具有决定意义的不是语言理论知识和交际理论知识，而是自动化的言语熟巧。"[2] 因此，cMOOC教学强调学习者的个性化体验，鼓励学习者根据教师提供的课堂话题，发散思维，从多角度构想观点，课程的学习不局限于某一特定的学习目标，而从学习者个性化发展的角度出发，以透明的交流方式，展示彼此的观点和思想。本书认为，有效的cMOOC教学要遵循汉语教学规律，充分结合对外汉语教学的目标和学习者学习汉语的实际，教师在满足学习者知识需求的基础上，真正教会学习者学习和交互的方

---

[1] 赵金铭：《对外汉语教学概论》，商务印书馆2004年版，第96页。
[2] 李泉：《对外汉语教学理论研究》，商务印书馆2006年版，第82—83页。

法，为他们提供一个适合自己需求、满足个人学习目标的学习体验。

(二) 提高教学活动效率

cMOOC 模式下的对外汉语教学有效性的判断并不只局限于目标设立的有效性程度，更需要关注实现目标的过程。对于对外汉语教师来说，如何促使学习者在有限的时间内最大限度地提高汉语水平，是首要考虑的 cMOOC 模式应用于对外汉语教学的效率问题。

在汉语教学过程中，教师不能以牺牲学习者的时间为代价完成教学任务，要提高课堂教学效率，就必须要运用科学的方法和手段，通过高质量的教学内容，不断提升教师的时间观念，加强知识的流动性和学习的便捷性，从而给学习者带来丰富的汉语知识。针对 cMOOC 模式的网络教学特点，充分利用教学时间提升课堂教学效率主要表现为，教师及时推送新的汉语信息内容；推送内容难易得当，条理清晰；正确引导互动讨论区的讨论内容，避免讨论与课程知识无关的内容；教师语言简洁、通俗易懂；及时解决学习者提出的问题，并积极引导参与者之间相互帮助、分析和解决问题。总之，只有充分利用 cMOOC 教学课程的授课时间，确保教学过程的连通，对外汉语教学才能做到以更优的速度，更少的时间，获得更高的效率。

(三) 提升学习者学习能力

cMOOC 教学的最大特点就是要求学习者具有自主学习能力，鼓励学习者只有积极主动地参与到社会实践中进行语言表达，做到想说爱说，才能真正学好这门语言。相反，如果学习者一味地被动接受知识，而缺乏主动学习的意识，他们是很难真正掌握汉语，更无法提升汉语的综合运用能力。因此，学习者学习能力的提升是衡量 cMOOC 模式下的对外汉语教学有效性的标准之一。尤其在 cMOOC 教学中，教师充当着课程引导者的角色，将逐渐减少对学习者的管理，学习者应该首先具备自主学习意识，根据课程内容的安排，采用有效的学习方法和策略展开学习。cMOOC教学强调学习内容本身不再重要，学习者针对平台中观点的碰撞进行深入思考产生的价值才是学习的关键。要保证学生的学习质量和效率，就必须让每一个学习者都成为知识的创造者，提高其自主学习能力。

（四）突出教学内容实用

教学内容实用是指学习内容不能脱离生活实际而独立存在，而要贴近学习者的日常生活，教学中如果讲解大量的专业术语，但是在语言交际过程中却无法使用，这也是无效的教学行为。因此，只有能够满足学习者学习目的和交际需求的内容，才能使整个教学顺利开展并有效完成。cMOOC模式下的对外汉语教学内容的实用性主要表现为以下方面。首先，学习内容难易适度。cMOOC教学的话题设计过难或过简单，都不利于提高学习者学习的积极性，话题内容的选择只有确保学习者在日常生活中能够用到，并做到有话可说、有话能说，才能提高话题的实用价值。其次，学习内容要与当代文化生活密切相关，鼓励学习者对当代中国文化有更直观、清晰的认识，从而更好地融入汉语文化的生活圈。

（五）及时进行学习反馈

学习效率的高低还与教学投入多少以及学习者收获多少相关。教学有效性的评价往往以学习者的学习效果为依据，cMOOC教学是否有效，教师教学是否优秀，主要依靠学习者所获得的学习成果以及对整个教学过程的评价。我们所强调的有效率的教学，不只取决于教师想要学习者学到多少知识，需要掌握多少内容，更要关注于学习者与持续更新的内容节点之间的连接，考虑到每一个学习者是否都能适应新教学模式的学习方法，及时掌握学习者的学习动态。针对cMOOC模式下的对外汉语教学而言，我们需要充分了解学习者对学习内容的掌握情况、学习平台的使用情况、教学环境的适应情况等相关问题，只有将学习内容与学习者的学习评价紧密结合，满足学习者个性化发展需求，我们的对外汉语

cMOOC 教学才更有效。

第四节　cMOOC 模式下的对外汉语教学有效性调查

cMOOC 模式下的对外汉语教学是以学习者为中心的教学模式，强调学习者的个性化学习，重视各学习主体之间的连接，而针对 cMOOC 教学的评价标准和实施计划并没有统一规定。本章通过调查问卷和访谈的形式，就当前对外汉语教学使用 cMOOC 模式的情况进行调研，重在分析学习者和教师视角下推行 cMOOC 教学的有效性。

一　调查问卷与访谈的设计与实施

基于 cMOOC 模式的对外汉语教学不是简单的教师推送阅读材料供学习者自由阅读，而是学习者在深入思考和交流互动中完成语言知识的学习，真正实现学习者自身的学习需求。因此，本节从调查与访谈的目的、对象、内容、实施与结果等角度出发，通过对长春 A 和 B 两所院校开设的 cMOOC 教学课程的全过程进行为期一年的观察，分析了 cMOOC 模式下的对外汉语教学的有效性。

（一）调查与访谈的目的

通过对 A、B 两所高校的留学生和汉语教师进行调查和访谈，一方面，是为了了解 cMOOC 模式下的对外汉语教学的课程规划设计、网络平台利用、教学资源使用和教学实践活动的开展情况；另一方面，是为了了解 cMOOC 模式下的对外汉语教学的教学方法应用、教学成果转化、教学效率提升和教学目标任务的完成情况。

（二）调查与访谈的对象

问卷的调查对象为 A 和 B 两所院校的二年级来华留学生，包括汉字文化圈和非汉字文化圈留学生共计 81 人；访谈的对象为 A 和 B 两所院校参与 cMOOC 教学的教师共 7 人。

（三）调查与访谈的内容

针对学习者的调查主要采取调查问卷的形式，问卷的内容主要包括教师的"教"、学习者的"学"，以及教学内容、学习反馈等，问卷的形式主要以选择题为主，共 24 个题目；针对教师的访谈主要从 cMOOC 模式的推行情况、学习者对知识的掌握情况，以及课程设置情况等 10 个方面展开讨论。

（四）调查与访谈的实施与结果呈现

发放问卷的时间是 2020 年 9—10 月，我们将问卷分发给两所学校的汉语教师，教师在课堂教学中随堂进行，并尽量要求留学生在课上完成问卷填写；对于留学生可能遇到的问题，教师可以及时处理和解决，同时也可以保证问卷的回收率。本次共投放学生问卷 81 份，其中未作答或作答不完整的问卷视为无效票，有效问卷共 74 份。调查结果最终以图表的方式呈现，计算出各项的百分比，并在下方附有对该图表的文字说明。同时，对两所学校的汉语教师进行多次访谈，并记录相关谈话内容。

（五）调查与访谈存在的问题

首先，问卷调查内容不够全面。问卷主要围绕教师、学习者、教学内容、学习反馈这四个方面展开，无法包含本研究的全部内容。而且，在调查问卷的填写中，有部分学生缺少教师的指导，对问题的理解又存在一些错误认识，从而影响调查结果的准确性。其次，教师访谈存在着片面性。访谈对象主要为开展对外汉语 cMOOC 教学课程的汉语教师，人数较少，缺少代表性，影响了访谈效果。

二 学习者的调查与问卷分析

本部分对参加 cMOOC 模式下的对外汉语教学的学习者进行调查，

相关结果与分析具体如下。

(一) 学习者基本情况调查分析

留学生样本一共为74份，通过对留学生基本情况的调查分析，我们发现，男学生为33人，占总人数的44.6%，女学生为41人，占总人数的55.4%。留学生的年龄总体分为三个年龄段，其中20—25岁留学生共58人，占总人数的78.4%。

(二) 教师"教"的调查分析

本小节主要从教师开展cMOOC课程的教学效果和教学活动安排与实施的情况两方面入手，了解留学生对教师在cMOOC教学中的"教"的认识与评价。

1. 教师开展cMOOC课程的教学效果

该部分调查内容主要集中在教师的角色及其作用等方面。尽管cMOOC教学以学习者的"学"为主体，教师作为知识传授者的身份不断弱化，但教师的教学引导作用却越来越重要。

如图5.1所示，有87.84%的留学生认为在cMOOC模式下的对外汉语教学中，教师扮演着知识引导者的角色，64.86%的学习者认为教师是课堂组织者，75.68%的学习者认为教师是cMOOC课程的参与者，而仅有27.23%的学习者认为cMOOC课程的教师仍然以传授知识为主，扮演着知识传授者的角色。cMOOC教学中成功转变了教师的知识传授者形象，教师逐渐成为指导学习者学习方法、关注学习者情感变化、提升学习者能力的引导人。

如图5.2所示，有59.46%的学习者认为教师的指导和帮助是必要的。这说明教师的地位不但没有因为cMOOC教学强调学习者自主学习而降低，反而越来越受到学习者的重视，课堂学习仍然需要教师的积极引导和帮助。因此，尽管cMOOC模式下的对外汉语教学增加了教师的工作压力和工作量，但是教师的作用也越来越重要，工作要求也越来越高。

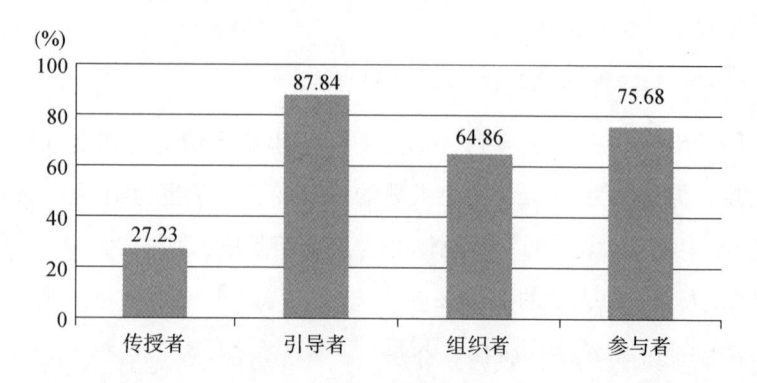

图 5.1　你认为教师在 cMOOC 课程中扮演什么角色（多选）

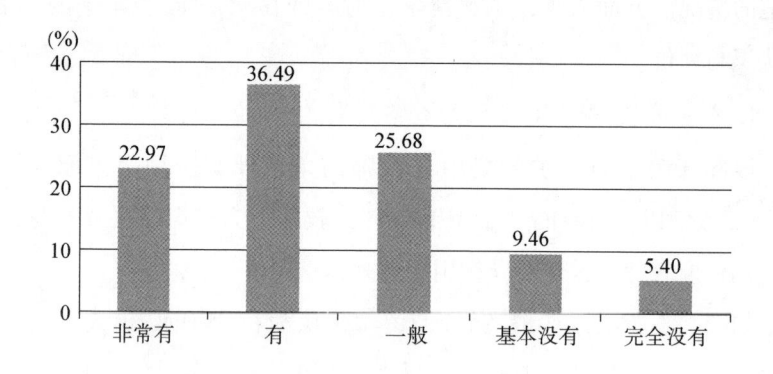

图 5.2　教师在 cMOOC 课程中对你是否有帮助

2. 教师对 cMOOC 教学活动的安排与实施情况

该部分调查主要围绕教师进行 cMOOC 教学时的平台使用情况、信息推送情况、问题处理情况等方面展开，重点分析教师是否能够及时有效地开展教学活动。

从图 5.3 我们可以看出，认为教师可以熟练地使用 QQ 和微信平台进行对外汉语教学的学习者占总数的 67.56%，只有 9.46% 的学习者认为教师使用教学平台的熟练程度还存在不足。说明对外汉语教师已经具有网络教学的经验，可以运用其进行熟练的操作，并具备将对外汉语教学应用于 cMOOC 模式中开展有效教学的能力。

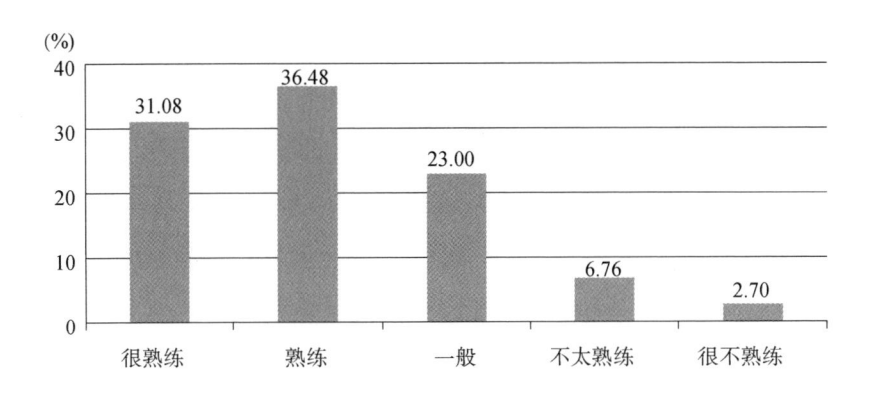

图 5.3 教师是否能够熟练使用 QQ 和微信平台

如图 5.4 所示，78.38% 的留学生认为教师每天都能够准时在学习平台中推送学习内容，其中有一半以上的留学生认为教师的信息推送非常及时。这表明，汉语教师能够将语言教学与信息网络充分结合，及时推送最新的、优质的学习资源给学习者，为学习者在 cMOOC 教学中与他人建立学习网络做铺垫。

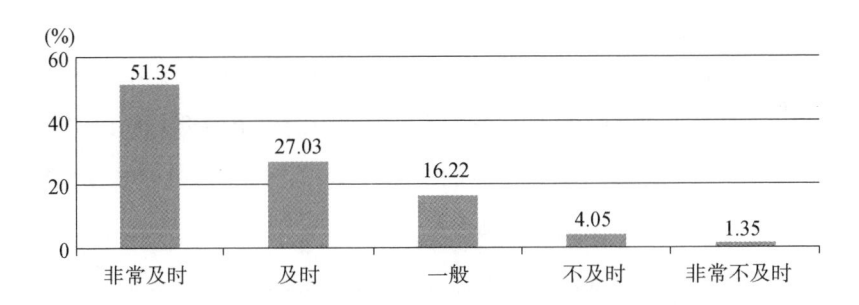

图 5.4 教师能否及时传送汉语信息

在"教师是否能够对学习者的反馈信息做及时处理"一题中，如图 5.5 所示，68.92% 的学习者对教师解决课堂问题的实效表示肯定。可以说，教师对课程问题的解答直接影响到 cMOOC 教学的实施效果，也决定着学习者对知识的掌握程度。

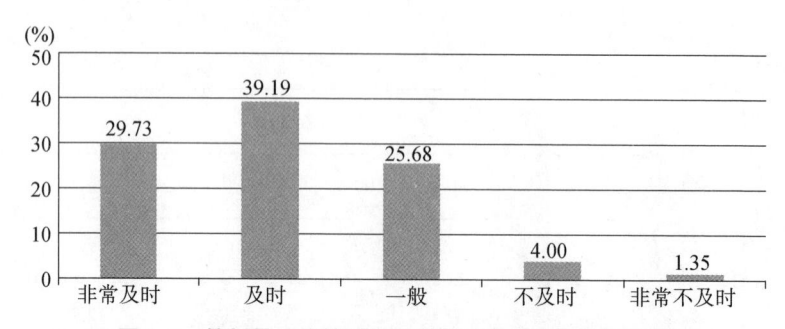

```
(%)
50
        39.19
40
  29.73        25.68
30
20
10                    4.00   1.35
 0
 非常及时  及时  一般  不及时 非常不及时
```

图 5.5　教师是否能够对学习者的反馈信息做及时处理

(三) 学习内容安排的调查分析

本部分调查围绕汉语学习者的个体学习目标展开，结合具体学习过程，通过回答 cMOOC 课程内容的设置和学习内容的实用性情况，诱导出汉语学习者的言语行为，判断他们对知识的掌握情况，进而了解 cMOOC 模式下对外汉语教学的有效性。

1. cMOOC 课程内容的设置情况

通过调查学习者想要学习的语言知识和文化内容两部分，掌握 cMOOC 课程在话题设计上的有效性。

如图 5.6 所示，54.05% 的学习者希望通过 cMOOC 课程学习中国文化知识，而对于语音、词汇、语法等基础知识的需求较低，这说明传统的中国文化受到更多外国留学生的关注，学习者希望通过 cMOOC 课程了解传统汉语课堂上无法过多涉及的文化内容，不断扩大中国文化的知识面，丰富其文化内涵。

由表 5.1 调查结果可见，现实生活和人际关系是中级汉语学习者最感兴趣的话题，主要由于这些话题与学习者的生活息息相关，学习者可以较快地融入汉语学习氛围；再加上留学生年龄一般大多集中在 20 岁左右，人生阅历比较少，因此对人生百态类的内容兴趣不大，他们当前的首要任务就是完成汉语学习，掌握汉语交际的能力，因此对相关学习内容关注度相对较高。

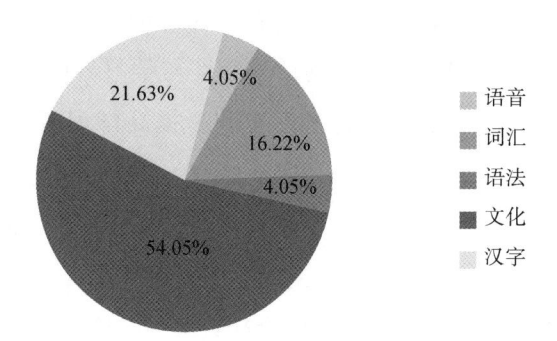

图 5.6　你希望从 cMOOC 课程中学到什么语言知识

表 5.1　cMOOC 课程中哪方面的文化话题内容对你有帮助（多选）

话题内容	百分比(%)
人际关系	67.57
现实生活	85.14
人生百态	41.89
社会热点	58.11

2. 学习内容的实用性情况

通过调查话题的难易度和使用情况，可以推断出教学内容的实用性价值，如图 5.7 所示。

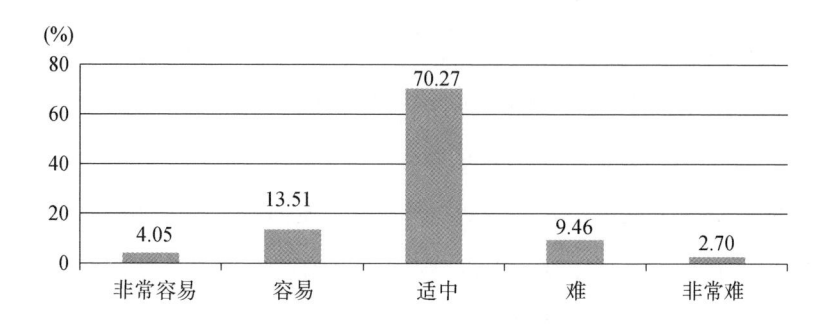

图 5.7　你觉得 cMOOC 课程的话题难度如何

· 287 ·

根据调查显示，70.27%的学习者认为cMOOC课程的话题内容难度适中。这表明，cMOOC课程的话题难度与学习者的学习程度相符，学习者可以较好地掌握教学内容，有利于提高学习者汉语学习的积极性。

如图5.8所示，51.35%的学习者认为cMOOC课程的话题可以用到交际中。这说明话题内容可以满足学习者的交际需要，并能够与学习者的日常生活紧密结合。话题的设计只有与日常生活密切相关，才能使学习者将所学内容运用到实际交际中，从而不断提高综合运用能力。

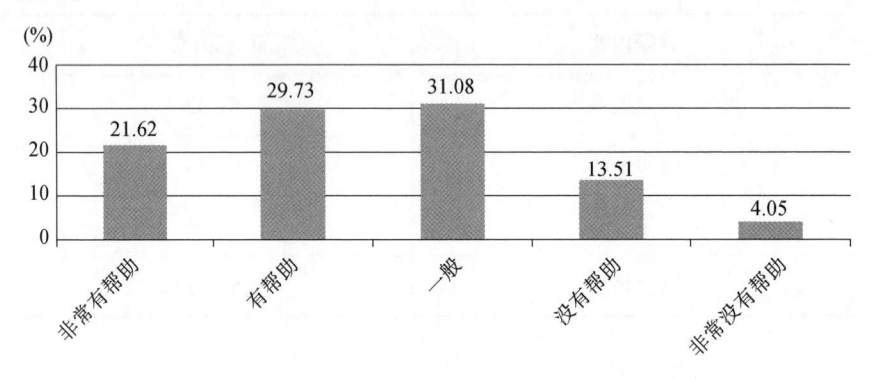

选项	非常有帮助	有帮助	一般	没有帮助	非常没有帮助
百分比(%)	21.62	29.73	31.08	13.51	4.05

图5.8 你觉得cMOOC课程的话题内容对日常交际是否有帮助

（四）学习者"学"的调查分析

本部分主要围绕学习者自主学习能力和合作学习能力的提升情况展开调查，了解留学生学习cMOOC课程的效果。

1. 学习者自主学习能力的提升情况

该部分主要从汉语学习者对对外汉语cMOOC课程的学习态度、个体学习方式等角度展现汉语学习者对于这种新教学模式的认可与利用情况，进而分析出其自主学习能力的提升情况。

推广cMOOC模式下的对外汉语教学最核心的目的就在于提高学习

者自主学习能力，培养学习的积极性和主动性。从图 5.9 我们可以看出，有 50% 的学习者表示会或肯定会主动学习 cMOOC 课程推送的相关学习内容，有 36.49% 的学习者会看情况进行学习。可见，大多数学习者能够根据个人学习兴趣自主学习，这为学习者构建个性化学习网络提供便利条件。

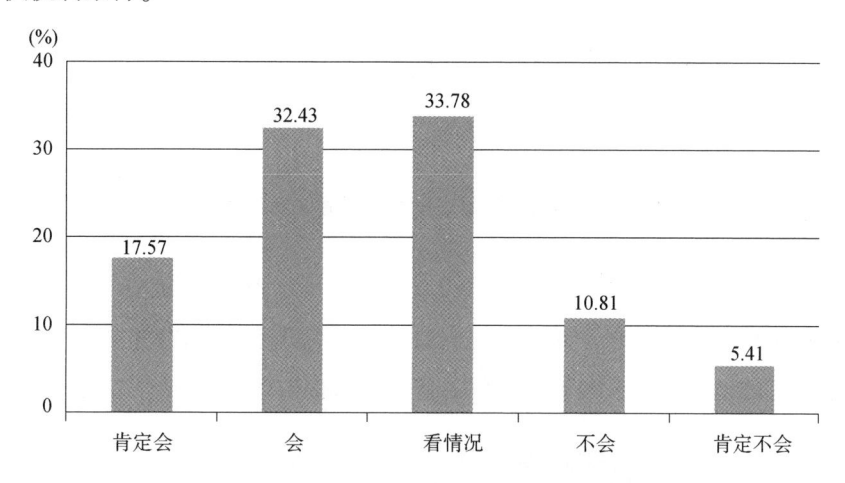

图 5.9　你是否能够主动学习 cMOOC 课程推送的内容

在"你是否能够在学习课程时做到独立思考"一题中，如图 5.10 所示，有 51.35% 的学习者表示会或者肯定会认真思考学习中遇到的问题，并及时对所学内容进行反思和反馈从而加深对知识的理解。汉语学习者能够按要求学习课程内容，并且通过不断地反思提出个人的观点和认识，这将成为对外汉语教学与 cMOOC 模式结合的最强有力支撑。

2. 学习者合作能力的提升情况

该部分围绕学习过程的互动和信息分享的意愿展开调查，通过这两部分的分析，希望了解学习者合作能力的提升情况。

cMOOC 教学的互动交流是鼓励学习者建立学习网络的重要方式，也是 cMOOC 教学的最典型特点，学习者可以通过各节点之间的互动交流，实现知识的获取、重组和传播，从而提高学习者获取信息的能力、

国际中文教育与中国文化传播融合研究

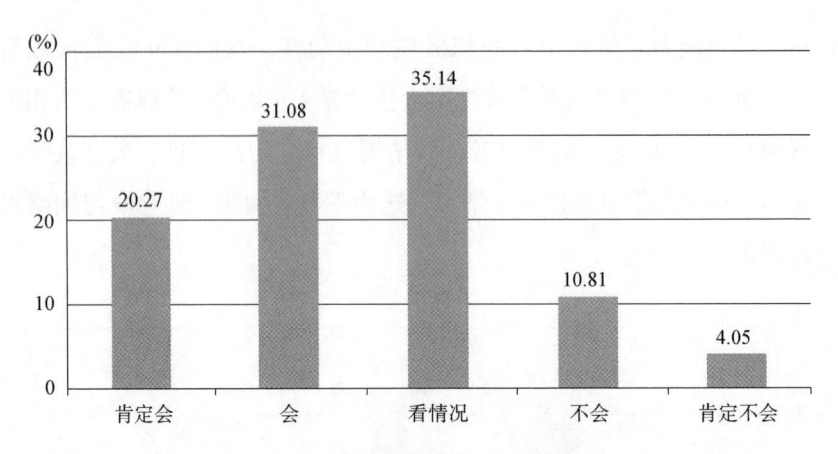

图 5.10 你是否能够在学习课程时做到独立思考

解决问题的能力以及团队合作的能力。如图 5.11 所示，有 39.19% 的学习者能够经常参与教学互动，他们通过互动与其他学习者建立联系，讨论各自的学习观点，为彼此的信息修改和再创造奠定基础。

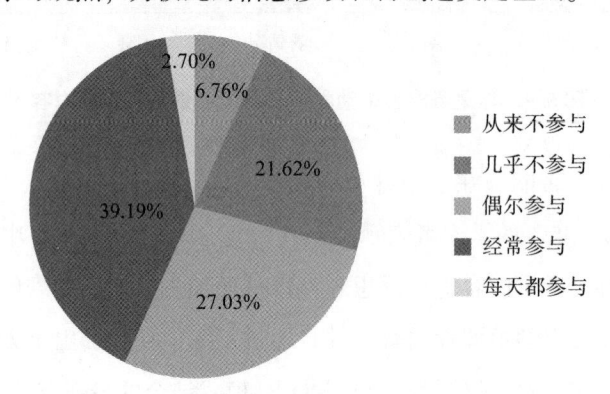

图 5.11 你是否能够参与 cMOOC 课程的教学互动

cMOOC 教学中，学习者只有学会分享彼此获得的信息资源和学习心得，才能实现资源共享，提升彼此间的交流和沟通。如图 5.12 所示，有 59.46% 的学习者会分享各自的学习内容，他们可以借助该方式与他人进行讨论并实现信息的交换，方便后续的学习和讨论，最终彼此在学习连接掌握新的知识。

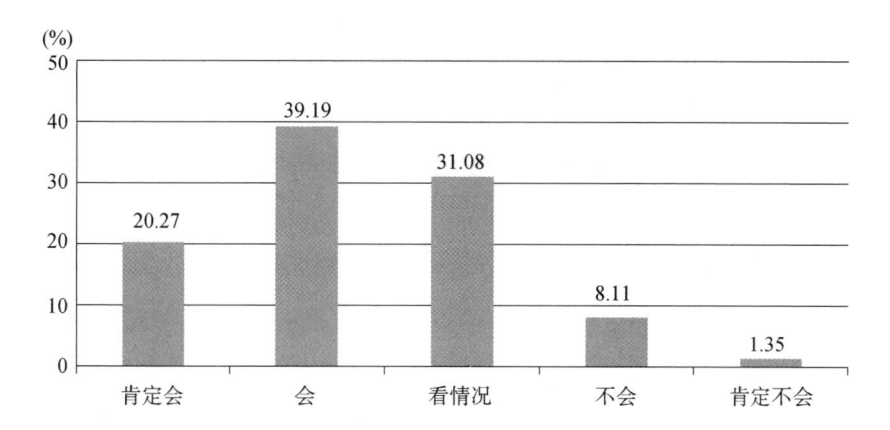

图 5.12　你是否会为其他学习者推送信息资源

（五）学习反馈的调查分析

主要围绕 cMOOC 模式下的对外汉语教学的课程完成情况、平台使用情况、教学评价及教学展望等问题展开调查，通过分析学习者提出的一系列反馈问题，合理总结对外汉语 cMOOC 教学的有效性和发展前景。

1. cMOOC 模式下的对外汉语教学的课程完成情况

针对目前 cMOOC 模式下的对外汉语教学的课程开展情况来看，有 89.19% 的学生能够保证参与课程学习，而有 51.35% 的学习者能够积极地参与课堂互动并按时完成教师布置的作业，可见，将对外汉语教学与 cMOOC 模式结合对汉语学习者有一定的吸引力，但是学习者的互动参与应该进一步促进，教学资源的质量有待进一步提高，课程设置需要进一步完善。

2. cMOOC 模式下的对外汉语教学平台的使用情况

本部分问卷主要围绕课堂资源选择、cMOOC 课程平台适应性及平台存在的问题等方面展开。

在我们设置多种课程资源中，由表 5.2 中可见，有 90.54% 的学习者喜欢教师提供的视频内容，可见，学习者更喜欢轻松易懂的学习内容和教学方式，优质有趣的教学资源更能吸引学习者学习汉语的兴趣，也更易于学习者的接受和理解。

表 5.2　　你喜欢平台提供的哪些课程资源（多选）

课程资源	百分比(%)
课件	31.08
视频内容	90.54
阅读材料	59.46
相关网站链接	74.32
练习题	17.57

如图 5.13 所示，关于学习者对 cMOOC 课程平台的教学方式和特点是否适应这个问题，有 56.76% 的学习者表示适应，28.38% 的学习者表示一般，仅有 16.21% 的学习者可能由于网络学习操作复杂、教学任务重、教学效率低等问题，认为不太适应该教学模式的使用。这说明教师需要不断引导学习者运用 cMOOC 模式进行汉语学习，降低学习者网络学习的不适应性，不断提高学习者的学习效率和质量，为对外汉语教学的发展提供一个新的方向。

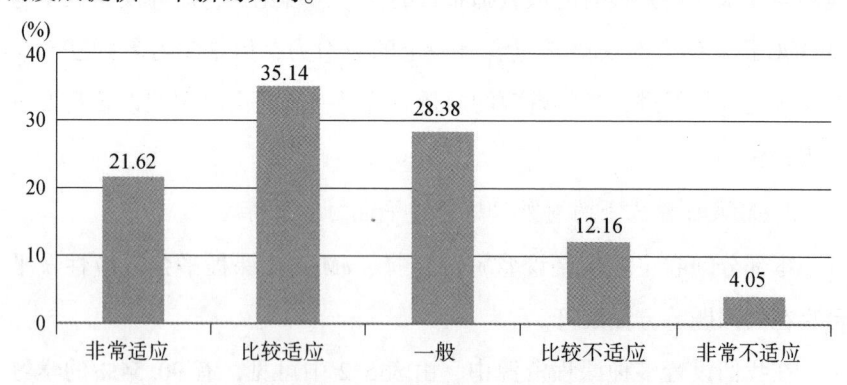

图 5.13　你是否适应 cMOOC 课程平台的教学方式和特点

QQ和微信作为一种社交网络平台,早已被大家所熟知和使用,将它发展成促进学习交互的工具却是一种新的尝试。目前进行的对外汉语cMOOC教学,主要是在微信群与QQ平台上进行,调查发现,留学生愿意开通QQ和微信与教师和同学交流,并且大多数学习者更喜欢采用群聊的方式进行互动和学习,可以说这一交互方式得到了广大留学生的认可,但是作为网络学习平台,也不可避免地会遇到一些问题,见表5.3,93.24%的人认为QQ和微信有较强的娱乐性,使用聊天软件时会不自觉地与朋友聊天或刷朋友圈,从而减少学习的时间和效率。同时,在资料的传输和信息保存,甚至于手机屏幕的大小等方面都将影响留学生使用QQ和微信开展互动学习的积极性。由此可见,在cMOOC教学平台的使用和构建方面仍需要我们进一步加强和完善。

表5.3　使用QQ和微信作为cMOOC课程平台遇到哪些问题（多选）

平台使用遇到的问题	百分比(%)
有较强的娱乐功能	93.24
手机屏幕太小	55.40
信息保存不便	82.43
受短信等信息的影响大	44.59

3. 对cMOOC模式下的对外汉语教学的评价

本部分问卷主要围绕cMOOC教学的优势、存在的问题以及cMOOC教学有用性展开,重点了解学习者对cMOOC模式下的对外汉语教学的总体认识。

在"通过cMOOC课程学习汉语有哪些优势"一项调查中,有86.49%留学生选择的原因是可以获得大量的学习资源。而有55.41%的学习者认为 cMOOC 课程克服传统教学中由于时间和地点的限制不能随意扩展知识的局限，为学习者提供大量自主学习的时间。还有 51.35% 的学习者认为 cMOOC 课程的互动讨论环节更好，主要因为 cMOOC 课程解决了传统课堂学习者不爱说的问题，学习者没有了面对面教学的压力，不会因为碍于面子或课前准备不够充分而"不敢说"，而可以在互动讨论区就感兴趣的内容发表见解，有利于提高学习的热情和积极性。见表 5.4。

表 5.4　　　　通过 cMOOC 课程学习汉语有哪些优势（多选）

优势	百分比(%)
学习时间自主	55.41
可以提高学习效率	28.38
可以获得大量的学习资源	86.49
开展互动讨论	51.35
学习方式很特别	39.19

当然，在 cMOOC 教学的实施过程中也同样会遇到各种各样的问题。从表 5.5 中可知，82.43% 的学习者认为网络学习干扰性较大，手机上网会不自觉地浏览与学习无关的信息或聊天、购物等，往往会降低学习效率。55.41% 的学习者认为 cMOOC 课程学习最大的问题就是占用学习者大量的课余时间，由于借助 cMOOC 模式会增加教学的预习和课外知识扩展环节，课程时间会在无形中不断延长，从而会加重学习者的学习负担。51.35% 的学习者则认为在 cMOOC 课程学习时需要在教师的催促下完成学习任务，学习自觉性较低。因此，在 cMOOC 教学中，一方面，教师要对学习者网上行为进行积极引导，避免受到网络不良信息的影响；另一方面，还要不断完善网络教学手段，打造健康稳定的学习环境，不断提高教学质量和效率。

表 5.5　　　在 cMOOC 课程学习中遇到了哪些问题（多选）

遇到的问题	百分比(%)
受网络影响大,容易不畅通	13.51
占用大量课余时间	55.41
网上干扰过多	82.43
师生不一定同时在线,所以无法马上解决问题	45.95
学习自觉性差	51.35
所提供资源自己不感兴趣	17.57

对于 cMOOC 课程的学习效果，63.52% 的学习者表示该课程有用，也很愿意继续使用，24.32% 的学习者持中立态度，而仅有 12.16% 的学习者认为该模式没有用处，如图 5.14 所示。由此可见，cMOOC 模式与对外汉语教学相结合受到了大多数留学生的欢迎，学习者愿意尝试这种新的学习方式，而对于 cMOOC 教学而言，学习者的意愿和成效也同样促使我们继续研究并将其推广。

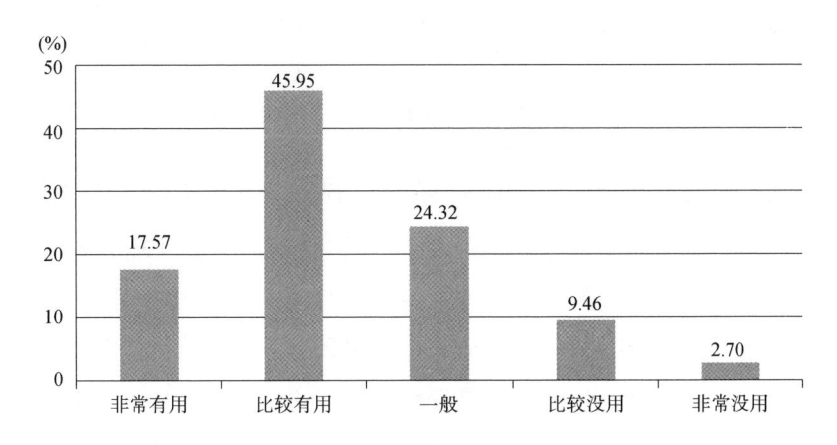

图 5.14　你认为 cMOOC 课程对你的汉语学习是否有用

4. cMOOC 模式下的对外汉语教学的可持续性

本部分主要调查学习者是否继续使用 cMOOC 模式以及该模式在汉语教学是否具有推广可能。

如图 5.15 所示,有 51.35% 的学习者支持通过 cMOOC 模式学习其他课程内容。而有 40.54% 的学习者持中立的态度,主要原因在于学习者充分认识到并不是所有的对外汉语课程都适用于 cMOOC 教学,如听力课一样的操练课仍然需要传统的面对面教学;另外,按照 cMOOC 课程强调学习者自主学习的特点,对于难度较大、知识点较重要的内容,单靠学习者的自主学习是很难将知识点全部领会,也同样需要教师课堂教学的讲解和梳理。

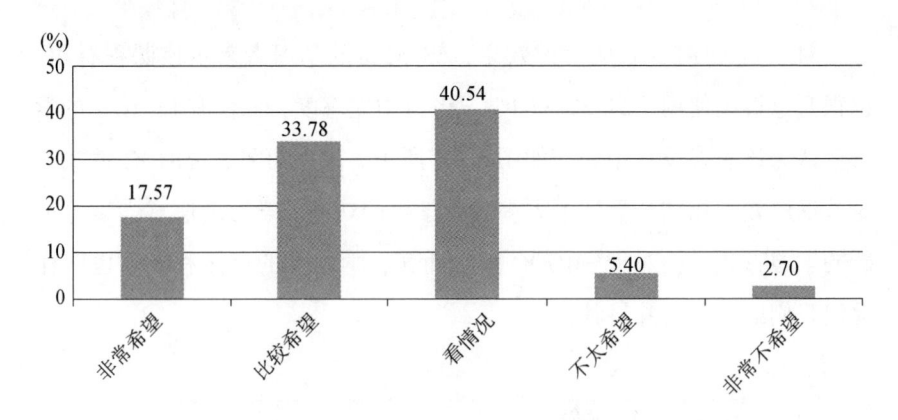

图 5.15 你是否希望通过 cMOOC 模式来学习其他课程内容

通过本次调查发现,cMOOC 课程对于汉语学习者来说具有一定的吸引力,学习者愿意尝试这一新的教学模式,但是,关于 cMOOC 课程教学与传统课堂教学的关系,大多数学习者仍保持中立的态度,如图 5.16 所示。这说明尽管 cMOOC 课程具有区别于传统课堂教学的优势,但是将其设定为独立于课堂教学之外的单独课程也需要对外汉语教师做深入的思考,因此,就目前来看,我们需要保证线下教学和线上课程有机结合,处理好二者之间的互补关系,为对外汉语教学质量和效率的提高做铺垫。

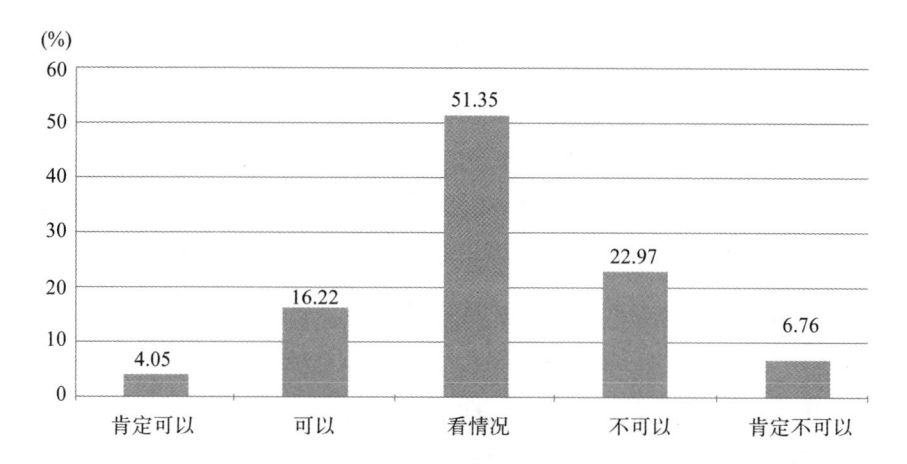

```
(%)
60 ┤
50 ┤           51.35
40 ┤
30 ┤
20 ┤    16.22        22.97
10 ┤ 4.05                  6.76
 0 ┤─────────────────────────
   肯定可以 可以 看情况 不可以 肯定不可以
```

图 5.16　你认为 cMOOC 课程是否可以替代传统课堂

三　教师的访谈

为了更加全面地了解和掌握 cMOOC 模式下的对外汉语教学的实施情况，我们与两所开展 cMOOC 教学的高校汉语教师进行交流，并针对 cMOOC 教学实施过程中遇到的问题进行了深入研究和探讨。

（一）访谈内容

教师访谈重点围绕为什么要推行 cMOOC 模式下的对外汉语教学，怎么推行 cMOOC 模式下的对外汉语教学，cMOOC 模式下的对外汉语教学是否能够提高学习者汉语综合运用能力，cMOOC 模式下的对外汉语教学内容是否实用，使用微信和 QQ 作为 cMOOC 教学平台效果如何，学校推行 cMOOC 模式下的对外汉语教学是否到位，cMOOC 模式还适用于哪些对外汉语课程，是否希望继续推行 cMOOC 模式下的对外汉语教学，在开展 cMOOC 模式下的对外汉语教学时遇到了哪些问题，对开展 cMOOC 模式下的对外汉语教学有哪些建议等 10 个问题展开。

(二) 访谈结果分析

参与访谈的两所高校的汉语教师对 cMOOC 模式下的对外汉语教学有以下几种认识。

1. 推行 cMOOC 模式下的对外汉语教学是必要的

首先，cMOOC 模式下的对外汉语教学能够满足学习者学习汉语知识、了解中华文化的需求。在汉语学习过程中，传统课堂教学有限的时间难以满足学习者的需求，推行 cMOOC 模式下的对外汉语教学可以有效地解决课堂学习时间不足的问题。随着学习者学习汉语时间的不断增多，其汉语知识储备不断丰富，对中化传统文化的了解也不断加深。

其次，cMOOC 模式下的对外汉语教学能够满足学习者交流互动、参与实践活动的需求。传统的师生互动局限于课堂上的师生问答练习，学习者缺少自我表达的机会，而 cMOOC 教学则鼓励学习者在互动平台中主动交流。学习者可以根据个人的兴趣和习惯，阅读平台中已有的学习资料，针对感兴趣的内容进行交流、讨论和深入思考，并运用新的理解和认识展开新的研究。教师表示 cMOOC 教学中学生的自主学习能力有所提升，课程学习的参与度更高，生生之间、师生之间的交流互动更多，课堂学习氛围更加自在轻松。通过课后语言实践，借助聊天互动方式鼓励学习者自主思考，提高其自主分析问题的能力，有利于建立具有各自特点的汉语知识框架。

最后，cMOOC 模式下的对外汉语教学能够满足学习者整合资源、提高综合能力的需求。传统的资源获取方式过于单一，cMOOC 教学打破了传统教师和学习者单线的资源输出方式，实现了师生之间、生生之间多向的传播模式，教师不再是学习者获取知识的唯一途径，学习者可以与教师、其他学习者、学习环境等因素建立连接获取信息，并对多样的学习资源进行理解、修改和再创造，从而内化语言知识，掌握更充足的学习资源，更好地提高综合运用汉语言的能力。

2. 推行 cMOOC 模式下的对外汉语教学存在诸多问题

第一，cMOOC 模式下的对外汉语教学的内容体系不完善。当前的 cMOOC 教学的课程设计和运用还处于初级阶段，只有少数高校的对外汉语教学专业采用 cMOOC 模式。同时，对外汉语教学在开设 cMOOC 课程时，仍然缺少成熟的教学方案和完整的教学体系，其教学内容还不够完善，教学经验也不够充足，这对我们推广 cMOOC 教学增加了一定的难度。

第二，汉语教师花费的时间精力更多。在 cMOOC 模式下的对外汉语教学中，汉语教师从知识传授者转变为知识的引导者，汉语教师要将更多的时间和精力放到组织教学互动、提供学习资料、解答学生疑惑等问题上。教师在帮助学习者获得基础知识的同时，还要培养其对知识整体结构的认识，并且借助互动方式挖掘知识的深层含义，从而建立个性化知识网络。面对如此复杂的工作任务，教师在 cMOOC 课程中引导学习者积极开展汉语学习将会花费比传统课堂教学更多的精力，对教师的课堂教学能力也提出了更高的要求。

第三，学习者的课程参与度影响着教学质量。在 cMOOC 教学过程中，不同学习者的自主学习能力、自我控制能力存在差异，因此，学习者的课程参与情况、课程完成情况也会出现相应的差别。教师指出，尽管大多数学习者都可以参与课堂学习，但仍有一些人是被动的完成课程内容，缺少学习的积极性，他们很少主动参与到教学互动，从而难以确保课程完成的质量和效率。

第四，学校对推行 cMOOC 教学的力度不够。在推行 cMOOC 教学过程中，学校虽然能够给予一定的支持和帮助，但仍存在网络平台建设力度不够、师资队伍建设不足、课程设计经费不充足等问题。同时，由于 cMOOC 模式下的对外汉语教学还未被引入学校的教育体系，因此，在教学内容设计上关注度较少，对课程的整体设计和对学生需求的把握相对薄弱，部分教学内容缺少系统性规划。而这一系列问题，最终会影响 cMOOC 模式下的对外汉语教学的推广和应用。

第五，从整个教育环境来看，仍然有一些人以固有的眼光看待网络教学方式，他们的不理解、不支持同样会影响学习者学习的积极性，从而影响 cMOOC 教学的运用、推广和传播。

3. 推行 cMOOC 模式下的对外汉语教学的对策建议

在教学内容安排上，要充分了解学习者的学习需求和目标，为学生提供一些新的教学资源。要不断加强与学生的沟通和交流，及时掌握学生的学习状态和语言水平，并针对出现的问题给予支持和帮助，从而提高学生的自主学习能力，保证 cMOOC 学习的效果。

在师资力量安排上，要不断加强 cMOOC 模式下的对外汉语教学的教师队伍建设，提高教师队伍的整体素质，确保 cMOOC 教学的顺利开展。

在教学方式结合上，要充分地发挥网络互动教学和传统课堂教学的各自优势，为教育的信息化和教学结构的最优化提供支撑。学习者使用 cMOOC 教学的主要是想学习课堂教学以外的汉语知识，cMOOC 教学固然有诸多优点，但也需要与传统课堂教学充分结合，最终达到教学目的。

四 调查与访谈结论

根据有效性问卷调查与访谈反馈结果，我们已经基本了解到学习者和教师对 cMOOC 模式下的对外汉语教学的认知和评价情况，本小节将结合调查结果进一步分析教学有效性。

就学习者的课程学习情况而言，根据调查问卷显示，选择能够做到"主动学习推送的内容"和"做到独立思考"的分别都在 50% 以上，在调查"教学互动"的情况和"推送教学资源"的及时性上，有 40% 以上的学习者表示能够做到，这表明，cMOOC 模式下的对外汉语教学在保证学习者的主体地位和探索知识能力的同时，学习者的合作能力也有所提升，实现了师生之间的信息交互和高效的知识传递。然而，在调查"cMOOC 课程的完成"情况时，我们发现，尽管有 90% 以上的学习者能够参与课程学习，但是真正能始终如一的坚持下来并做到及时复习的学习者只有 14.86%。此外，在教师访谈中，一些教师也指出，仍有一些学习者是被动参与课程学习，并且课程的完成质量也难以保证。cMOOC 教学是对课堂知识的引申和扩展，需要占用大量的课余时间进行学习，学习者需要付出比传统课堂教学更多的时间和精力，因此，不同学习者对对外汉语 cMOOC 课程的参与程度也会出现差别。

就教师的课堂教学而言，根据学习者调查问卷显示，60% 以上的学习者表示教师在教学过程中能够正确使用网络平台，能够及时有效地推送信息、解决疑惑，这表明教师能够有效地开展教学活动。然而，在访谈中部分教师也指出，开展 cMOOC 模式下的对外汉语教学既加重了教师的教学负担，又将挑战教师的教学能力，教师的教学观念和能力都将会发生转变。cMOOC 教学充分彰显了课堂教学的本质，它使传统以教师为中心的教学关系被打破，"教"与"学"的关系被赋予新的含义，认为教师"教"的最终目的就在于学习者更好的"学"。对外汉语教师在设计 cMOOC 教学时，无论从教学内容还是教学方法上都是一个巨大的挑战，它将改变灌输式的教学方式，强调教师的引导和鼓励作用，重视培养学习者的自主学习能力。可以说，cMOOC 教学除了具有传统教学对知识的"理解"和"记忆"外，还能促使学习者在网络中自主查找所需要的知识，并在查找过程中交流思想、解决问题、探索新知。

就教学内容的安排而言，在学习者的调查问卷中我们发现，有 51.35% 的学习者认为 cMOOC 教学的内容能够运用到日常交际中，可见，设计的话题内容基本可以满足学习者的交际目标。对于已经学习一段时间汉语的中级学习者而言，他们已掌握一定的语言和文化知识，并具备了语言的基本交际技能，cMOOC教学则会在教授语言知识的基础上，不断培养学习者汉语思维能力，帮助学习者在短时间内培养真实的汉语语感与语言综合运用能力，满足学习者日常交际表达的需要，从而实现其对中国语言和文化的理解和认同，并能够适应在中国的学习和生活。此外，cMOOC教学在教授语言的同时，更重视文化内容的传播，在调查问卷中，有一半以上的学习者希望通过cMOOC教学掌握中国的文化知识，80%以上的学习者更倾向于学习现实生活类的文化内容。主要因为交际类文化由于难度较深，内容较复杂，受社会变革、环境因素的影响较大，学习者难以把握交际文化的基本内涵，而传统的课堂教学以教授语言知识为主，文化内容也多为知识类文化，因此，学习者对文化知识缺少全局性认识，致使学习者会遇到文化盲区。因此，cMOOC教学的文化内容设计要以培养学习者汉语交际能力为目的，注重交际文化的引入，实现语言结构、功能和文化的有机统一，从而保证学习者在日常交际中做到敢说、能说、会说。

就学习平台而言，当前缺少完善的平台支持。根据学习者调查问卷显示，有56.76%的学习者能够适应微信和QQ平台的学习方式，但是，在"可能遇到的问题"一项调查中，平台的娱乐性特征也影响着教学的开展。这表明，cMOOC教学采用微信、QQ等社交软件作为学习平台，能够满足学习者随时随地开展学习的需要，学习者基本上也可以适应网络平台的教学方式。此外，学习者也表示愿意向教师和同学公开朋友圈，并通过私信的方式参与教学互动，从而缩短师生之间的距离。然而，对于大多数留学生来说，他们的自律性较低，在cMOOC学习过程中，可能经常会和朋友聊天或浏览与学习无关的网页，从而降低教学效率。同时，大多数学习者会使用手机进行学习，而手机作为当前最主要的通信工具，在为汉语学习提供方便快捷的学习工具外，还会出现短信、电话、信息提醒等干扰学习进程的情况，进而影响学习的流畅度和持续性。

就学校而言，在教师访谈中指出，学校对 cMOOC 教学的建设和推广力度还不够，对课程内容的设计上缺少系统性安排。而在学习者调查问卷中，一半以上的学习者认为 cMOOC 模式并不适合所有的对外汉语课程，无法完全替代传统课堂教学。我们采用 cMOOC 模式学习的目的是更好地开阔学生视野、掌握丰富知识，它是对课堂教学的延伸和补充，而不是抛开传统课堂独立存在。例如汉语综合课，传统课堂教学重视汉语的输入，通过对汉字、词、语法点和课文的讲解和练习，加强对基础知识的理解和把握。而 cMOOC 教学则会为学习者提供更多的语言点素材和获取该素材的渠道，鼓励学习者自发学习扩展知识，培养多角度思维的能力。就目前来看，如何合理安排教学内容，建立结构清晰、逻辑鲜明的课程体系是对外汉语 cMOOC 课程亟待解决的问题。当然，学校基于 cMOOC 的课程设计安排要赋予师生自主选择课程内容的权利，避免按照统一的标准、统一的方式设计课程，教师按照学习者的学习特点和接受知识的能力以及课程需要，灵活安排课程内容，从而提升学习者的学习兴趣和积极性。

第五节　cMOOC 模式下的对外汉语教学有效性的影响因素及对策

本部分探究 cMOOC 模式下的对外汉语教学有效性的影响因素，并针对 cMOOC 教学出现的无效或低效行为提出相应的对策措施，为 cMOOC 模式下的对外汉语教学的推广和传播提供可操作性意见。

一　cMOOC 模式下的对外汉语教学有效性的影响因素

本小节从教师、学习者和其他因素三个方面进行观察，总结出影响

cMOOC 模式下的对外汉语教学有效性的因素。

（一）教师因素

在 cMOOC 教学中，教师的专业素质、教学理念、教学能力等因素将直接影响 cMOOC 模式下对外汉语教学的有效性。

1. 专业素质

作为对外汉语教师既要有扎实的汉语言知识，又要有丰富的中华传统文化知识，尤其在 cMOOC 教学中，教师设计的学习主题、推送的汉语内容、辅助学习者构建的学习网络等内容都会影响教学效果。汉语教师要在帮助学习者了解中华文化的基础上，逐步加深对汉语知识的理解和整体性认识，并从宏观上指导学习者建立学习网络，最终保证学习者能够真正掌握和运用汉语语言。

2. 教学理念

cMOOC 教学作为新的网络教学模式，将影响着教师的教学理念，同样，教师教学理念的转变也会直接影响到教学的有效性。教师只有转变传统教学观，才能为学习者提供更多互动交流的机会；只有走出教科书的条条框框，才能为学习者建立广泛的学习网络；只有认识到知识是需要学习者主观努力获得，才能不断提高学习者的自主学习能力；只有改变自身的学习观，才能将新的教学模式融入对外汉语教学实践。通过观察大量的课程教学实践，cMOOC 模式下的对外汉语教学总体以教师设计课程主题、推送学习信息，学习者自主学习为主，师生之间、生生之间交流互动为辅，以此来调动学习者的学习积极性和主动性，从而增强学习效果。

3. 教学能力

教师在 cMOOC 教学中还需要具备课堂组织管理、教学设计、教学引导等方面的能力，才能保证教学的有效性。cMOOC 教学中，教师需要认真推送学习资料，时刻关注学习者的课程学习情况，积极引导学习者参与教学互动、分享学习心得，及时处理学习者遇到的学习问题和教学讨论中出现的分歧，使整个教学环境处在一个公平、和谐、开放、自由的氛围中。与此同时，教师的自我表达能力也同样值得关注。有的教师尽管有较深厚的汉语言基础知识，但是却使用难度系数较大的语法来教授语言知识，结果反而增大了学习者的学习难度；有的教师则缺少引导学习者参与教学互动的能力，从而难以调动学习者的学习积极性和主动性。可见，教师教学能力的高低也同样影响着 cMOOC 教学的有效性。

（二）学习者因素

作为课程学习的主体，学习者的自身情况和课程参与度是影响 cMOOC 模式下的对外汉语教学有效性的重要因素之一。通过调查和分析，本书总结了学习者在汉语学习动机、学习方法、学习风格等方面的特征。

1. 学习动机

从调查中我们发现，学习者的学习态度及所付出的努力将直接影响学习的有效性。尤其是利用 cMOOC 教学模式进行学习的过程中，学习者需要对自己的学习负责，因此，只有具备了强烈的学习愿望和动机才能保证 cMOOC 教学的顺利开展，并获得良好的学习效果。对于缺少强烈学习动机的学习者而言，他们在学习中常常会因故缺席课程、不参加课程互动，或在学习时浏览其他网页，无论教师的课程设计多么出色、多么富有趣味性，都难以真正完成课程教学目标。当然，教师也需要对学习者提出明确的要求和期望，提供及时的学习反馈，掌握学习者对奖励的需求，并为其创造获得奖励的机会和可能，从而诱发学习者开展汉语学习。

2. 学习方法

科学的学习方法往往会提高学习者的学习效率，相反，学习者的学习方法不当则会大大降低学习效率。在 cMOOC 教学中，有的学习者课上只阅读教师提供的学习材料，不参与师生互动讨论，结果对所学内容很难及时理解；有的学习者不但能够结合个人喜好阅读资料，而且可以对参与者提供的信息进行深入思考，从而使学习内容得到内化吸收。可见，好的学习方法，可以为学习者带来事半功倍的学习效果。

（三）其他方面因素

1. 教学环境

cMOOC 课程以网络教学为主，虽然不受课堂布置、教学设备、学校建筑等因素的影响，却受学校软环境的影响。"与学生在校学习相关的软环境主要有校风、班风、师生关系、生生关系、学校对学生的奖惩制度，等等。"[1] 当然，汉语学习的语境、cMOOC 互动组的学习氛围等因素也都是语言学习的重要环境，教师如何在网络平台互动中调动学习者学习的积极性，激发其汉语学习的热情，在很大程度也上会影响学习的有效性。

2. 教学模式

cMOOC 教学模式自身特点也直接影响着教学的有效性。网络教学主要强调信息的推送和传播，就对外汉语教学而言，cMOOC 教学可以帮助学习者拥有丰富的学习资源，建立多元的信息网络，为汉语学习提供稳定的发展空间。但是，网络学习缺少实际技能操练，不利于语言知识的深入学习，而汉语交际能力的提升则必然要以基本语言知识为依托，可以说，只有掌握了大量的语言基础知识，才能更好地满足交际表达的需求。因此，cMOOC 模式下的对外汉语教学必须合理运用各种教学模式，综合各模式的优势，为对外汉语教学的发展创造条件。

二 提高 cMOOC 模式下的对外汉语教学有效性的策略

研究表明，教师的教学理念、教学方法、教学能力，学习者的学习

---

[1] 黄晓颖：《对外汉语有效教学研究》，博士学位论文，东北师范大学，2011年。

动机、学习方法，学习环境和教学模式等影响着 cMOOC 模式下的对外汉语教学有效性，因此本小节从教学模式、教师的教学方式、教学内容、学习者的学习态度和教学评价体系等方面提出解决策略及建议。

（一）采用混合式教学模式，衔接课堂教学与课后语言实践

尽管 cMOOC 模式的对外汉语教学具有网络教学的优势，但是不能完全替代传统的课堂教学，对外汉语 cMOOC 教学只有充分整合网络学习方式和传统面对面教学方式，采用混合式教学模式，借助网络教学大规模、在线、开放以及资源共享等特点，紧密结合传统课堂教学的深度交流、情感互动、即时反馈、课堂参与等优势，才能弥补 cMOOC 教学无法面对面交流的不足，使整个教学体系和教学过程得到最佳效果。

混合式教学模式并不是将网络教学与传统课堂教学的基本特征简单相加，不仅仅局限于形式上的融合，而是将网络学习与面对面课程紧密结合，降低教学成本、提高教学效率，实现不同学习理论、授课方式、教学环境、评价方式以及课程活动组织者、参与者等多种因素的混合。混合式学习模式不同于传统课堂教学，学习方式既包括学习者的自主学习，又包括同伴间的协作交流；实现了学校课堂环境和网络虚拟环境的融合，充分发挥了两种教学环境的优势；综合了形成性评价、总结性评价以及自我评价等方式。传统课堂教学教师指导学习者参与课程学习，成为整个教学过程的传授者；而网络课堂中，学习者根据自身学习进度随时随地自主开展学习，充分发挥其主观能动性，促使混合式教学实现面对面课堂与网络课堂共存，同时同地学习与异时异地学习共存的目标。当然，在混合式教学模式中，网络学习环境起着至关重要的作用，"它不仅仅可以向学习者传递课堂中无法学到的课程知识、信息，而且学习者可根据自身的需求在虚拟的学习环境中访问浏览在线学习资源，这样的虚拟学习环境使得学习资源得到最大的优化，不同的学习者可以

满足自身不同的学习要求，从而提高自身的学习效率"①。

cMOOC 凭借网络教学方式的独特优势和不同于传统课堂教学的模式，为混合式教学模式的建设和实施提供充足的软件和硬件条件。在成熟的教育教学理念和完善的网络信息技术的支持下，cMOOC 模式下的对外汉语教学通过提供优质的学习资源，以实现学习者的学习目标为基础开展实际教学。其优势主要有以下两方面。

第一，完整的学习过程，便于对外汉语教学开展以 cMOOC 模式为基础的混合式教学。课堂上教师主要以讲解语言知识为主，学习者则加强知识的理解和识记，通过不断地反思加深知识的内化和吸收，最后再回到 cMOOC 教学平台上彼此分享各自新的知识，建立新的连接，最终形成面对面课程和 cMOOC 网络在线课程的良性循环。cMOOC 教学强调学习者全程参与整个教学过程，由简单的传授知识向关注学习者的学习兴趣和体验转变，更有助于混合式教学的开展。

第二，完善的课程设计方式，便于学习者自主学习能力的提升。cMOOC 教学不再是对传统课堂内容的复述和再现，而是对课堂教学的延伸和补充。cMOOC 教学在设计上最重要的特点是碎片化教学方式，不考虑教学内容数量的前提下，根据学习者的学习难易度和兴趣，依靠汉语知识的基本特点和框架，充分展示出与该知识点相关的各种语言内容。这种设计方式既可以提升学习者筛选海量信息资源的能力，又可以方便学习者根据自身的需求和兴趣自定步调开展学习。当然，cMOOC 教学中也会加入交互式问题和练习，加强学习者对所学知识的理解和检查。通过碎片化特点和交互式问题的结合，缩短教师与学习者的距离，从而增强学习者自主学习能力。

当然，在基于 cMOOC 的混合教学模式中也仍然存在一些问题值得对外汉语教学的关注。一方面，要合理分配线上网络教学和线下面对面

---

① 梁琳：《面向孔子学院慕课建设的研究》，博士学位论文，东北师范大学，2016 年。

课堂教学之间的教学时间和教学内容。在传统课堂中，要充分抓住教师与学习者面对面交流的机会，加强知识的理解和讲授，网络课程内容的选择更倾向于最新最近的扩展性信息。根据学习者不同的学习需求、知识类型以及教学目标，选择适当的学习方式，通过不同的信息渠道获取知识，实现知识的传递和吸收。从实践分配上，更是要以课堂教学为主，辅之以适当的网络课程，教师要协调好二者之间的关系，明确各部分的教学重点，保证教学高效开展。另一方面，网络教学也需要考虑技术问题，受学习者经济条件、地域文化、个人喜好的影响，以及学校教学设备和教学条件的限制，部分地区和学习者对 cMOOC 教学的认识还很有限。因此，对外汉语教学要充分发挥面对面课堂教学的优势，紧密结合网络学习的特点，鼓励教师利用丰富的教学资源有针对性地改变当前对外汉语教学存在的教学实践不够、教学活动单一、教学时间不足等问题，实现课上教学与课下网络学习的无缝对接，完善 cMOOC 教学平台上小组间的交流学习和讨论渠道，提升学习者的学习体验和参与度。

（二）转换教师角色，创新汉语教学方法

网络化学习使学习者更加重视情感的获得和能力的提高，个人的兴趣和爱好会成为学习的主要力量，学习者借助多种渠道获取学习资源和知识，教师不再是信息的唯一来源。因此，面对学习者逐渐转变的学习需求，以及网络时代信息更新速度快、学习资源多等情况，教师也要积极提升自己的专业素质和教学能力，创新汉语教学方式，努力成为学习者的指导者，创造更优良的学习环境，进而构建符合学习者自身发展的学习体系。

在 cMOOC 模式下的对外汉语教学中，教师一方面要在网络上利用交流软件建立班级群组，筛选与课上学习内容相关的资料发布给学习者，引导学习者对知识点进行扩展深化，并参与学习者的互动讨论。另一方面在传统课堂上教师也要具备扎实的学科知识，讲解知识点时要理清知识脉络，对教学内容要深入分析和理解，同时课程的考核机制、奖励机制、作业安排、课程设置等问题都离不开教师的参与。由此可见，参与 cMOOC 教学的汉语教师既需要在专业领域上有独到见解，又需要适应网络学习的新方式，不仅在教学内容上讲究实用性，还要在授课方式上重视趣味性。因此，cMOOC 教学需要教师重新定位传统角色，由知识的传授者向教学的引导者和参与者转变，从而适应网络时代教育发展的新趋势。网络课堂教学为教师提供更好的发展空间，高质量的教学内容、碎片化的学习时间、多元化的语言使用，让教师在信息化平台中通过教学互动不断提升，在专业知识、教学技能、语言水平等领域实现了新的突破，从而促进传统的教学方式和教育理念不断更新。然而，尽管 cMOOC 模式下的对外汉语教学给教师传统角色带来了影响，但教师仍然是课程教授主体，只是在原来"传道、授业、解惑者"的定位中增加了"教学引导者"这一角色。因此，如何适应传统教学和网络授课不同的教学方式，充分发挥学习者的主体地位，促进学习者的全面发展，是教师需要首先考虑的问题。

(三) 更新教学内容，提高教学质量

师生分离作为 cMOOC 教学的最大特点，也同样会为网络教学带来一些问题，因此学习者学习的质量和进度很大程度上由自主学习能力所决定。对于对外汉语教学而言，要保证对外汉语 cMOOC 教学的质量，最重要的就是要确保对外汉语 cMOOC 课程的质量。cMOOC 课程的内容只有符合学习者学习特点，满足其汉语学习的需求，借助灵活风趣的手段，使汉语学习者不断提升语言运用能力和交际技能，才能鼓励和吸引更多的汉语学习者运用 cMOOC 模式进行汉语学习，才能提高 cMOOC 教学的效率，从而确保 cMOOC 课程的质量。cMOOC 课程的安排首先要遵循两点原则，一是充分激起学习者的积极性和主动性；二是不断鼓励学习者全程参与课堂学习。cMOOC 模式下的对外汉语教学必须以掌握学习者学习规律为前提，完善教学模式，丰富教学内容，增加课程实用价值，进而调动学习者学习的积极性。另外，还需要借助优质的教学资源和新颖的教学方法，利用学习者对 cMOOC 模式的好奇，紧紧抓住学习者的学习兴趣，使学习者自觉参与对外汉语 cMOOC 课程，进而不断提高教学的质量和效率。

cMOOC 教学内容的难易、教学测验的方式、网络资源传送过程，以及教学设计是否合理等方面都将影响学习者学习效率的高低、学习质量的好坏，以及其对课程的接受程度。cMOOC 模式下对外汉语教学的设计仍然要以第二语言教学本体研究为基础，在对外汉语教学相关理论研究成果的指导下展开教学。因此，课程体系的安排、教学环境的构建、教学结构的设计不但要紧密结合学习者学习目标，提供优质的教学资源，而且还要根据不同学习者的学习特征和兴趣，增加教学内容的趣味性和娱乐性，教师在有限的时间内帮助学习者掌握最感兴趣、最想要学到的内容，从而满足学习者的学习需求。在这个平台上，对外汉语教学目标仍然是培养学习者在实践中运用汉语的能力，学习者借助网络平台实现师生之间、生生之间的交流互动，在与同伴的讨论中，从不同的角度充实学习内容、掌握知识结构、理清知识脉络、扩充思维模式，不断将语言知识转化为语言技能，完善自己的学习方式和方法，将所学理论知识和社会实践相结合，做到学以致用，从而更好地完成对外汉语课程学习。

为了更好地发挥网络平台的优势，促进学习者对汉语知识的直观认识，cMOOC 模式下的对外汉语教学内容的设计应尽可能贴近学习者日常生活，鼓励学习者将理论学习和生活实践充分结合，使学习者在交流互动中各抒己见，针对个人感兴趣的、擅长的汉语内容发表独到见解，实现自主学习。学习者从汉语语音、词汇、语法、文化等不同角度系统掌握汉语基本知识，加深对汉语知识的理解和记忆，从而提高学习者汉语综合运用能力的水平。

（四）协调多方力量，调动学习者学习积极性

cMOOC 作为依靠信息网络建立的在线教育课程，可以不受时间、地点的限制进行课程学习，但是，师生之间、生生之间的信息交互需要学习者转变学习方式，而其自主学习能力和团队合作能力也需不断增强。如何鼓励学习者由被动学习向主动学习转变，有效利用 cMOOC 教学的优势调动其学习的积极性和主动性是 cMOOC 模式下的对外汉语教学亟待解决的问题。

就汉语教师而言，一方面要充分利用网络学习与传统课堂面对面教学相结合的教学模式，课程设计要结合学习者的最近发展区，了解学习者的性格、爱好和学习需求，增加内容的趣味性和实用性，积极带领学习者尽快适应对外汉语 cMOOC 的教学方式；另一方面要要求学习者端正学习态度，使其明白只要我们想要学习汉语并能保持态度端正，不管是在何种教学模式下，都可以完成汉语学习的交际目的。而 cMOOC 模式可以为学习者创造更多的语言表达机会，掌握更多的语言交际技能，为真正领会中华传统文化的丰富内涵提供了保障。

就学校而言，需要为学习者营造良好的学习氛围，使学习者在平等、自由、和谐的环境中学习汉语知识和文化知识。学校要不断完善 cMOOC 模式下的对外汉语教学的课程体系，加大平台建设力度，保证课程设计的系统性和整体性特点，鼓励学习者积极使用 cMOOC 教学模式搭建个人学习网络，为其提供一个优质、实用的学习平台。

就社会而言，需要消除一些对 cMOOC 教学模式的负面认识。当学习者受周围对 cMOOC 模式有错误认识的社会人士的影响时，他们学习的积极性、主动性以及学习态度也会产生变化，因此，我们应该加大对 cMOOC 教学的宣传力度，引导社会各界以鼓励和包容的态度对待 cMOOC 教学模式，帮助学习者更好地运用 cMOOC 模式开展汉语学习。

学习者作为教学活动的主体，拥有语言表达、日常沟通、交流思想等方面的需求。培养学习者的交际技能，增强其汉语学习体验，不仅需要转变学习者的学习态度，使其充分认识到 cMOOC 教学的特点和优势，而且还需要教师、学校和社会各界共同努力，不断增强学习者学习的自信心，以此调动学习者学习的积极性。

（五）建构评价机制，完善学习评价体系

cMOOC 模式下的对外汉语教学除了要提高 cMOOC 教学与课程质量外，还要完善教学评价机制、激励机制等，促使学习者主动进行汉语学习。cMOOC 教学要求学习者运用课堂教学掌握的内容，去发现、分析、理解和学习新的知识。为了确保教学活动的顺利开展，正确判断学习者的学习情况和教学效果，我们要建立和完善 cMOOC 模式下的对外汉语教学的评价机制，激发学习者的学习热情和积极性。科学有效的考核评价机制需要构建多元的评价体系，如对不同对象的量化评价，运用不同方式采取不同方法进行评估，既可以引导学习者的学习活动朝自主化方向发展，引导和激发学习者的学习热情，又可以帮助教师及时调整教学活动，合理设计教学内容，有效安排教学活动，进而提高教学效率，使教学过程能有效地促进学习者的学习。

1. 建立多元评价主体

不同于传统课堂教学单一的教师评价方法，教师是课堂评价的主体，对学习者的学习情况和成绩做统一评分；cMOOC 教学可以采用学习者自评、同伴互评、教师评估三种评价相结合的方式，实现评价对象的多样化。不但能减少教师评分过程中出现的主观性和片面性倾向，确保评价的客观公正，而且借助学习者自评和同伴互评的方法，让学习者成为课堂评价的中坚力量，实现学习者在学习过程中的评价主体地位。

第一，学习者自评。cMOOC 教学平台中的评价设计，通过"学习者自评"的方式，改变了传统以分数判断学习成果的方式，让学习者参与课堂评价,真正认识到自己对知识的掌握情况,使学习者成为对外汉语课学习过程中的评价主体和积极参与者。对于学习过程中学习者真正学到了什么,学习效果如何,是否适应该教学方法等问题,只有学习者自己最了解自己对所学知识的掌握情况,并通过自我分析,找到学习过程中存在的优势和不足,从而适当调整学习方式,改变学习策略,转变学习方向,达到最佳的学习效果。同时,教师也可以从学习者自评的反馈情况出发,对学习者出现的问题和困难做分析,进而及时更改教学策略,调整教学计划,使教师整体把握教学发展方向。

第二,同伴互评。cMOOC教学是以讨论组的形式开展学习,学习者既可以在组内自由发言讨论,又可以相互协助完成教师布置的学习任务。可以说小组成员之间最了解彼此在共同学习中的收获、活动的参与度和学习的成长过程。教师可以通过"同伴互评"的方式,了解学习者对课程所授知识的掌握情况和小组活动的参与程度,并且还可以总结学习者互评的内容分发给对应的学生,使其真正了解到自己在他人眼中的表现,激励学习者在接下来的学习中展现出更积极的状态。当然,同伴互评还可能受到学习者主观因素和个人能力等问题的影响,为避免评价分数的非客观性,教师可以组织多个人为同一名学生进行评价。教师还要针对不同的问题制定详细的考察项目,确保学习者了解各项评分标准,使同伴明确评价内容和评价标准,最大限度地保证评价结果的准确性和客观性。

第三,教师评估。与传统教学相一致,网络教学也同样需要教师对每一名学生的课堂表现、作业完成情况、考试成绩等方面给予评价。教师在课程设计时要编写与课程内容相关的练习和测验,并给出准确的答案和详细的解析。这样既方便教师了解学习者对课堂教学内容的掌握情况,又准确、高效地反馈给学习者答案正确与否的情况,并及时修正相关知识,从而提高学习效果。cMOOC模式的教学评价,要求教师要及时掌握学习者的学习进度、评价学习者的学习水平、解决学习者遇到的学习问题，要从总体上把握教学进展情况，不断关注学习者的学习状态，调整教学策略，成为控制教学整体方向的主导者。

2. 采取多样评价方式

课程评价方式包括总结性评价和形成性评价两部分，其中形成性评价是在课程设计或实施尚处于发展或完善阶段所进行的评价，其主要目的是搜集课程教学中学习者对知识的理解情况和技能的掌握情况。cMOOC模式下的对外汉语教学可以分别从网络课程教学评价和传统课堂教学评价两方面入手：一方面，对学习者在网络平台上进行的互动讨论、小组合作，以及知识反馈等情况的表现给予评价；另一方面，针对学习者在课堂上听课情况、课堂发言情况，以及作业完成情况等评价学习者的课堂表现。通过形成性评价，能够提升学习者学习的积极性，最大限度地鼓励学习者的自我完善和深入学习。而对于总结性评价而言，评价主要是对学习者在对外汉语cMOOC课程学习中参加期末考试获得的成绩进行评定。相比于传统课堂中单一的总结性评价，对外汉语cMOOC课程更注重学习者在整个教学过程中的个人表现，从而提高学习者的课堂参与度。

3. 注重考查内容的多视点

对外汉语教学总体可分为三个阶段，第一阶段是知识的传授阶段；第二阶段是知识的内化阶段；第三阶段是引导学习者将理论知识运用到汉语实践中，提高学习者交际能力的阶段。因此，对外汉语cMOOC课程的考查内容主要应包括学习者对知识的掌握情况，学习者对中国语言和文化的认同情况，学习者运用语言进行交际的情况等。与此同时，由于对外汉语教学对象的复杂性，教师更应该关注学习者的情感、态度等因素，注重考查学习者的综合运用能力，通过了解学习者的日常行为表现考查其对汉语的掌握运用程度，最终实现考核内容向注重能力发展转变。

第六节　本章小结

　　对外汉语教学与 cMOOC 模式结合，实现了课堂教学与课后语言实践的无缝链接。它使汉语学习者在学习汉语知识、掌握语言技能和体验中华文化的过程中，将课堂教学的"硬性学习"与课后语言实践的"柔性学习"有机结合，通过内化、互动、反思、体验等方式获得个性化的汉语新知识，进而建构个人的学习网络，快速提高了汉语学习者的汉语综合运用能力。调查问卷和访谈内容结果表明，对外汉语 cMOOC 教学方式受到了教师和学习者的认可与欢迎，具有一定的应用前景与推广价值。

　　对外汉语 cMOOC 教学是否有效则取决于课程的总体设计、平台利用、教学资源、教学方式、学习方法、评估体系等各环节的有效性与整体效应。教学有效性主要体现在提高教学活动效率、提升学习者学习能力、突出教学内容实用、及时进行学习反馈等方面。对外汉语 cMOOC 教学内容以话题为中心，不仅强调了对汉语言知识的学习和掌握，更强化了对中华文化的理解和认同。通过视频、图片和文字链接等形式既可以满足学习者个性化学习的需求，也能够调动学习者学习汉语的积极性与主动性。

　　在诸多观测点中，教学内容设置、师生交流互动是关键。教学内容的多样性、实用性、时代性是互动有效循环的重要因素。教学内容选择，应以书本知识为依托，注重知识的课外延伸，关注知识结构的内在逻辑，不断培养学习者构建个性化的知识结构。学习内容与学习者的教学活动或学习需求联系越紧密，学习过程就越有效。有效的学习互动不再是传统面对面的课堂交流，而是建构了一个汉语知识信息流动的结构。有效的 cMOOC 模式下的对外汉语教学是实现师生之间平等交流、共同学习、共同进步的过程，汉语学习者与知识信息结构中各节点之间互动频次与信息传递质量决定着整个学习互动的有效性，互动次数越多，学习效率就越高，就愈发利于提高学习者语言综合运用能力。因此，加强各节点之间的连接，为学习者创造平等交流互动的机会，是实现互动有效的关键所在。

cMOOC 课程始建于 2008 年，在教学运行中还存在一些问题。我们所跟踪研究的 cMOOC 模式下的对外汉语教学，在具体教学实施过程中，也存在诸如网络平台与社交软件操作不够通畅、推送内容衔接欠合理、讨论话题设计不够科学、互动交流存在障碍等问题。结合问卷调查、访谈数据分析结果和具体教学案例，本章认为，cMOOC 模式下的对外汉语教学有效性影响因素主要来自教师、学习者与学习环境等方面。教师的教学理念、专业素质、教学能力，学习者的学习动机、学习方法，以及学习环境等都会影响 cMOOC 模式下的对外汉语教学有效性。因此，本章认为，实现 cMOOC 模式下的对外汉语教学有效性，教师应从教学理念、教学方法、教学内容方面进行思考与改革，改变传统的思维方式，以适应网络化时代对教师的新要求；学习者应进一步思考在"自助"网络学习平台上如何调动自主、自愿学习汉语的热情与积极性；同时，还应进一步完善和细化网络学习有效性评价体系。

本章还存在一些不足之处。一是本章只选取长春两所高校的汉语学习者和教师进行问卷调查与访谈，对 30 节 cMOOC 课程进行观察，样本的代表性单一，数量也存在着片面性。二是 cMOOC 模式下的对外汉语教学研究成果还不够丰富，就如何提升 cMOOC 教学有效性策略还有待于进一步验证。

随着国际中文教育人才培养标准的提高，运用信息化手段进行汉语教学与中华文化传播已经成为必然，因此，对外汉语教学界也将迎来一场新的教学革命。cMOOC 模式下的对外汉语教学还有许多问题有待于研究，比如 cMOOC 模式下的对外汉语教学网络平台建设、教学资源提供、汉语教材编写、评价考核体系、课堂教学与网络教学知识转换与生成等。笔者也将继续致力于 cMOOC 模式下的对外汉语教学有效性的研究，也期待学界更多学者专家关注此问题，尽快产出更多 cMOOC 模式下的对外汉语教学研究成果，以推动对外汉语教学学科建设与国际中文教育效率的提高。

参考文献

习近平：《在哲学社会科学工作座谈会上的讲话》，人民出版社 2016 年版。

[加] G. 西蒙斯：《网络时代的知识和学习——走向连通》，詹青龙等译，华东师范大学出版社 2009 年版。

毕继万：《跨文化交际与第二语言教学》，北京语言大学出版社 2009 年版。

蔡永强、薛侃：《发展汉语·高级阅读》Ⅱ，北京语言大学出版社 2011 年版。

蔡永强：《发展汉语·中级口语》Ⅱ，北京语言大学出版社 2011 年版。

蔡永强：《发展汉语·中级写作》Ⅰ，北京语言大学出版社 2012 年版。

蔡永强：《发展汉语·中级写作》Ⅱ，北京语言大学出版社 2012 年版。

岑玉珍：《发展汉语·高级写作》Ⅰ，北京语言大学出版社 2012 年版。

岑玉珍：《发展汉语·高级写作》Ⅱ，北京语言大学出版社 2012 年版。

岑玉珍：《发展汉语·高级综合》Ⅰ，北京语言大学出版社 2011 年版。

陈昌来：《对外汉语教学概论》，复旦大学出版社 2013 年版。

崔永华：《对外汉语教学设计导论》，北京语言大学出版社 2008 年版。

范红、郑晨予：《国家形象研究》，清华大学出版社 2015 年版。

[德] 斐迪南·滕尼斯：《共同体与社会》，林荣远译，商务印书馆 1999

年版。

傅由：《发展汉语·中级听力》Ⅰ，北京语言大学出版社2011年版。

傅由：《发展汉语·中级听力》Ⅱ，北京语言大学出版社2011年版。

高增霞、游舒：《发展汉语·高级综合》Ⅱ，北京语言大学出版社2012年版。

郭锦桴：《汉语与中国传统文化》，商务印书馆2010年版。

国家汉语国际推广领导小组办公室编：《国际汉语教学通用课程大纲》，外语教学与研究出版社2008年版。

何宝年：《中日同形词研究》，东南大学出版社2012年版。

何华珍：《日本汉字和汉字词研究》，中国社会科学出版社2004年版。

何克抗：《教学系统设计》，北京师范大学出版社2002年版。

何培忠、冯建新：《中日同形词浅说》，商务印书馆1986年版。

黄伯荣、廖序东：《现代汉语》（增订四版），高等教育出版社2007年版。

［美］吉姆·鲍威尔著，［美］乔·李绘：《图解后现代主义》，章辉译，重庆大学出版社2015年版。

［美］加里·D.鲍里奇：《有效教学方法》，易东平译，江苏教育出版社2002年版。

［日］金田一京助、［日］山田忠雄、［日］柴田武等编著：《新明解日汉词典》，外语教学与研究出版社2012年版。

孔子学院总部、国家汉办编：《国际汉语教学通用课程大纲》，北京语言大学出版社2015年版。

李禄兴、王瑞：《发展汉语·高级口语》Ⅱ，北京语言大学出版社2011年版。

李泉：《对外汉语教材通论》，商务印书馆2017年版。

李泉：《对外汉语教材研究》，商务印书馆2006年版。

李晓琪：《对外汉语文化教学研究》，商务印书馆2006年版。

廖文豪：《汉字树》，北京联合出版公司2018年版。

刘笑盈、贺文发：《俯视到平视》，中国传媒大学出版社2009年版。

刘珣：《对外汉语教育学引论》，北京语言大学出版社2000年版。

教育部中外语言交流合作中心编：《国际中文教育中文水平等级标准》第一分册，北京语言大学出版社2021年版。

陆俭明：《话说汉语走向世界》，商务印书馆2019年版。

陆俭明：《作为第二语言的汉语本体研究》，外语教学与研究出版社2005年版。

陆俭明、马真：《汉语教师应有的素质与基本功》，外语教学与研究出版社2016年版。

路志英：《发展汉语·中级口语》Ⅰ，北京语言大学出版社2011年版。

罗青松：《发展汉语·高级阅读》Ⅰ，北京语言大学出版社2011年版。

吕必松：《语言教育与对外汉语教学》，外语教学与研究出版社2005年版。

吕叔湘：《现代汉语八百词》，商务印书馆2013年版。

马箭飞、刘利：《国际中文教育70周年纪念文集》，北京语言大学出版社2021年版。

么书君：《发展汉语·初级听力》Ⅰ，北京语言大学出版社2011年版。

么书君：《发展汉语·高级听力》Ⅰ，北京语言大学出版社2011年版。

孟华：《比较文学形象学》，北京大学出版社2001年版。

欧洲理事会文化合作教育委员会编：《欧洲语言共同参考框架：学习、教学、评估》，刘骏、傅荣主译，外语教学与研究出版社2008年版。

[美]乔舒亚·库珀·雷默：《中国形象：外国学者眼里的中国》，沈晓雷等译，社会科学文献出版社2006年版。

荣继华：《发展汉语·初级综合》Ⅰ，北京语言大学出版社2011年版。

邵静敏：《现代汉语通论》（第二版），上海教育出版社2007年版。

沈兼士：《沈兼士学术论文集》，中华书局1986年版。

申小龙：《汉语与中国文化》，复旦大学出版社2008年版。

盛炎：《语言教学原理》，重庆出版社2006年版。

施良方：《学习论》，人民教育出版社1994年版。

孙亚玲：《课堂教学有效性标准研究》，教育科学出版社2008年版。

［瑞士］费尔迪南·德·索绪尔：《普通语言学教程》，高名凯译，商务印书馆1982年版。

田卫平：《发展汉语·高级听力》Ⅱ，北京语言大学出版社2011年版。

王家福、徐萍：《国际战略学》，高等教育出版社2005年版。

王建勤：《第二语言习得研究》，商务印书馆2009年版。

王蕾：《媒介·权利·性别：新中国女性媒介形象变迁与性别平等》，上海交通大学出版社2018年版。

王淑红：《发展汉语·初级口语》Ⅰ，北京语言大学出版社2012年版。

王淑红：《发展汉语·初级口语》Ⅱ，北京语言大学出版社2012年版。

王淑红：《发展汉语·高级口语》Ⅰ，北京语言大学出版社2011年版。

王顺洪：《日本人汉语学习研究》，北京大学出版社2008年版。

王永全：《日汉同形异义语词典》，商务印书馆2009年版。

王玉英、董冰华、李宏伟等：《汉语语用学》，吉林出版集团有限责任公司2011年版。

［英］维特根斯坦：《维特根斯坦读本》，陈嘉映译，上海人民出版社2015年版。

乌美娜：《教学设计》，高等教育出版社1994年版。

武惠华：《发展汉语·中级综合》Ⅱ，北京语言大学出版社2012年版。

［法］西蒙娜·德·波伏娃：《第二性》，陶铁柱译，中国书籍出版社1998年版。

［日］新村出编：《广辞苑》（第六版），上海外语教育出版社2012年版。

徐承伟：《发展汉语·中级阅读》Ⅰ，北京语言大学出版社 2011 年版。

徐承伟：《发展汉语·中级阅读》Ⅱ，北京语言大学出版社 2012 年版。

徐桂梅：《发展汉语·初级综合》Ⅱ，北京语言大学出版社 2012 年版。

徐桂梅：《发展汉语·中级综合》Ⅰ，北京语言大学出版社 2011 年版。

徐昊、马斌：《时代的变换：互联网构建新世界》，机械工业出版社 2015 年版。

徐通锵：《语言论：语义型语言的结构原理和研究方法》，东北师范大学出版社 1997 年版。

（汉）许慎：《说文解字》，中华书局 1963 年版。

龙小农：《从形象到认同——社会传播与国家认同构建》，中国传媒大学出版社 2012 年版。

余文森：《有效教学十讲》，华东师范大学出版社 2009 年版。

俞湛明、罗萍：《社会性别与女性发展》，武汉大学出版社 2010 年版。

张岱年、方克立：《中国文化概论》，北京师范大学出版社 2004 年版。

张风格：《发展汉语·初级听力》Ⅱ，北京语言大学出版社 2011 年版。

张国良：《传播学原理》，复旦大学出版社 2009 年版。

张立文：《传统学引论——中国传统文化的多维反思》，中国人民大学出版社 1989 年版。

张朋朋：《文字论》，华语教学出版社 2007 年版。

张新红、邱泽奇：《读懂未来》，上海远东出版社 2016 年版。

赵金铭：《对外汉语教学概论》，商务印书馆 2004 年版。

赵金铭：《汉语可以这样教——语言技能篇》，商务印书馆 2006 年版。

郑艳群：《对外汉语教育技术概论》，商务印书馆 2012 年版。

郑艳群：《计算机技术与世界汉语教学》，外语教学与研究出版社 2008 年版。

中国社会科学院语言研究所词典编辑室编：《现代汉语词典》（第七

版),商务印书馆2016年版。

周健:《汉字教学理论与方法》,北京大学出版社2007年版。

周小兵、朱其智、邓小宁等:《外国人学汉语语法偏误研究》,北京语言大学出版社2007年版。

周小兵:《对外汉语教学入门》,中山大学出版社2008年版。

[美] G. 西蒙斯:《关联主义——数字时代的一种学习理论》,李萍译,《全球教育展望》2005年第8期。

[法] 白乐桑:《对外汉语教学中的"庐山现象"》,《国际汉语教育》(中英文)2017年第4期。

[法] 白乐桑:《汉语教材中的文、语领土之争:是合并,还是自主,抑或分离?》,《世界汉语教学》1996年第4期。

[法] 白乐桑:《汉语教学的根本选择》,《国际汉语教学研究》2018年第4期。

[法] 白乐桑:《一元论抑或二元论:汉语二语教学本体认识论的根本分歧与障碍》,《华文教学与研究》2018年第4期。

毕继万:《跨文化交际研究与第二语言教学》,《语言教学与研究》1998年第1期。

卞觉非:《汉字教学:教什么?怎么教?》,《语言文字应用》1999年第1期。

崔淑慧、余云艳:《〈纽约时报〉中国女性报道的批评话语》,《青年记者》2017年第30期。

崔永华:《汉字部件和对外汉字教学》,《语言文字应用》1997年第3期。

陈春莉:《汉语国际教育专业由"语言"到"文化"的转向》,《陕西教育》(高教版)2020年第3期。

陈绂:《浅谈如何在汉语国际教育中体现中华文化的特色》,《世界汉语教学》2019 年第 2 期。

陈明:《以汉语国际教育推进文化传播》,《海外华文教育动态》2016 年第 12 期。

陈光磊:《关于对外汉语课中的文化教学问题》,《汉语文字应用》1997 年第 1 期。

陈光磊:《语言教学中的文化导入》,《语言教学与研究》1992 年第 3 期。

樊文强:《基于关联主义的大规模网络开放课程（MOOC）及其学习支持》,《远程教育杂志》2012 年第 3 期。

高立平:《对外汉语教学中的文化意识》,《南京社会科学》2002 年第 2 期。

郜元宝:《音本位与字本位——在汉语中理解汉语》,《当代作家评论》2002 年第 2 期。

管宁:《整合元素提炼内涵强化传播——福建文化形象塑造的方式与途径》,《福建论坛》（人文社会科学版）2009 年第 11 期。

韩锡斌、翟文峰、程建钢等:《cMOOC 与 xMOOC 的辩证分析及高等教育生态链整合》,《现代远程教育研究》2013 年第 6 期。

何磊:《汉语国际教育专业教学中的跨文化传播策略》,《海外英语》（上）2018 年 11 期。

贺宁波:《日语汉字词对对日汉语词汇教学的影响即解决办法》,《文学界》（理论版）2012 年第 2 期。

胡裕树、何伟渔:《教日本人学汉语》,《语言教学与研究》1984 年第 3 期。

胡明扬:《对外汉语教学中的文化因素》,《语言教学与研究》1993 年第 4 期。

黄小强、柯清超:《cMOOC 的构成要素及其结构模型》,《远程教育杂志》2014 年第 6 期。

黄小强、柯清超：《cMOOC 的内涵及其主体观、知识观和学习观》，《远程教育杂志》2014 年第 2 期。

雷莉：《孔子学院发展的新思路——慕课（MOOCs）教学模式的应用》，《西南民族大学学报》2014 年第 12 期。

李立新：《〈华盛顿邮报〉中国女性形象报道的批评话语分析》，《语文学刊》2019 年第 6 期。

李强、黄序鑫：《cMOOC 环境下综合性课程教学模式特色的研究》，《山西广播电视大学学报》2015 年第 1 期。

李泉、黄政澄、赵燕琬等：《〈新编汉语教程〉的设计、实施及特点》，《语言教学与研究》1996 年第 2 期。

李泉：《汉语教学：本位观与"字本位"》，《国际汉语教学研究》2017 年第 3 期。

李宇明：《计算机正改变着我们的语言生活》，《韩山师范学院学报》2020 年第 1 期。

李宇明：《明了各国国情，顺利传播汉语》，《世界汉语教学》（创刊二十周年纪念专号）2007 年第 3 期。

林国立：《构建对外汉语教学的文化因素体系——研制文化大纲之我见》，《语言教学与研究》1997 年第 1 期。

刘菊、钟绍春：《网络时代学习理论的新发展——连接主义》，《外国教育研究》2011 年第 1 期。

刘菊：《关联主义的网络学习观及 cMOOC 实践发展研究》，《远程教育与网络教育》2014 年第 6 期。

刘利、赵金铭、赵宇明等：《汉语国际教育知识体系的特色与构建——"汉语国际教育知识体系的特色与构建研讨会"观点汇辑》，《世界汉语教学》2019 年第 2 期。

刘小燕：《关于传媒塑造国家形象的思考》，《国际新闻界》2002 年第 2 期。

陆俭明：《汉语二语教学要为构建人类命运共同体出力做贡献》，《国际汉语教学研究》2019 年第 4 期。

陆俭明：《汉语国际教育与中华文化国际传播》，《同济大学学报》（社会科学版）2015 年第 2 期。

陆俭明：《从事汉语教学的教师需要学一点语言学理论》，《国际汉语教育》（中英文版）2020 年第 5 卷第 2 期。

陆俭明：《试论中华文化的传播》，《学术交流》2019 年第 4 期。

陆俭明：《树立并确认"大华语"概念》，《世界华文教学》2019 年第 1 期。

陆俭明：《顺应科技发展的大趋势　语言研究必须逐步走上数字化之路》，《外国语》2020 年第 7 期。

陆俭明：《我关于"字本位"的基本观点》，《语言科学》2011 年第 3 期。

陆俭明：《需要在汉语国际教育的学科性质和一些基本理念上取得一致认识》，《世界汉语教学》2019 年第 2 期。

鲁健骥：《对外汉语教学基础阶段处理文化因素的原则和做法》，《语言教学与研究》1990 年第 1 期。

潘娜娜：《十九世纪西方人眼中的中国女性形象解读》，《福建师范大学学报》（哲学社会科学版）2013 年第 2 期。

潘文国：《语言的定义》，《华东师范大学学报》（哲学社会科学版）2001 年第 1 期。

施正宇：《现代形声字形符意义的分析》，《语言教学与研究》1994 年第 3 期。

苏新春、唐师瑶、周娟等：《话题分析模块及七套海外汉语教材的话题分析》，《江西科技师范学院学报》2011 年第 6 期。

孙琳小：《翻转课堂在对外汉语文化教学中的应用》，《文学教育》（上）2018年第7期。

孙有中：《国际政治国家形象的内涵及其功能》，《国际论坛》2002年第3期。

王若江：《对法国"字本位"教学法的再思考》，《国际汉语教学研究》2017年第3期。

王晓阳：《大学文化形象传播的现实困境与路径选择》，《高等教育管理》2016年第5期。

王佑镁、祝智庭：《从联结主义到联通主义：学习理论的新取向》，《中国电化教育》2006年第3期。

韦路：《中国形象研究的问题及反思》，《理论前言》2016年第4期。

温雪梅、杨晓军：《国内语言教学评价理论研究的回顾与展望》，《湖南师范大学教育科报》2011年第6期。

吴应辉：《汉语国际传播事业新常态特征及发展思考》，《语言文字应用》2015年第4期。

吴应辉、何洪霞：《东南亚各国政策对汉语传播影响的历时国别比较研究》，《语言文字应用》2016年第4期。

吴应辉、梁宇：《交叉学科视域下国际中文教育学科理论体系与知识体系构建》，《教育研究》2020年第12期。

徐通锵：《"字"和汉语的句法结构》，《世界汉语教学》1994年第2期。

徐通锵：《"字"和汉语研究的方法论——兼评汉语研究中的"印欧语的眼光"》，《世界汉语教学》1994年第3期。

徐通锵：《"字本位"和语言研究》，《语言教学与研究》2005年第6期。

徐小鸽：《国际新闻传播中的国家形象问题》，《新闻与传播研究》1996

年第 2 期。

闫娜：《我国城市文化形象的构建与对策研究》，《东岳论丛》2011 年第 12 期。

姚世军、吴善明、郭晓峰等：《关于 MOOC 有效教学的思考》，《时代教育》2016 年第 7 期。

张建民：《文化在汉语国际教育专业课程设计中的作用》，《云南师范大学学报》（对外汉语教学与研究版）2015 年第 6 期。

张昆：《当前中国国家形象建构的误区与问题》，《中州学刊》2013 年第 7 期。

赵金铭：《汉语作为第二语言教学的教学基本单位》，《国际汉语教学研究》2017 年第 3 期。

赵金铭：《加快汉语走向世界》，《云南师范大学学报》（对外汉语教学与研究版）2007 年第 5 期。

赵贤州：《对外汉语文化课刍议——关于教学导向与教学原则》，《汉语学习》1994 年第 1 期。

周小兵：《对外汉语教学中的跨文化交际》，《中山大学学报》（社会科学版）1996 年第 6 期。

朱瑞平、张春燕：《汉语国际教育背景下文化传播内容选择的原则》，《云南师范大学学报》（哲学社会科学版）2016 年第 1 期。

朱筱倩：《〈纽约时报〉对中国女性报道研究》，《东南传播》2017 年第 12 期。

朱勇：《对日汉语词汇教学研究的现状与前瞻》，《语言文字应用》2007 年第 2 期。

姚利民：《有效教学研究》，博士学位论文，华东师范大学，2004 年。

黄晓颖：《对外汉语有效教学研究》，博士学位论文，东北师范大学，2011 年。

梁琳：《面向孔子学院慕课建设的研究》，博士学位论文，东北师范大学，2016年。

邓长江：《中国文化形象研究》，硕士学位论文，电子科技大学，2007年。

李光林：《文化形象塑造：中职语文教改的探索与研究》，硕士学位论文，西南师范大学，2002年。

魏然：《对外汉语教材国家形象的话语建构研究——以〈新实用汉语课本〉〈中文听说读写〉为例》，硕士学位论文，山东大学，2017年。

王鹏熹：《"字本位"视角下的对外汉语教学法设计》，硕士学位论文，西北大学，2012年。

赵倩：《对外汉字教学研究》，硕士学位论文，大连理工大学，2009年。

后　　记

国际中文教育与中国文化传播融合研究的关键在于"融合"，涉及"汉语言文化内容"的认知、"教学与传播关系处理"的能力、"内化传播理念的语言教学"的行动等问题。国际中文教育与中国文化传播融合的推动不仅要大力倡导汉语言教学内容文化视点的聚焦与强化，还要引导回归汉语汉字本身的规律与特点进行教学，积极培育汉语汉字的文化传播价值、理念与方法，积极构建国际中文教育与文化传播的融合机制，积极推动教师在国际中文教育与中国文化传播融合的课堂参与，这些都是进行"融合"的可行性选择。但在现实的国际中文教育实践中，"融合"却面临着诸如认知传统、理解偏颇、能力不足、被动接受、环境不佳等种种困境。困境的破解，需借助支持有效推动"汉语汉字教学过程"与"传播"的融合，将传播理念、传播模式与传播手段融入课堂教学过程，有效开展"国际中文教育"。因此，需深度挖掘汉语汉字的文化内涵，依托互联网技术与现代教育技术展开语言教学及其文化传播。课堂是开展"融合"的最佳平台，是教师发挥自我能力、自我价值的最佳场所。教材作为语言文化教学内容与传播媒介，是最终实现"融合"的关键。因此，通过改革教学内容、编写新教材、更新教学手段推动教师参与"融合"，发挥教师的主体作用，发挥国际中文教育的教育者群体的传播自觉性，提高其传播力，是推动"融合"的有效选择。在国际中文教育领域，语言教学与文化传播融合的价值日益凸显，从最初的重视语言教学到合理处理语言教学与文化教学关系，从汉语传播到文化软实力提升等都发挥着重要的作用。国际中文教育内容的重新设计与认知、教学手段的改革，是国际中文教育与中国文化传播融合从认知改变、能力提升到具体行动的过程，是教育者参与"文化走出去"，发挥自身价值的有效途径，是课堂教学结构、功能、文化相结合的有效模式，对于推动中文教育国际化具有一定的实践意义。

　　本书的研究不仅源于对国际中文教育与中国文化传播如何"融合"的思考，还源于对中文国际教育和人才培养的思考。作为以"教育"见长的专业，如何通过语言教学为文化传播服务是人才培养过程中必须正视的问题。国际中文教育与中国文化传播融合不仅表现在课堂教学活动中，还表现在教材内容的选择、教学手段的多样化等方面，如"字本位"教学方法、汉语汉字的文化事项、教材的文化形象、现代教育技术的应用等。那么，国际中文教育专业人才的培养如何体现语言与文化的有机融合？一方面，需要扎实、系统地掌握语言知识，提升文学素养，丰富汉语教学的理论与实践，培养跨文化交际的能力；另一方面，需要培养学生的汉语与中华文化传播的融合能力，通过汉语言和文化的有机结合传递中华优秀文化信息。这就需要在教材中体现传播学理念和文化传播元素，通过教学过程，实现国际中文教育与中国文化传播的有效融合，这是从事相关语言教学与文化传播的专业人士必备的创新实践能力。

　　本书撰写与定稿适逢国际中文教育 70 周年之际。中国作为汉语的故乡，非常有必要向世界各国汉语学习者传递、传播汉语所承载的文化内涵，加快汉语的国家传播也是履行我们语言的国际职责。作为语言传播的重要组成部分，国际中文教育担负着培养各层次汉语人才的重任，在推进汉语教育、汉语的规范性、汉语文化体系的解释、中华文明

后 记

的传承等方面具有重要作用。这也为国际中文教育各层次专业人才的培养指明了方向，培养语言文化传播所需的创新人才，不辱国际中文教育者的使命，真正为国际中文教育助力。

《国际中文教育与中国文化传播融合研究》正是基于这样的目标设计完成的。本研究由本人和团队成员共同完成，由本人提出总体设计和主体研究框架，并指导团队成员分别围绕"融合"的不同层面展开专题研究。绪论由邸焕双、王玉英撰写，第一章由王玉英、刘鑫嫒完成，第二章由王玉英、原元完成，第三章由王玉英、李文秀完成，第四章由王玉英、江苏杨完成，第五章由王玉英、高翼完成，全书由邸焕双修订、统稿。

本书在研究、实践、写作、修改与完善的过程中，得到了长春大学网络空间安全专业、长春理工大学国际中文教育专业各位老师的悉心指导，并分别提出了宝贵意见，在此谨向他们致以诚挚的感谢！同时，也特别感谢长春大学为本书出版提供的经费保障！

更为幸运的是，中国社会科学出版社的王衡老师作为本书的责任编辑，给予本书出版很多帮助，以极其负责的工作态度保证了出版进度与质量，谢谢王老师！

国际中文教育正处于发展、变化的转型期，其与文化传播的融合研究刚刚起步，伴随着互联网时代传播范式的不断推陈出新，国际中文教育与中国文化传播的融合充满了多样性与挑战性。本研究团队在书稿撰写过程中力争做到样本采集的稳定性与丰富性，但信息时代日新月异的变化令我们忐忑不安，很多重要问题的研究深度和广度需要进一步拓宽，问题意识和现实针对性需进一步强化，错误与不当之处在所难免，敬请广大专家、学者、读者批评指正，不吝赐教！

王玉英

2022 年仲春于长春